はじめに

　交通経済統計要覧では、わが国の交通・運輸分野の状況を把握するために有用な統計資料を収録して刊行しています。

　編集時に把握できたデータを収集・収録しておりますが、資料提供元において集計方法や指数基準年等が改定されたデータは、当該資料に基づき統計表を修正しています。

　また、統計調査の中止等により今後新しいデータが得られない統計表または項目は削除しています。

　今後とも更に使い易い要覧に改善して参りたいと存じますので、お気づきの点がございましたらご意見を賜ることができますと幸いに存じます。

　刊行するにあたって、ご監修をいただいた国土交通省総合政策局情報政策本部に対しまして心から感謝申し上げます。

平成 30 年 4 月

一般財団法人運輸総合研究所

会　長　黒　野　匡　彦

凡　　例

1　本要覧に使用する記号は、次のとおりである。

> ⋯　資料がないか又は不明のもの
> 0　単位未満のもの
> r　改定されたもの（revised figures.）
> p　暫定のもの（Provisional figures.）

（注）　集計方法の改定又は指数基準年の改定により、過去の全てのデータを修正したものは、資料名に網掛けをした。

2　「単位」に満たない数は、原則として四捨五入とした。したがって、合計欄の数字と内訳の集計が一致しない場合がある。

3　「暦年」は1月から12月まで、「年度」は会計年度（4月から3月まで）を示す。

4　トン数について
　(1)　「総トン」は、船舶の総容積を、2.83立方メートルを1トンとして算出したものである。
　(2)　「重量トン」は、船舶に積載可能な貨物、燃料、食料品、缶水等の総重量をいう。
　(3)　「フレート・トン」は、運賃計算の単位となるトン数で、容積1.113立方メートルを1トンとして計算した値と重量1,000キログラムを1トンとして計算した値のうちいずれか大きい方をその貨物トン数としたものである。

5　トンキロ、人キロについて
　(1)　「トンキロ」とは、輸送した貨物トン数にそれぞれの輸送距離を乗じたものである。
　(2)　「人キロ」とは、輸送した人員にそれぞれの輸送距離を乗じたものである。

6 自動車の区分について
  (1) 車種別
    普通自動車　小型自動車より大きい自動車で大型・小型特殊自動車以外のもの。
    小型自動車　長さ 4.7m 以下、幅 1.7m 以下、高さ 2.0m 以下、エンジンの総排気量 2,000cc 以下の自動車で、軽自動車、大型・小型特殊自動車以外のもの。
    　（注）　本要覧では、**小型二輪自動車**（エンジンの総排気量が 250cc を超えるものをいう）は、小型自動車に含めない。
    軽自動車　長さ 3.3m 以下、幅 1.4m 以下、高さ 2.0m 以下、エンジンの総排気量 660cc 以下の自動車で、小型特殊自動車以外のもの。
    　（注）　本要覧では、**軽二輪自動車**（エンジンの総排気量が 125cc を超え、250cc 以下のものをいう）は、軽自動車に含めない。
    大型特殊自動車　カタピラを有する自動車、ロードローラ等特殊な構造を有する自動車で小型特殊自動車以外のもの。
    小型特殊自動車　カタピラを有する自動車、農耕作業用等特殊な構造を有する自動車で、長さ、幅、高さ、最高速度、エンジンの総排気量が一定以下のもの。
  (2) 用途別
    貨物車　貨物の運送の用に供する自動車で、トラック、ライトバン等いう。
    旅客車　人の運送の用に供する自動車で、バスと乗用車に分けられる。
      バス　乗車定員 11 人以上のもの。
      乗用車　乗車定員が 10 人以下のもの。
    特種用途車　消防車、クレーン車（カタピラ式のものを除く）、タンク車等特殊な用途に供する普通自動車及び小型自動車。
    特種（殊）車　特殊用途車及び大型特殊自動車の総称。
  (3) 業態別
    営業用車　道路運送法による免許等を受けて、他人の求めに応じて貨物又は旅客を運送する自動車。
    自家用車　営業用以外の自動車。

7 地域流動表の地域区分について

地域流動表（地域相互輸送量）の地域区分は次のとおりである。

(1) 23 地域（貨物流動表）

地位の名称	地域の範囲（都道府県名）
北海道	北海道
北東北	青森、岩手
東東北	宮城、福島
西東北	秋田、山形
東関東	茨城、栃木
北関東	群馬、埼玉
京浜葉	千葉、東京、神奈川
新潟	新潟
北陸	富山、石川、福井
甲信	山梨、長野
静岡	静岡
中京	岐阜、愛知、三重
近畿	滋賀、京都、奈良、和歌山
阪神	大阪、兵庫
山陰	鳥取、島根
山陽	岡山、広島
山口	山口
北四国	香川、愛媛
南四国	徳島、高知
北九州	福岡、佐賀、長崎
中九州	熊本、大分
南九州	宮崎、鹿児島
沖縄	沖縄

(2) 16 地域（旅客流動表）

地位の名称	地域の範囲（都道府県名）
北海道	北海道
東東北	青森、岩手、宮城、福島
西東北	秋田、山形
北関東	茨城、栃木、群馬
南関東	埼玉、千葉、東京、神奈川
北陸	新潟、富山、石川、福井
甲信	山梨、長野
東海	岐阜、静岡、愛知、三重
近畿	滋賀、京都、奈良、和歌山
阪神	大阪、兵庫
山陰	鳥取、島根
山陽	岡山、広島、山口
四国	徳島、香川、愛媛、高知
北九州	福岡、佐賀、長崎
南九州	熊本、大分、宮崎、鹿児島
沖縄	沖縄

8 JRについて

昭和 62 年 4 月の分割民営化以前については国鉄と読み替える。

目　　次

Ⅰ　主要経済指標 ……………………………………………… 14
Ⅱ　交　　　　通
　(A)　輸　　送
　　輸送機関別国内貨物輸送トン数 …………………………… 20
　　輸送機関別国内貨物輸送トンキロ ………………………… 22
　　輸送機関別国内貨物輸送分担率 …………………………… 24
　　輸送機関別国内旅客輸送人員 ……………………………… 26
　　輸送機関別国内旅客輸送人キロ …………………………… 28
　　輸送機関別国内旅客輸送分担率 …………………………… 30
　　国際貨物輸送量 ……………………………………………… 32
　　国際旅客輸送量 ……………………………………………… 33
　　輸送機関別品目別輸送量 …………………………………… 34
　　少量物品輸送量 ……………………………………………… 38
　　（地域間流動）
　　地域相互間貨物輸送量 ……………………………………… 40
　　地域相互間旅客輸送量 ……………………………………… 52
　　（都市交通）
　　三大都市交通圏内輸送機関別旅客輸送量 ………………… 58
　　（鉄　　道）
　　鉄道貨物輸送量 ……………………………………………… 60
　　鉄道旅客輸送量 ……………………………………………… 62
　　新幹線輸送実績 ……………………………………………… 64
　　車両キロ ……………………………………………………… 65
　　鉄道主要品目別輸送トン数の推移（車扱） ……………… 66
　　車扱貨物主要品目別輸送実績 ……………………………… 68
　　（自　動　車）
　　貨物自動車輸送トン数 ……………………………………… 88
　　貨物自動車輸送トンキロ …………………………………… 90
　　旅客自動車輸送人員 ………………………………………… 92
　　旅客自動車輸送人キロ ……………………………………… 94
　　貨物自動車走行キロ ………………………………………… 96
　　旅客自動車走行キロ ………………………………………… 98

自動車貨物品目別輸送トン数 ･････････････････････････････････ 100
　　（航　　空）
　　国内定期航空輸送実績 ･････････････････････････････････････ 103
　　国際航空輸送実績 ･･･ 105
　　空港別乗降客数 ･･･ 106
　　（海　　運）
　　国内海上旅客輸送量（船舶運航事業別） ･････････････････････ 110
　　内航船舶輸送量 ･･･ 112
　　内航船舶品目別輸送量 ･････････････････････････････････････ 114
　　国内フェリー輸送量 ･･･････････････････････････････････････ 122
　　邦船社による外航貨物輸送量 ･･･････････････････････････････ 126
　　邦船社による外航旅客輸送量 ･･･････････････････････････････ 128
　　邦船社による外航主要品目別輸送量 ･････････････････････････ 130
　　貿易貨物船舶積取比率 ･････････････････････････････････････ 132
　　（港　　湾）
　　国際戦略港湾・国際拠点港湾入港船数 ･･･････････････････････ 133
　　全国港湾取扱貨物量 ･･･････････････････････････････････････ 136
　　全国港湾主要品目別取扱量 ･････････････････････････････････ 138
　　国際戦略港湾・国際拠点港湾取扱貨物量 ･････････････････････ 140
　　港湾運送事業者による船舶積卸し量 ･････････････････････････ 143
　　（通運、倉庫）
　　営業倉庫貨物取扱量 ･･･････････････････････････････････････ 144
　　（観　　光）
　　船舶及び航空機別出入国者数 ･･･････････････････････････････ 146
　　目的別入国外客数 ･･･ 148
　　国籍別入国外客数 ･･･ 150
　　国民一人当たり平均宿泊旅行回数及び宿泊数 ･････････････････ 152
　　商品別観光消費 ･･･ 154
　　日本国内における旅行消費額の経済効果 ･････････････････････ 158
(B)　生　　産
　　鉄道車両生産実績 ･･･ 166
　　鋼船建造（竣工）実績 ･････････････････････････････････････ 168
　　船舶用機器製造実績 ･･･････････････････････････････････････ 172
　　自動車生産台数 ･･･ 174

(C) 施　　設
　（鉄　　道）
　　鉄道施設の推移 ……………………………………… 176
　　鉄道車両保有数 ……………………………………… 178
　（自動車、道路）
　　自動車保有車両数 …………………………………… 180
　　都道府県別自動車保有車両数 ……………………… 182
　　使用燃料別自動車保有車両数 ……………………… 198
　　車種別新車販売台数 ………………………………… 198
　　道路延長 ……………………………………………… 200
　　有料道路の現況 ……………………………………… 201
　　自動車ターミナル …………………………………… 201
　（船　　舶）
　　鋼船船腹量 …………………………………………… 202
　　造船設備の現状 ……………………………………… 204
　（港　　湾）
　　港湾の種類及び数 …………………………………… 205
　（倉　　庫）
　　営業倉庫の倉庫面積及び倉庫容積 ………………… 206
　（航　　空）
　　登録航空機数 ………………………………………… 207

(D)　事故・公害
　　鉄道運転事故 ………………………………………… 209
　　道路交通事故 ………………………………………… 210
　　海難事故 ……………………………………………… 214
　　航空事故 ……………………………………………… 215

(E)　労　　働
　　業種別月平均給与額 ………………………………… 216
　　船員給与月額 ………………………………………… 218
　　船員有効求人倍率及び失業保険支給実績 ………… 220
　　船員数 ………………………………………………… 221
　　海技従事者免許数 …………………………………… 222
　　外航海運における船員の推移 ……………………… 223
　　業種別平均年齢・平均勤続年数及び月間労働時間数 … 224
　　航空従事者就労実態調査等 ………………………… 226

(F) 経　営
　運輸事業の資本金階級別会社数 ･････････････････････････････････ 227
　ＪＲ各社損益状況の推移 ･･･････････････････････････････････････ 228
　外航船舶運賃収入 ･･･ 232

(G) エネルギー
　部門別エネルギー消費量 ･･･････････････････････････････････････ 235
　輸送機関別エネルギー消費量 ･･･････････････････････････････････ 236
　エネルギー価格指数 ･･･ 238

(H) 外国運輸統計
　世界の主要経済・運輸指標 ･････････････････････････････････････ 239
　諸外国の鉄道輸送量 ･･･ 240
　諸外国の民間定期航空輸送量 ･･･････････････････････････････････ 242
　諸外国の船腹保有量 ･･･ 244
　諸外国の造船竣工量 ･･･ 246
　諸外国の自動車保有台数 ･･･････････････････････････････････････ 248
　諸外国の自動車生産台数 ･･･････････････････････････････････････ 249
　諸外国の道路延長 ･･･ 250
　諸外国の観光外客受入数 ･･･････････････････････････････････････ 251

Ⅲ　参　考
　総人口 ･･･ 252
　日本の将来推計人口 ･･･ 252
　都道府県別面積及び人口 ･･･････････････････････････････････････ 253
　国内総生産 ･･･ 254
　一世帯当たり年間の品目別支出金額、購入数量及び平均価格 ･･････ 256
　わが国の輸出入貨物トン量 ･････････････････････････････････････ 258

Domestic Transportation Statistics Handbook 2012

Contents

I Key Statistics ··· 14
II Traffic
  (A) Transportation
    Domestic Freight Transportation Tonnage by Mode of Transportation ···· 20
    Ton-kilometers of Domestic Freight Transportation by
        Mode of Transportation ·· 22
    Domestic Freight Transportation Share by Mode of Transportation ······ 24
    Domestic Passenger Transportation by Mode of Transportation ··········· 26
    Passenger-Kilometers of Domestic Passenger Transportation by
        Mode of Transportation ·· 28
    Domestic Passenger Transportation Share by Mode of Transportation ···· 30
    Volume of International Freight Transportation ························· 32
    Volume of International Passenger Transportation ······················· 33
    Volume of Items Carried by Mode of Transportation ···················· 34
    Volume of Baggage and Parcels Transportation ························· 38
  (Inter-area Transportation)
    Volume of Inter-area Freight Transportation ···························· 40
    Volume of Inter-area Passenger Transportation ························· 52
  (Urban Transportation)
    Volume of Passenger Transportation in Three Major Urban
        Commuting Areas by Mode of Transportation ······················ 58
  (Railways)
    Volume of Freight Transportation by Railways ·························· 60
    Volume of Passengers Carried by Railways ···························· 62
    Volume of Passengers Carried by SHINKANSEN ························ 64
    Volume of Wagon-km Carried (Railways) ······························ 65
    Tonnage of Commodities Carried by Freight Wagons ···················· 66
    Volume of Commodities Carried by Wagon Load Freight ··············· 68
  (Motor Vehicles)
    Tonnage Carried by Trucks ··· 88
    Tonnage-km Carried by Trucks ······································· 90

Number of Passengers Carried by Motor Vehicles ·················· 92
Passenger-Kilometers Carried by Motor Vehicles ··················· 94
Kilometric Performance by Trucks ····························· 96
Kilometric Performance of Passenger Motor Vehicles ················ 98
Tonnage of Items Carried by Trucks ·························· 100
(Air Transportation)
Performance of Domestic Scheduled Air Services ·················· 103
Performance of International Scheduled Air Services ················ 105
Passenger of Civil Airports ································· 106
(Shipping)
Number of Passengers Carried by Domestic Passenger Liners ·············· 110
Volume of Cargo Carried by Domestic Shipping Vessels ··············· 112
Volume of Cargo by Items Carried by Domestic Shipping Vessels ·········· 114
Domestic Ferry Transport ································· 122
Volume of Oceangoing Cargo Carried by Japanese Shipping Firms ····· 126
Number of International Passengers Carried by Japanese
　　Oceangoing Passenger Ships ·························· 128
Volume of International Cargo Commodities Carried by
　　Japanese Oceangoing Vessels ························· 130
Loading Shares of the Shipping Trade ························ 132
(Port and Harbors)
Number of Vessels Arriving at Specially Designated Major Ports ············ 133
Volume of Cargo Handled at Ports ··························· 136
Volume of Cargo Handled by Commodity at All Ports in Japan ········ 138
Volume of Cargo Handled at Specially Designated Major Ports ············ 140
Volume of Cargo Unloaded by Port Transportation Business ············· 143
(Forwarding, Warehouse)
Volume of Cargo Handled by Warehouse Business ···················· 144
(Tourism)
Passenger Departure and Arrivals by Ship and Air ···················· 146
Number of Foreign Entries by Purpose ························ 148
Number of Foreign Entries by Nationality ······················ 150
Times of Overnight Trips per Capitation by the Japanese Public and
　　Number of Overnight Stay ··························· 152
Tourism consumption, by products ···························· 154

Economic Effect of Travel Consumption on Japan ·························· 158
(B)　Production
　　Number of Rolling Stock Produced ································ 166
　　Number of Steel Vessels Produced ································ 168
　　Number of Ship Components Constructed ·························· 172
　　Number of Motor Vehicles Produced ······························ 174
(C)　Inventory
　　(Railways)
　　Railway Infrastructure Development ······························ 176
　　Current Inventory of Rolling Stocks ······························ 178
　　(Motor Vehicles and Road)
　　Number of Motor Vehicles Owned ································ 180
　　Number of Motor Vehicles Registered by Prefecture ················ 182
　　Number of Motor Vehicles by Type of Fuel ························ 198
　　Number of New Cars Sold by Type of Vehicle ···················· 198
　　Road Length ·· 200
　　Toll Roads ·· 201
　　Bus and Truck Terminals ·· 201
　　(Ship Building)
　　Tonnage of Steel Vessels ·· 202
　　Shipbuilding Equipment ·· 204
　　(Ports and Harbors)
　　Classification of Ports and Harbors ································ 205
　　(Warehouses)
　　Space and Capacity of Warehouses ································ 206
　　(Air Transportation)
　　Number of Registered Aircraft ···································· 207
(D)　Accidents
　　Railway Accidents ·· 209
　　Road Traffic Accidents ·· 210
　　Maritime Accidents ··· 214
　　Aircraft Accidents ·· 215
(E)　Labor
　　Average Monthly Salary by Industry ······························ 216
　　Monthly Salary of Seamen ·· 218

Active Ratio of Seaman's Job Openings to Applicants and
　　　　Amount of Unemployment Insurance Paid ···························· 220
　　Number of Seamen ·· 221
　　Number of Marine Technical Officers' Certificates ························· 222
　　Changes in Number of Seaman in Oceangoing Shipping ············· 223
　　Average Ages of Employees, Years of Service and Monthly
　　　　Working Hours by Industry ·· 224
　　Existing Conditions of Civil Airmen on Actual Service ····················· 226
(F) **Financial Profile**
　　Number of Transport Industries by Classified Amount of Capital ············ 227
　　Change in Financial Profile of JR Group Companies ····················· 228
　　Freight Revenue of Oceangoing Vessels ·· 232
(G) **Energy**
　　Energy Consumption by Sector ··· 235
　　Energy Consumption by Mode of Transportation ···························· 236
　　Index of Energy Wholesale Price ·· 238
(H) **Transport Statistics of the World**
　　Transport Economic Indicators of the World ································· 239
　　Volume of Railway Transportation by Country ······························· 240
　　International Scheduled Air Transport Services ······························ 242
　　Tonnage of Fleet by Country ··· 244
　　Tonnage of Newly Launched Ships by Country ······························ 246
　　Number of Motor Vehicles by Country ··· 248
　　Number of Motor Vehicles Produced by Country ···························· 249
　　Road Length of Each Country ·· 250
　　Number of Tourists Arriving in Each Country ································· 251

Ⅲ Reference

　　Population ··· 252
　　Future Population Projections ··· 252
　　Population and Areas of Each Prefecture ·· 253
　　Gross Domestic Product ·· 254
　　Yearly Amount of Expenditures, Quantities and Average
　　　　Prices per Household ·· 256
　　Volume of Export and Import in Tons ·· 258

14 主要経済指標

主　要　経

Key

年度 Fiscal Year	国内総生産 Gross Domestic Product			
	名目 At Current Prices	実質（平成17暦年連鎖価格） At Constant Prices		
			（民間　Private Sector）	
	総額 Total	総額 Total	民間最終消費支出 Final Consumption Expenditure	民間-企業設備 Facilities Investment
	10億円　Thousand million Yen			
7　(1995)	504,594	459,058	265,891	60,326
12　(2000)	510,835	476,723	275,056	64,986
15　(2003)	501,889	490,756	284,902	64,678
16　(2004)	r　502,761	497,913	287,100	67,609
17　(2005)	505,349	507,158	292,579	70,599
18　(2006)	509,106	516,038	r　295,036	74,781
19　(2007)	513,023	525,470	297,443	77,015
20　(2008)	489,520	r　505,795	291,446	71,076
21　(2009)	r　473,996	r　495,559	r　295,033	r　62,516
22　(2010)	r　480,528	r　512,720	r　299,721	r　64,876
23　(2011)	r　474,171	r　514,695	r　303,974	r　68,005
24　(2012)	r　474,404	r　519,540	r　309,166	r　68,647
25　(2013)	482,430	529,810	316,182	70,679
26　(2014)	489,623	524,664	307,053	70,717
27　(2015)	…	…	…	…
28　(2016)	…	…	…	…
資料	内閣府(国民経済計算年報)			

（注）　実質国内総生産の数値は基準年が平成17年となった。

済 指 標 （その１）
Statistics (No.1)

鉱 工 業 生 産			
Mining & Manufacturing			
生産指数 （付加価値額） Production Index	前年度比 Radio to Preceding FY	生産者出荷指数 Producers' Shipments Indexes	生産者製品在庫指数 （平均） Producers' Inventory of Finished Goods
平成22年(2010)＝100	％	平成22年(2010)＝100	
...	...	...	...
...	...	...	...
...	...	...	...
...	...	...	...
...	...	...	...
...	...	...	...
...	...	...	...
r 101.0	...	r 100.8	r 116.4
r 91.4	r 90.5	r 91.5	r 102.2
r 99.4	r 108.8	r 99.2	r 100.4
r 98.7	r 99.3	r 97.7	r 105.6
r 95.8	r 97.1	r 95.9	r 110.4
98.9	103.2	98.7	106.7
98.4	99.5	97.5	111.1
97.5	99.1	96.4	113.0
98.6	101.1	97.2	109.7
経済産業省（鉱工業生産指数）			

（注）生産指数・出荷指数・在庫指数は、基準年が平成22年となった。

16　主要経済指標

主　要　経

Key

年度 Fiscal Year	建設工事受注額 Constuction Orders (総計 50社) 10 億円 Thousand million yen	機械受注実績 Machinery Orders (受注総額 280社)	住宅新設着工 Newly Constructed Houses		家計消費支出 Consumption Expenditue (2人以上の世帯のうち勤労者世帯) 1ヶ月あたり、円
			戸数 (1000 units)	床面積 Floor Area 1,000㎡	
35 (1960)	752	1,201	453	26,608	…
40 (1965)	1,450	1,745	845	50,431	…
45 (1970)	3,601	6,644	1,491	101,305	…
50 (1975)	5,945	8,605	1,428	118,068	…
55 (1980)	9,198	14,641	1,214	114,424	…
60 (1985)	12,158	15,958	1,251	104,016	289,489
2 (1990)	26,817	28,395	1,665	134,487	331,595
7 (1995)	19,756	26,132	1,485	138,140	349,663
12 (2000)	14,968	26,549	1,213	117,523	341,896
16 (2004)	13,591	26,505	1,193	105,531	331,636
17 (2005)	r 13,454	r 28,967	1,249	106,651	329,499
18 (2006)	13,894	r 29,115	1,285	108,647	320,231
19 (2007)	14,114	r 30,264	1,036	88,360	323,459
20 (2008)	r 12,377	r 24,705	1,039	86,344	324,929
21 (2009)	10,616	r 20,080	775	67,755	319,060
22 (2010)	10,068	r 24,365	819	73,876	318,315
23 (2011)	10,783	25,023	841	75,748	308,838
24 (2012)	11,045	r 23,334	893	79,413	313,874
25 (2013)	13,268	26,370	987	87,313	319,170
26 (2014)	14,358	28,576	880	74,007	318,755
27 (2015)	14,225	28,396	921	75,592	315,379
28 (2016)	14,791	26,796	974	78,705	…
資　料	国土交通省 (建設工事受注動態統計調査)	内閣府 (機械受注統計調査)	国土交通省 (建築着工統計調査)		総務省

(注) 1. 建設工事受注額は、昭和59年度より50社(旧43社)に変更された。
　　 2. 機械受注実績は、昭和63年度より280社(旧178社)に変更された。

済　指　標　（その２）
Statistics (No.2)

平均消費性向 Propensity to Consume (2人以上の世帯 のうち勤労者世帯) %	物価指数(暦年) Price Index Number		有効求人倍率 (年度平均) The Active Opening Rate (Fiscal Year) 倍	賃金指数(暦年) Wage Indexes (Calendar Year) (調査産業計、現金給与総額)	
	国内企業 Corporate Goods Price Indexes	消費者(全国) Consumer Price Indexes		名目 Nominal	実質 Actual
	平成22年(2010)＝100			平成22年(2010)＝100	
…	49.4	…	…	…	…
83	50.5	…	0.61	…	…
80	56.4	32.6	1.35	…	…
77	86.2	56.0	0.59	…	…
78	112.9	77.2	0.73	…	…
77	113.4	88.4	0.67	…	…
75	107.7	94.5	1.43	100.9	105.2
73	103.5	101.1	0.64	110.6	108.3
72	99.5	102.7	0.62	110.5	107.2
74	95.6	100.7	0.86	104.1	103.4
75	97.2	100.4	0.98	104.7	104.4
73	r 99.4	100.7	1.06	105.0	104.4
73	101.1	100.7	1.02	103.9	103.2
73	105.7	102.1	0.77	103.6	101.3
75	100.1	100.7	0.45	99.5	98.7
74	100.0	100.0	0.56	100.0	100.0
73	101.5	99.7	0.68	99.8	100.1
r 74	r 100.6	99.7	0.82	r 98.9	r 99.2
75	101.9	100.0	0.97	98.5	98.3
75	105.1	102.8	1.11	98.9	95.5
74	102.7	103.6	1.23	99.0	94.6
…	…	…	1.39	99.5	95.3
(家計調査)	日本銀行 (企業物価指数)	総務省 (消費者 物価指数)	厚生労働省 (職業安定業務統計、勤労統計調査)		

3. 物価指数は基準年が平成22年となった。
4. 賃金指数は基準年が平成22年となった。

18　主要経済指標

主　要　経
Key

年度 Fiscal Year	完全失業率 (暦年) Ratio of Wholly Unemployed (Calendar Year) %	マネタリベース平均残高(うち日銀券発行高) Bank of Japan Notes Average issued 億円 (¥100 million)	日銀貸付金残高 BOJ Outstanding Balance of Loans 億円 (¥100 million)	銀行貸出約定平均金利 (暦年末) Average Contacted Intetest Rates on Loans and Discounts (All Banks)(End of calenda Year) %	外貨準備高 Gold & Foeign Exchange Reserves (年度末) 百万ドル ($100 million)	原油輸入量 Imported Crude oil 1000kl
35 (1960)	1.5	...	6,461	...	1,997	...
40 (1965)	1.3	...	16,245	...	2,109	...
45 (1970)	1.2	41,871	24,291	...	5,458	204,871
50 (1975)	1.9	98,291	16,504	...	14,182	262,785
55 (1980)	2.0	153,468	15,581	...	27,020	249,199
60 (1985)	2.6	200,019	37,274	...	27,917	197,261
2 (1990)	2.1	316,114	47,461	...	69,894	238,480
7 (1995)	3.2	382,099	15,133	2.788	203,951	265,526
12 (2000)	4.7	555,679	10,145	2.116	361,472	254,604
13 (2001)	5.0	605,200	9,900	1.880	401,518	239,784
14 (2002)	5.4	677,485	2,902	1.834	496,181	241,898
15 (2003)	5.3	705,175	1,411	1.799	826,577	244,854
16 (2004)	4.7	720,220	40	1.732	837,718	241,805
17 (2005)	4.4	739,773	300	1.623	852,030	249,010
18 (2006)	4.1	746,049	r 27,819	1.766	908,958	238,648
19 (2007)	3.9	756,541	r 950	1.945	1,015,587	242,029
20 (2008)	4.0	761,734	r 592	1.865	1,018,549	234,406
21 (2009)	5.1	764,818	r 48	1.655	1,042,715	211,657
22 (2010)	5.1	776,759	r 200	1.551	1,116,025	214,357
23 (2011)	4.6	796,414	r 70	1.452	1,288,703	209,173
24 (2012)	4.3	815,658	r 10	1.364	1,254,356	211,026
25 (2013)	4.0	844,086	31	1.258	1,279,346	210,345
26 (2014)	3.6	873,924	0	1.180	1,245,316	195,169
27 (2015)	3.4	922,911	0	1.110	1,262,099	194,515
28 (2016)	3.1	971,981	0	0.998	1,230,330	191,047
資料	総務省 (労働調査)	日本銀行(金融経済統計)		日本銀行 (貸出金利)	財務省 (外貨準備等の状況)	経済産業省 (資源エネルギー統計)

(注)銀行貸出約定平均金利は、当座貸越を含む。

済　指　標　(その3)
Statistics (No.3)

通関実績		国際収支 Balance of Payments			
輸出 Exports	輸入 Imports	経常収支 Current Balance	貿易・サービス収支 Goods & Services	貿易収支 Trade Balance	サービス収支 Services
億円 (¥100 million)					
4,116	4,660	…	…	…	…
8,724	8,417	…	…	…	…
20,250	19,353	…	…	…	…
56,982	58,225	…	…	…	…
138,058	143,976	…	…	…	…
407,312	290,797	…	…	…	…
418,750	341,711	…	…	…	…
420,694	329,530	94,816	58,773	114,561	△55,788
520,452	424,494	135,804	63,573	117,226	△53,653
485,928	415,091	113,998	38,567	93,558	△54,991
527,271	430,671	131,449	63,607	119,243	△55,635
560,603	448,552	178,305	96,053	135,054	△39,001
617,194	503,858	192,342	95,624	138,639	△43,014
682,902	605,113	194,128	74,072	110,677	△36,604
774,606	684,473	218,865	81,860	121,176	△39,317
851,134	749,581	243,376	90,902	136,862	△45,960
711,456	719,104	106,885	△8,878	26,683	△35,561
590,079	538,209	r 167,551	r 48,437	80,250	r △31,812
677,888	624,567	r 182,687	r 55,176	80,332	r △25,155
652,885	697,106	r 81,852	r △50,306	r △22,097	r △28,210
639,400	720,978	r 42,495	r △92,753	△52,474	r △40,280
708,565	846,129	23,928	△144,785	△110,455	△34,330
746,670	837,948	86,954	△94,116	△66,389	△27,728
741,151	752,204	178,618	△10,231	3,296	△13,527
715,253	675,253	203,818	43,910	57,726	△13,816
財務省（外国貿易概況）		日本銀行(国際収支統計)			

輸送機関別国内
Domestic Freight Transportation

年　度 Fiscal Year	合　計 Sum Total		鉄　道 Railways					
			計 Total		J R (JR)		民　鉄 Private (ex,JR)	
	千トン (A)	対前年度比 (B)	千トン (A)	対前年度比 (B)	千トン (A)	対前年度比 (B)	千トン (A)	対前年度比 (B)
35 (1960)	1,533,348	110.0	238,199	108.2	195,295	107.7	42,904	110.9
40 (1965)	2,625,355	99.7	252,472	97.6	200,010	96.8	52,463	100.7
45 (1970)	5,258,589	110.9	255,757	101.2	198,503	100.7	57,254	103.2
50 (1975)	5,029,531	98.9	184,428	89.6	137,879	89.8	42,737	88.8
55 (1980)	5,985,087	100.5	166,550	90.6	121,619	89.2	44,931	94.7
60 (1985)	r 5,597,257 (6,776,257)	98.7 (104.1)	r 96,286	92.7	65,497	91.5	30,789	95.4
2 (1990)	6,636,237 (6,643,005)	104.2 (…)	86,619	104.6	58,400	104.7	28,219	104.3
7 (1995)	6,489,846 (6,371,017)	… (98.8)	76,932	97.4	51,456	97.5	25,477	97.3
12 (2000)	6,227,012 (5,569,413)	98.8 (97.1)	59,274	101.0	39,620	101.2	19,654	100.6
16 (2004)	5,429,167 (5,445,575)	97.0 (97.8)	52,219	97.4	36,789	98.0	15,431	96.1
17 (2005)	5,304,361 (5,430,941)	97.7 (99.7)	52,473	100.5	36,864	100.2	15,610	101.2
18 (2006)	5,288,684 (5,394,229)	99.7 (99.3)	51,872	98.9	36,371	98.7	15,501	99.3
19 (2007)	r 5,254,636 (5,144,323)	99.4 (95.4)	50,850	98.0	35,958	98.9	14,892	96.1
20 (2008)	r 5,006,606 (4,830,478)	95.3 (93.7)	46,225	90.9	32,850	91.4	13,376	89.8
21 (2009)	r 4,695,954	88.6	43,251	93.6	30,849	93.9	12,401	92.7
22 (2010)	r 4,891,581	104.2	43,628	100.9	30,790	99.8	12,857	103.7
23 (2011)	r 4,898,784	100.1	r 39,886	91.4	…	…	r 39,886	…
24 (2012)	r 4,775,237	97.5	42,340	106.2	…	…	42,340	…
25 (2013)	4,769,222	99.2	44,101	104.2	…	…	44,101	…
26 (2014)	4,729,621	99.2	43,424	98.5	…	…	43,424	…
27 (2015)	4,698,744	99.3	43,210	99.5	…	…	43,210	…
28 (2016)	4,787,866	99.3	44,089	102.0	…	…	44,089	…
資　料	国土交通省総合政策局情報政策本部情報政策課交通経済統計調査室							

(注) 1. 航空は、定期航空運送事業及び不定期航空運送事業に係る輸送の合計である。
　　 2. 平成2年度から平成21年度までの上段（ ）内は、軽自動車を含む数値である。
　　　　平成22年度以降は営業用軽自動車を含む数値のみを記載している。
　　 3. 鉄道のJRは、61年度まで無賃・有賃を含み、62年度以降は有賃のみ。
　　 4. 平成6年度の自動車の数値には、平成7年1月～3月の兵庫県の数値を含まない。

貨物輸送トン数
Tonnage by Mode of Transportation

(Unit:(A)-thousand tons,(B)-ratio to preceding year)

自動車 Motor vehicles					内航海運 Coastal Shipping		航空 Aviation	
計 Total		営業用 Commercial use		自家用 Private use					
千トン (A)	対前年度比 (B)	千トン (A)	対前年度比 (B)	千トン (A)	対前年度比 (B)	千トン (A)	対前年度比 (B)	千トン (A)	対前年度比 (B)
1,156,291	108.9	380,728	119.4	775,563	104.4	138,849	124.2	9	...
2,193,195	99.2	664,227	109.4	1,528,968	95.4	179,654	109.1	33	106.5
4,626,069	111.1	1,113,061	113.7	3,513,008	110.3	376,647	116.6	116	111.5
4,392,859	100.4	1,251,482	101.3	3,141,377	100.0	452,054	90.2	192	103.3
5,317,950	101.1	1,661,473	102.1	3,656,477	100.7	500,258	97.2	329	104.4
5,048,048	98.7	1,891,937	101.5	3,156,111	97.1	452,385	100.5	538	108.2
(6,113,565)	(103.8)	2,427,625	(105.9)	(3,685,940)	(102.5)				
5,973,545	103.9	2,416,384	105.9	3,557,161	102.6	575,199	106.9	874	105.8
(6,016,571)	(...)	2,647,067	(...)	(3,369,504)	(...)				
5,863,412	...	2,633,277	...	3,230,135	...	548,542	98.7	r 957	105.2
(5,773,619)	(98.5)	2,932,696	(102.1)	(2,840,923)	(95.0)				
5,629,614	98.4	2,916,222	102.1	2,713,392	94.8	537,021	102.8	1,103	104.0
(5,075,877)	(97.0)	2,833,122	(99.6)	(2,242,755)	(93.8)				
4,935,631	96.8	2,815,502	99.6	2,120,129	93.4	440,252	98.8	1,065	103.1
(4,965,874)	(97.8)	2,858,258	(100.9)	(2,107,616)	(94.0)				
4,824,660	97.8	2,840,686	100.9	1,983,974	93.6	426,145	96.8	1,083	101.7
(4,961,325)	(99.9)	2,899,642	(101.4)	(2,061,683)	(97.8)				
4,819,068	99.9	2,881,688	101.4	1,937,380	97.7	416,644	97.8	1,136	104.9
(4,932,539)	(99.4)	2,927,928	(101.0)	(2,004,611)	(97.2)				
4,792,946	99.5	2,908,987	100.9	1,883,959	97.2	409,694	98.3	r 1,146	r 100.9
(4,718,318)	(95.7)	2,808,664	(95.9)	(1,909,654)	(95.3)				
4,580,601	95.6	2,788,513	95.9	1,792,088	95.1	378,705	92.4	r 1,075	r 93.8
(4,454,028)	(94.4)	2,686,556	(95.7)	(1,767,472)	(92.6)				
4,319,503	94.3	2,666,521	95.6	1,652,982	92.2	332,175	87.7	r 1,025	r 95.3
4,480,195	103.7	3,069,416	...	1,410,779	...	366,734	110.4	r 1,005	r 98.0
4,496,954	100.4	3,153,051	...	1,343,904	...	360,983	98.4	r 961	r 95.6
4,365,927	97.1	3,011,839	...	1,354,088	...	365,992	101.4	r 978	r 101.8
4,345,753	99.5	2,989,496	...	1,356,256	...	378,334	103.4	1,034	105.7
4,315,836	99.3	2,934,361	...	1,381,475	...	369,302	97.6	1,059	102.4
4,289,000	99.4	2,916,827	...	1,372,174	...	365,486	99.0	1,048	99.0
4,378,268	102.1	3,019,313	...	1,358,955	...	364,485	99.7	1,024	97.7

(鉄道輸送統計年報、内航船舶輸送統計年報、自動車輸送統計年報、航空輸送統計年報)

5. 自動車の数値は平成22年度より、調査方法及び集計方法を変更した。21年度以前とは連続しない。
　なお、原典資料の自動車輸送統計年報においては、接続係数を用いて遡及改訂をおこなっているが、本書では
　それによらず、従前調査体系の原数値系列により掲載している。なお、22年度より営業用には軽自動車を含む。
6. 平成22、23年度の自動車の数値には、東日本大震災の影響により、北海道及び東北運輸局管内の
　23年3、4月分の数値を含まない。
7. 鉄道は平成23年度以降、JR、民鉄の内訳については公表値がない。

22 輸 送

輸送機関別国内
Ton－kilometers of Domestic Freight

年度 Fiscal Year		合計 Sum Total		鉄　道 Railways					
				計 Total		J R (JR)		民 鉄 Private (ex.JR)	
		百万トンキロ (A)	対前年度比 (B)	百万トンキロ (A)	対前年度比 (B)	百万トンキロ (A)	対前年度比 (B)	百万トンキロ (A)	対前年度比 (B)
35	(1960)	138,901	116.0	54,515	108.0	53,592	107.9	923	114.1
40	(1965)	186,346	101.1	57,298	95.7	56,408	95.8	890	87.9
45	(1970)	350,656	111.3	63,423	103.7	62,435	103.8	988	102.4
50	(1975)	360,490	96.0	47,347	90.3	46,288	90.3	770	88.6
55	(1980)	439,065	99.3	37,701	87.5	36,961	87.4	740	92.2
60	(1985)	434,160 546,785	99.9 (107.5)	22,135	95.3	21,626	95.2	509	99.2
2	(1990)	544,698 559,003	107.5 (...)	27,196	108.2	26,728	108.3	468	101.5
7	(1995)	556,921 578,000	... (103.2)	25,101	102.5	24,702	102.6	399	95.9
12	(2000)	575,919 570,000	103.2 (101.1)	22,136	98.2	21,855	98.1	280	104.5
16	(2004)	567,987 570,443	101.1 (100.1)	22,476	98.6	22,264	98.7	212	92.6
17	(2005)	r 568,376 (r 578,704)	100.1 (101.4)	22,813	101.5	22,601	101.5	211	99.5
18	(2006)	r 576,535 (582,241)	101.4 (100.6)	23,192	101.7	22,985	101.7	206	97.6
19	(2007)	580,074 (557,615)	100.6 (95.8)	23,334	100.6	23,140	100.7	194	94.2
20	(2008)	514,011 (523,587)	88.6 (93.9)	22,256	95.4	22,081	95.4	175	90.2
21	(2009)	521,395	101.4	20,562	92.4	20,404	92.4	157	89.7
22	(2010)	444,480	...	20,398	99.2	20,228	99.1	170	108.3
23	(2011)	r 426,952	96.1	19,998	98.0	...	...	...	...
24	(2012)	409,236	95.9	20,471	102.4				
25	(2013)	421,123	102.9	21,071	102.9				
26	(2014)	415,281	98.6	21,029	99.8	...	...	...	...
27	(2015)	407,334	98.1	21,519	102.3	...	...	...	...
28	(2016)	413,111	101.4	21,265	98.8	...	...	...	...

資　料　国土交通省総合政策局情報政策本部情報政策課交通経済統計調査室

(注) 1. 航空は、定期航空運送事業及び不定期航空運送事業に係る輸送の合計である。
　　 2. 平成2年度から平成21年度までの上段（　）内は、軽自動車を含む数値である。
　　　　平成22年度以降は営業用軽自動車を含む数値のみを記載している。
　　 3. 鉄道のJRは、61年度まで無賃・有賃を含み、62年度以降は有賃のみ。
　　 4. 平成6年度の自動車の数値には、平成7年1月～3月の兵庫県の数値を含まない。

輸 送 23

貨物輸送トンキロ
Transportation by Mode of Transportation

(Unit:(A)-million tons-km,(B)-ratio to preceding year)

自動車 Motor vehicles						内航海運 Coastal Shipping		航空 Aviation	
計 Total		営業用 Commercial use		自家用 Private use					
百万トンキロ (A)	対前年度比 (B)	百万トンキロ (A)	対前年度比 (B)	百万トンキロ (A)	対前年度比 (B)	百万トンキロ (A)	対前年度比 (B)	百万トンキロ (A)	対前年度比 (B)
20,801	113.5	9,638	122.6	11,163	106.7	63,579	124.7	6	150.0
48,392	102.5	22,385	110.7	26,006	96.3	80,635	104.5	21	105.0
135,916	113.4	67,330	115.8	68,586	111.1	151,243	112.8	74	113.8
129,701	99.2	69,247	96.1	60,455	102.9	183,579	95.4	152	108.6
178,901	103.5	103,541	105.4	75,360	100.9	222,173	98.4	290	106.2
205,941	102.6	137,300	104.0	68,642	99.8	205,818	98.0	482	108.1
(274,244)	(104.3)	(194,221)	(105.4)	(80,023)	(101.8)				
272,157	104.4	193,800	105.4	78,357	102.0	244,546	111.1	799	106.1
(294,648)	(...)	(223,090)	(...)	(71,558)	(...)				
292,566	...	222,655	...	69,911	...	238,330	99.9	924	106.1
(313,118)	(101.9)	(255,533)	(104.1)	(57,585)	(93.5)				
311,037	102.0	255,011	104.1	56,026	93.3	241,671	105.3	1,073	103.5
(327,632)	(101.8)	(282,151)	(102.8)	(45,481)	(95.8)				
325,619	101.8	281,555	102.8	44,064	95.6	218,833	100.3	r 1,059	98.7
(334,979)	(102.2)	(290,773)	(103.1)	(44,206)	(97.2)				
332,911	102.2	290,160	103.1	42,751	97.0	211,576	96.7	r 1,076	101.6
(346,534)	(103.4)	(302,182)	(103.9)	(44,352)	(100.3)				
344,399	(103.5)	301,546	103.9	42,853	100.2	207,849	98.2	r 1,130	105.0
(354,799)	(102.4)	(310,185)	(102.6)	(44,615)	(100.6)				
352,632	102.4	309,498	102.6	43,134	100.7	202,962	97.6	r 1,146	r 101
(346,420)	(97.6)	(302,816)	(97.6)	(43,604)	(97.7)				
302,816	85.9	302,092	97.6	42,123	97.7	187,859	92.6	r 1,080	94
(334,667)	(96.6)	(293,227)	(96.8)	(41,440)	(95.0)				
332,474	109.8	292,520	96.8	39,954	93.2	167,315	89.1	r 1,044	r 97
r 243,150	...	213,288	...	29,862	...	179,898	107.5	1,033	r 99
231,061	...	202,441	...	28,620	...	174,900	97.2	r 993	r 96
209,956		180,336		29,620		177,791	101.7	1,018	102.5
214,092		184,840		29,252		184,860	104.0	1,100	108.1
210,008		181,160		28,848		183,120	99.1	1,124	102.2
204,315		175,981		28,335		180,381	98.5	1,119	99.6
210,316		180,810		29,506		180,438	100.0	1,092	97.6

(鉄道輸送統計年報、内航船舶輸送統計年報、自動車輸送統計年報、航空輸送統計年報)

5. 自動車の数値は平成22年度より、調査方法及び集計方法を変更した。21年度以前とは連続しない。
　なお、原典資料の自動車輸送統計年報においては、接続係数を用いて遡及改訂をおこなっているが、本書はそれによらず、従前調査体系の原数値系列により掲載している。なお、22年度より営業用には軽自動車を含む。
6. 平成22、23年度の自動車の数値には、東日本大震災の影響により、北海道及び東北運輸局管内の23年3、4月分の数値を含まない。
7. 鉄道は平成23年度より、公表項目のうちJRを秘匿項目としたため、JR、民鉄ともに内訳については公表値がない。

輸送機関別国内
Domestic Freight Transportation

年度 Fiscal Year	鉄道 Railways					
	計 Total		J R (JR)		民鉄 Private (ex,JR)	
	トン数 (A)	トンキロ (B)	トン数 (A)	トンキロ (B)	トン数 (A)	トンキロ (B)
35 (1960)	15.5	39.2	12.7	38.6	2.8	0.7
40 (1965)	9.6	30.7	7.6	30.3	2.0	0.5
45 (1970)	4.9	18.1	3.8	17.8	1.1	0.3
50 (1975)	3.7	13.1	2.8	12.9	0.8	0.2
55 (1980)	2.8	8.6	2.0	8.4	0.8	0.2
60 (1985)	1.8	5.1	1.2	5.0	0.5	0.1
2 (1990)	1.3	5.0	0.9	4.9	0.4	0.1
7 (1995)	1.2	4.5	0.8	4.4	0.4	0.1
	(0.9)	(3.8)	(0.6)	(3.8)	(0.3)	(0.0)
12 (2000)	1.0	3.8	0.6	3.8	0.3	0.0
	(0.9)	(3.9)	(0.7)	(3.9)	(0.3)	(0.0)
16 (2004)	1.0	4.0	0.7	3.9	0.3	0.0
	(1.0)	(4.0)	(0.7)	(4.0)	(0.3)	(0.0)
17 (2005)	1.0	4.0	0.7	4.0	0.3	0.0
	(1.0)	(4.0)	(0.7)	(4.0)	(0.3)	(0.0)
18 (2006)	1.0	4.0	0.7	4.0	0.3	0.0
	(0.9)	(4.0)	(0.7)	(4.0)	(0.3)	(0.0)
19 (2007)	1.0	4.0	0.7	4.0	0.3	0.0
	(0.9)	(4.0)	(0.6)	(4.0)	(0.3)	(0.0)
20 (2008)	0.9	4.3	0.7	4.3	0.3	0.0
	(0.9)	(3.9)	(0.6)	(3.9)	(0.3)	(0.0)
21 (2009)	0.9	3.9	0.7	3.9	0.3	0.0
22 (2010)	0.9	4.6	0.6	4.5	0.3	0.0
23 (2011)	0.8	4.7	…	…	…	…
24 (2012)	0.9	5.0	…	…	…	…
25 (2013)	0.9	5.0	…	…	…	…
26 (2014)	0.9	5.1	…	…	…	…
27 (2015)	0.9	5.3	…	…	…	…

資料　国土交通省総合政策局情報政策課交通経済統計調査室（鉄道輸送統計年報、

(注) 1. 航空は、定期航空運送事業及び不定期航空運送事業に係る輸送の合計である。
　　 2. 平成12年度から平成21年度までの上段（ ）内は、軽自動車を含む数値である。
　　　　平成22年度以降は営業用軽自動車を含む数値のみ。
　　 3. 鉄道のJRは、61年度まで無賃・有賃を含み、62年度以降は有賃のみ。
　　 4. 平成6年度の自動車の数値には、平成7年1月～3月の兵庫県の数値を含まない。

貨物輸送分担率
Share by Mode of Transportation

単位：%（Unit:Percent(A)-ton,(B)-Tonkms）

自動車 Motor vehicles						内航海運 Coastal Shipping		航空 Aviation	
計 Total		営業用 Commercial use		自家用 Private use					
トン数 (A)	トンキロ (B)	トン数 (A)	トンキロ (B)	トン数 (A)	トンキロ (B)	トン数 (A)	トンキロ (B)	トン数 (A)	トンキロ (B)
75.4	14.9	24.8	6.9	50.6	8.0	9.1	45.8	0.0	0.0
83.5	26.0	25.3	12.0	58.2	14.0	6.8	43.3	0.0	0.0
88.0	38.9	21.2	19.2	66.8	19.5	7.2	43.1	0.0	0.0
87.3	36.0	24.9	19.2	62.5	16.8	9.0	50.9	0.0	0.0
88.9	40.7	27.8	23.6	61.1	17.2	8.4	50.6	0.0	0.1
90.2	47.4	33.8	31.6	56.4	15.8	8.1	47.4	0.0	0.1
90.0	50.0	36.4	35.6	53.6	14.4	8.7	44.9	0.0	0.1
90.3	52.5	40.6	40.0	49.8	12.5	8.5	42.8	0.0	0.2
(90.6)	(54.2)	(46.0)	(44.2)	(44.6)	(10.0)	(8.4)	(41.8)	(0.0)	(0.2)
90.4	54.0	46.8	44.3	43.6	9.7	8.6	42.0	0.0	0.2
(91.1)	(57.5)	(50.9)	(49.5)	(40.3)	(8.0)	(7.9)	(38.4)	(0.0)	(0.2)
90.9	57.3	51.9	49.6	39.1	7.8	8.1	38.5	0.0	0.2
(91.2)	(58.6)	(52.5)	(51.1)	(38.7)	(7.5)	(7.8)	(37.2)	(0.0)	(0.2)
91.0	58.6	53.6	51.1	37.4	7.5	8.0	37.2	0.0	0.2
(91.4)	(59.9)	(53.3)	(52.2)	(38.0)	(7.7)	(7.7)	(35.9)	(0.0)	(0.2)
91.1	59.7	54.5	52.3	36.6	7.4	7.9	36.1	0.0	0.2
(91.4)	(60.9)	(54.3)	(53.3)	(37.2)	(7.7)	(7.6)	(34.9)	(0.0)	(0.2)
91.2	60.8	55.4	53.4	35.9	7.4	7.8	35.0	0.0	0.2
(91.7)	(62.1)	(54.6)	(54.3)	(37.1)	(7.8)	(7.4)	(33.7)	(0.0)	(0.2)
91.5	58.9	55.7	58.8	35.8	8.2	7.6	36.5	0.0	0.2
(92.4)	(63.9)	(55.7)	(56.0)	(36.7)	(7.9)	(6.7)	(32.0)	(0.0)	(0.2)
92.2	63.8	56.9	56.1	35.3	7.7	6.9	32.1	0.0	0.2
91.6	55.0	62.7	47.7	28.8	6.7	7.5	40.2	0.0	0.2
91.8	54.1	64.4	47.4	27.4	6.7	7.4	41.0	0.0	0.2
91.4	51.3	63.1	44.1	28.4	7.2	7.7	43.4	0.0	0.3
91.1	50.8	62.7	43.9	28.4	7.0	7.9	43.9	0.0	0.3
91.3	50.6	62.0	43.6	29.2	7.0	7.8	44.1	0.0	0.3
91.3	50.2	62.1	43.2	29.2	7.0	7.8	44.3	0.0	0.3

内航船舶輸送統計年報、自動車輸送統計年報、航空輸送統計年報　）

5. 自動車の数値は平成22年度より、調査方法及び集計方法が変更され、21年度以前とは連続しない。
なお、22年度より営業用には軽自動車を含む。
6. 平成22、23年度の自動車の数値には、東日本大震災の影響により、北海道及び東北運輸局管内の
23年3、4月分の数値を含まない。
7. 鉄道は平成23年度以降、JR、民鉄を区分せず、鉄道貨物として数値を記載している。

26 輸送

輸送機関別国内
Domestic Passenger Transportation

年度 Fiscal Year	合計 Sum Total		鉄道 Railways						自			
			計 Total		JR (JR)		民鉄 Private (ex.JR)		計 Total		バス	
											計 Sub Total		営業用 Commercial use	
	百万人 (A)	対前年度比 (B)	百万人 (A)	対前年度比 (B)	百万人 (A)	対前年度比 (B)	百万人 (A)	対前年度比 (B)	百万人 (A)	対前年度比 (B)	百万人 (A)	対前年度比 (B)	百万人 (A)	対前年度比 (B)
35 (1960)	20,291	106.9	12,290	105.3	5,124	106.5	7,166	104.5	7,901	109.4	6,291	106.0	6,179	105.0
40 (1965)	30,793	104.8	15,798	103.7	6,722	104.9	9,076	102.8	14,863	106.0	10,557	102.3	10,029	100.5
45 (1970)	40,606	106.9	16,384	102.2	6,534	99.9	9,850	103.8	24,032	110.3	11,812	101.2	10,255	99.5
50 (1975)	46,195	102.4	17,588	100.0	7,048	99.1	10,540	100.6	28,411	104.0	10,731	95.8	9,293	96.0
55 (1980)	51,720	100.6	18,005	100.9	6,825	98.5	11,180	102.5	33,515	100.4	9,903	99.4	8,300	99.0
60 (1985)	53,961 (77,934)	101.7 (100.9)	19,085	101.8	7,036	102.2	12,048	101.5	34,679 (55,767)	101.9 (99.9)	8,780	98.6	7,230	97.8
2 (1990)	64,795 (84,129)	101.9 (...)	21,939	103.4	8,358	104.7	13,581	102.6	42,628 (61,272)	101.0 (...)	8,558	99.8	6,756	99.4
7 (1995)	68,253 (84,691)	... (100.8)	22,630	100.1	8,982	100.1	13,648	99.5	45,396 (62,841)	... (101.3)	7,619	...	6,005	...
12 (2000)	67,423 (86,516)	100.2 (102.2)	21,647	99.5	8,671	99.5	12,976	99.6	45,573 (64,590)	100.6 (102.8)	6,635	96.7	5,058	97.5
13 (2001)	68,445 (87,247)	101.5 (100.8)	21,720	100.3	8,650	99.8	13,070	100.7	46,518 (65,481)	102.1 (101.4)	6,490	97.8	4,894	96.8
14 (2002)	68,558 (87,894)	100.2 (100.7)	21,561	99.3	8,585	99.3	12,976	99.3	46,792 (65,933)	100.6 (100.7)	6,286	96.9	4,775	97.6
15 (2003)	68,395 (87,872)	99.8 (100.0)	21,758	100.9	8,642	100.7	13,116	101.1	46,434 (65,991)	99.2 (100.1)	6,191	98.5	4,726	99.0
16 (2004)	67,679 (88,108)	99.0 (100.3)	21,686	99.7	8,618	99.7	13,068	99.6	45,798 (65,947)	98.6 (99.9)	5,995	96.8	4,626	97.9
17 (2005)	67,625 (88,382)	99.9 (100.3)	21,963	101.3	8,683	100.8	13,280	101.6	45,464 (65,943)	99.3 (100.0)	5,889	98.2	4,545	98.2
18 (2006)	67,127 (89,945)	99.3 (101.8)	22,243	101.3	8,778	101.1	13,465	101.4	44,688 (66,909)	98.3	5,909	100.3	4,537	99.8
19 (2007)	67,762 (89,940)	100.9 (100.0)	22,841	102.7	8,988	102.4	13,853	102.9	44,726 (66,774)	100.1	5,963	100.9	4,560	100.5
20 (2008)	67,145 (89,500)	99.1 (101.3)	22,976	100.6	8,984	100.0	13,992	101.0	43,979 (66,600)	98.3 (99.7)	5,930	99.4	4,607	101.0
21 (2009)	66,306	98.8	22,724	98.9	8,841	98.4	13,884	99.2	43,407	98.7	5,733	96.7	4,476	97.2
22 (2010)	29,077	...	22,669	99.8	8,818	99.7	13,851	99.8	6,241	...	4,458	77.8	4,458	99.6
23 (2011)	28,784	98.9	22,632	99.8	8,837	100.2	13,795	99.6	6,074		r 4,414	r 99.0	4,414	99.0
24 (2012)	p 29,205	101.5	23,042	101.8	8,963	101.4	14,079	102.1	6,077		4,437	100.5	4,437	100.5
25 (2013)	29,852	102.2	23,606	102.4	9,147	102.1	14,459	102.7	6,153		4,505	99.9	4,505	99.9
26 (2014)	29,752	99.7	23,600	100.0	9,088	99.4	14,512	100.4	6,057		4,500	99.9	4,500	99.9
27 (2015)	30,417	102.2	24,290	102.9	9,308	102.4	14,982	103.2	6,031		4,565	101.4	4,565	101.4
28 (2016)	30,730	98.9	24,598	101.3	9,392	100.9	15,206	101.5	6,034		4,582	100.4	4,582	100.4

資料　　国土交通省総合政策局情報政策本部情報政策課交通経済統計調査室(鉄道輸送統計)

(注) 1. 平成2年度から平成21年度までの上段( )内は、軽自動車及び自家用貨物車を含む数値である。
　　　　ただし、自家用貨物車の上段( )内は軽自動車のみの数値であり、下段( )内は登録車のみの数値である。
　　 2. 航空は、定期航空運送事業及び不定期航空運送事業に係る輸送の合計である。
　　 3. 平成6年度の自動車の数値には、平成7年1～3月の兵庫県の数値(営業用バス等を除く)を含まない。
　　 4. 平成6年度の自動車の対前年度比は、平成7年1月～3月の兵庫県の数値を含まない(営業用バス等を除く)
　　　　と同等の平成5年度の数値で計算した参考値である。

輸 送 27

旅 客 輸 送 人 員
by Mode of Transportation

(Unit:(A)-million persons,(B)-ratio to preceding year)

自動車 Motor vehicles								旅客船 Maritime		航空 Aviation	
バス Buses 自家用 Private use		乗用車 Passenger Cars 計 Sub Total		営業用 Commercial use		自家用 Private use		自家用貨物車 Truck for Private use			
百万人 (A)	対前年度比 (B)	百万人 (A)	対前年度比 (B)	百万人 (A)	対前年度比 (B)	百万人 (A)	対前年度比 (B)	百万人 (A)	対前年度比 (B)	百万人 (A)	対前年度比 (B)
112	211.3	1,610	125.7	1,205	123.2	405	133.7	...	...	99	103.1	1	100.0
528	154.8	4,306	116.5	2,627	113.1	1,679	122.3	...	...	126	110.5	5	100.0
1,557	114.2	12,221	120.9	4,289	105.0	7,932	131.6	...	...	174	106.1	15	125.0
1,437	94.0	17,681	109.8	3,220	99.9	14,460	112.2	...	...	170	95.5	25	100.0
1,603	101.0	23,612	100.9	3,427	97.5	20,186	101.5	...	...	160	96.5	40	97.7
1,551	103.0	25,899 (36,204)	103.1 (102.0)	3,257	99.2	22,642 (32,980)	103.7 (102.4)	(7,551)	(92.3)	153	99.1	44	97.9
1,802	101.6	34,070 (43,055)	101.4 (...)	3,223	97.6	30,847 (40,297)	101.8 (...)	(3,454) (7,464)	(96.4) (99.1)	163	101.5	65	108.5
1,614	97.8	37,776 (47,937)	101.6 (103.1)	2,758	97.1	35,018 (45,504)	102.1 (103.3)	(3,134) (5,784)	(98.4) (95.0)	149	98.6	78	104.8
1,578	94.2	38,938 (50,007)	101.3 (104.3)	2,433	98.7	36,505 (47,663)	101.4 (104.7)	(2,485) (5,629)	96.3 (97.3)	110	91.7	93	101.4
1,596	101.1	40,028 (51,268)	102.8 (102.5)	2,344	96.3	37,684 (48,902)	103.2 (102.6)	(2,465) (5,520)	(99.2) (98.1)	111	100.7	95	101.8
1,511	94.7	40,505 (51,802)	101.2 (100.5)	2,366	101.0	38,139 (49,450)	101.2 (101.1)	(2,406) (5,563)	(97.6) (100.8)	109	97.6	97	102.2
1,465	97.0	40,243 (52,311)	99.4 (101.0)	2,352	99.4	37,892 (50,067)	99.4 (101.2)	(2,377) (5,484)	(98.8) (98.6)	107	98.6	96	98.8
1,369	93.4	39,803 (52,722)	98.9 (100.8)	2,244	95.4	37,559 (50,505)	99.1 (100.9)	(2,201) (5,252)	(92.6) (95.8)	101	94.4	94	97.9
1,343	98.1	39,575 (52,765)	99.4 (100.1)	2,217	98.8	37,358 (50,556)	99.5 (100.1)	(2,083) (5,248)	(94.6) (99.9)	103	102.0	95	101.1
1,372	102.1	38,779 (53,730)	98.0 (101.8)	2,209	99.6	36,570 (51,592)	97.9 (100.1)	(2,022) (5,212)	(97.0) (99.3)	99	96.1	97	102.1
1,403	102.3	38,762 (53,827)	100.0	2,137	96.8	36,625 (51,802)	100.0 (100.0)	2,004 (5,112)	99.1 (98.1)	101	101.6	95	97.8
1,322	94.2	38,049 (54,172)	98.2	2,025	94.7	36,025 (52,224)	100.0 (100.8)	1,907 (4,925)	95.1 (96.4)	99	98.2	91	95.8
1,257	95.1	37,673	99.0	1,948	96.2	35,725	99.2	1,770	92.8	92	92.9	84	92.3
...	...	1,783	...	1,783	...	...	...	...	...	85	92.4	82	97.6
...	...	1,660	93.1	1,660	93.1	...	...	...	...	84	98.8	79	96.3
...	...	1,640	98.8	1,640	98.8	...	...	...	...	...	...	86	108.9
...	...	1,648	100.5	1,648	100.5	...	...	...	...	...	...	93	108.1
...	...	1,557	94.5	1,557	94.5	...	...	...	...	...	...	95	102.2
...	...	1,466	94.2	1,466	94.2	...	...	...	...	...	...	96	101.1
...	...	1,452	99.0	1,452	99.0	...	...	...	...	...	...	98	102.1

年報、自動車輸送統計年報、航空輸送統計年報、交通関連統計資料集
5. 平成22、23年度の自動車の数値には、平成23年3,4月の北海道及び東北6県の数値（営業用バスを除く）を含まない。
6. 自動車の数値は平成22年度より、調査方法及び集計方法を変更した。21年度以前とは連続しない。
（自家用乗用車、自家用貨物車及び軽自動車を調査対象から除外している。）
なお、原典資料の自動車輸送統計年報においては、接続係数を用いて遡及改訂をおこなっているが、
本書はそれによらず、従前調査体系の原数値系列により掲載している。
7. 鉄道は平成23年度より、公表項目のうちJRを秘匿項目としたため、JR、民鉄ともに内訳については公表値がない。
8. 直近年については、旅客船の輸送量が公表されていないため、合計には旅客船の数値を含まない。

輸送機関別国内
Passenger−Kilometers of Domestic Passenger

年度 Fiscal Year	合計 Sum Total		鉄道 Railways						自		
			計 Total		JR		民鉄 Private (ex.JR)		計 Total	バス 計 Sub Total	営業用 Commercial use
	百万人キロ (A)	対前年度比 (B)	百万人キロ (A)	対前年度比 (B)	百万人キロ (A)	対前年度比 (B)	百万人キロ (A)	対前年度比 (B)	百万人キロ (A)	対前年度比 (B)	百万人キロ (A)	対前年度比 (B)

年度	合計(A)	(B)	鉄道計(A)	(B)	JR(A)	(B)	民鉄(A)	(B)	自計(A)	(B)	バス計(A)	(B)	営業用(A)	(B)
35 (1960)	243,278	...	184,340	108.2	123,983	108.6	60,357	107.6	55,531	115.7	43,999	112.3	42,742	110.8
40 (1965)	382,594	107.6	255,384	105.6	174,014	106.0	81,370	104.8	120,756	111.9	80,133	105.4	73,371	102.3
45 (1970)	587,177	111.0	288,816	104.9	189,726	104.5	99,090	105.6	284,229	117.4	102,894	102.7	82,239	101.2
50 (1975)	710,711	102.5	323,800	99.9	215,289	99.9	108,511	100.0	360,868	104.8	110,063	95.1	80,110	97.7
55 (1980)	782,031	100.6	314,542	100.7	193,143	99.2	121,399	103.1	431,669	100.8	110,396	101.9	73,934	100.9
60 (1985)	858,215 (1,298,436)	103.1 (102.3)	330,083	101.8	197,463	101.7	132,620	101.9	489,260 (853,060)	104.4 (100.9)	104,898	101.8	70,848	100.2
2 (1990)	1,108,160 (1,388,126)	102.9 (...)	387,478	105.1	237,657	106.7	149,821	102.5	662,784 (917,419)	102.9 (...)	110,372	101.1	77,341	103.2
7 (1995)	1,176,502 (1,419,696)	... (99.7)	400,056	100.9	248,998	101.9	151,059	99.4	705,795 (951,253)	... (99.5)	97,287	...	73,910	...
12 (2000)	1,198,762 (1,418,381)	99.7 (99.4)	384,411	99.8	240,659	99.9	143,782	99.6	730,318 (947,563)	99.6 (99.3)	87,307	98.4	69,530	100.2
16 (2004)	1,176,597 (1,411,478)	98.8 (99.5)	385,163	100.1	241,977	100.3	143,186	99.6	705,779 (933,006)	98.2	86,285	99.9	71,566	100.6
17 (2005)	1,165,681 (1,403,375)	99.1 (99.4)	391,228	101.6	245,996	101.7	145,232	101.4	687,208 (917,938)	97.4	88,066	102.1	72,782	101.7
18 (2006)	1,152,167 (1,412,767)	98.8 (100.7)	395,908	101.2	249,029	101.2	146,879	101.1	666,730 (919,062)	97.0	88,699	100.7	72,621	99.8
19 (2007)	1,153,307 (1,394,953)	100.1 (98.7)	405,544	102.4	255,210	102.5	150,334	102.4	659,602 (905,907)	98.9	88,969	100.3	71,982	99.1
20 (2008)	1,131,842 (1,370,794)	98.1 (98.3)	404,585	99.8	253,556	99.4	151,030	100.5	642,796 (898,720)	97.5 (99.2)	89,921	101.1	73,260	101.8
21 (2009)	1,103,130	97.5	393,765	97.4	244,247	96.3	149,519 r	99.0	631,056	98.2	87,402	97.2	71,205	97.2
22 (2010)	555,648	...	393,466	99.9	244,593	100.1	148,874 r	99.6	77,678	...	69,955	80.0	69,955	98.2
23 (2011)	540,209	...	395,067	100.4	246,937	101.0	148,130	99.5	73,916	...	66,696	95.3	66,696	95.3
24 (2012)	557,993	103.3	404,394	102.4	253,788	102.8	150,606	101.7	75,668	...	68,458	102.6	68,458	102.6
25 (2013)	573,127	102.7	414,387	102.5	260,013	102.5	154,374	102.5	74,571	...	67,527	98.6	67,527	98.6
26 (2014)	573,355	100.0	413,970	99.9	260,097	100.0	153,873	99.7	72,579	...	65,649	97.2	65,649	97.2
27 (2015)	587,207	102.4	427,486	103.2	269,394	103.6	158,092	102.4	71,443	...	64,936	96.2	64,936	96.2
28 (2016)	592,607	100.9	431,799	101.0	271,996	101.0	159,802	101.1	70,119	...	63,737	98.2	63,737	98.2

資料　国土交通省総合政策局情報政策本部情報政策課交通経済統計調査室(鉄道輸送統計)

(注)1. 平成2年度から平成21年度までの上段( )内は、軽自動車及び自家用貨物車を含む数値である。
　　　ただし、自家用貨物車の上段( )内は軽自動車のみの数値であり、下段( )内は登録車のみの数値である。
　　2. 航空は、定期航空運送事業及び不定期航空運送事業に係る輸送の合計である。
　　3. 平成6年度の自動車の数値には、平成7年1～3月の兵庫県の数値(営業用バス等を除く)を含まない。
　　4. 平成6年度の自動車の対前年度比は、平成7年1月～3月の兵庫県の数値を含まない(営業用バス等を除く)
　　　と同等の平成5年度の数値で計算した参考値である。

旅 客 輸 送 人 キ ロ
Transportation by Mode of Transportation

(Unit:(A)-million persons-km,(B)-ratio to preceding year)

自動車 Motor vehicles												旅客船		航空	
Buses		乗用車 Passenger Cars										Maritime		Aviation	
自家用 Private use		計 Sub Total		営業用 Commercial use		自家用 Private use		自家用貨物車 Truck for Private use							
百万人キロ (A)	対前年度比 (B)	百万人キロ (A)	対前年度比 (B)	百万人キロ (A)	対前年度比 (B)	百万人キロ (A)	対前年度比 (B)	百万人キロ (A)	対前年度比 (B)			百万人キロ (A)	対前年度比 (B)	百万人キロ (A)	対前年度比 (B)
1,257	213.1	11,532	130.7	5,162	120.0	6,370	140.9	...	...			2,670	...	737	150.1
6,762	156.2	40,622	127.3	11,216	111.9	29,406	134.3	...	...			3,402	110.8	2,952	107.5
20,655	109.2	181,335	127.8	19,311	104.5	162,024	131.3	...	...			4,814	108.4	9,319	133.3
29,953	88.7	250,804	109.8	15,572	99.3	235,232	110.6	...	...			6,895	88.9	19,148	108.6
36,462	104.0	321,272	100.4	16,243	98.7	305,030	100.5	...	...			6,132	95.2	29,688	98.2
34,050	105.3	384,362 (575,507)	105.1 (103.5)	15,763	100.8	368,600 (559,868)	105.3 (103.7)	... (92,523)	... (90.1)			5,752	99.5	33,119	98.9
33,031	96.6	552,412 (664,625)	103.2 (...)	15,639	98.2	536,773 (650,829)	103.4 (...)	(74,659) (81,620)	(96.7) (98.0)			6,275	105.2	51,624	109.5
23,377	103.0	608,508 (741,148)	... (101.1)	13,796	96.2	594,712 (729,096)	103.1 (101.1)	(73,887) (63,366)	(100.1) (92.2)			5,637	94.8	65,014	106.1
17,777	92.1	643,010 (750,518)	99.7 (99.4)	12,052	99.5	630,958 (738,933)	99.7 (99.4)	(59,431) (59,023)	(91.9) (100.7)			4,304	96.1	79,698	100.4
14,719	96.4	619,494 (737,621)	97.9	11,585	96.8	607,909 (726,130)	97.9 (98.3)	(51,736) (57,576)	... (97.5)			3,869	96.1	81,786	102.6
15,284	103.8	599,142 (723,869)	96.7	11,485	99.1	587,657 (712,415)	96.7 (98.1)	49,742 (56,908)	96.1 (98.8)			4,025	104.0	83,220	101.7
16,079	105.2	578,031 (724,591)	96.5	11,454	99.7	566,577 (713,491)	96.4 (100.2)	48,461 (56,846)	97.4 (99.9)			3,783	94.0	85,746	103.0
16,987	105.6	570,633 (713,147)	98.7	11,100	96.9	559,533 (702,575)	98.8 (98.5)	48,656 (55,930)	100.4 (98.4)			3,834	101.3	84,327	98.3
16,661	98.1	552,875 (711,670)	96.9 (99.8)	10,572	95.2	542,304 (701,515)	96.9 (99.8)	46,910 (55,054)	96.4 (98.4)			3,510	91.6	80,951	96.0
16,197	97.2	543,654	98.3	10,155	96.1	533,499	98.4	44,594	95.1			3,073	87.5	75,236	92.9
...	...	7,723	...	7,723	...	...	...	...	...			3,004	97.8	73,777	98.1
...	...	7,221	93.5	7,221	93.5	...	...	...	...			...	...	71,226	96.5
...	...	7,210	99.8	7,210	99.8	...	...	...	...			...	...	77,931	109.4
...	...	7,044	97.7	7,044	97.7	...	...	...	...			...	...	84,169	108.0
...	...	6,930	98.4	6,930	98.4	...	...	...	...			...	...	86,806	103.1
...	...	6,508	93.9	6,507	93.9	...	...	...	...			...	...	88,278	101.7
...	...	6,382	98.1	6,382	98.1	...	...	...	...			...	...	90,689	102.7

年報、自動車輸送統計年報、航空輸送統計年報、交通関連統計資料集
　5. 平成22、23年度の自動車の数値には、平成23年3,4月の北海道及び東北6県の数値（営業用バスを除く）を含まない。
　6. 自動車の数値は平成22年度より、調査方法及び集計方法を変更した。21年度以前とは連続しない。
　　（自家用乗用車、自家用貨物車及び軽自動車を調査対象から除外している。）
　　なお、原典資料の自動車輸送統計年報においては、接続係数を用いて遡及改訂をおこなっているが、
　　本書はそれによらず、従前調査体系の原数値系列により掲載している。
　7. 鉄道は平成23年度より、公表項目のうちJRを秘匿項目としたため、JR、民鉄ともに内訳については公表値がない。
　8. 旅客船の輸送量は平成23年度以降、未公表のため、合計には旅客船の数値を含まない。

30 輸 送

輸 送 機 関 別 国 内
Domestic Passenger Transportation

年度 Fiscal Year		鉄道 Railways					自				
		計 Total		JR (JR)		民鉄 Private (ex,JR)		計 Total		バス			営業用 Commercial use	
										計 Sub Total			
		人数 Pax	人キロ Pax-km	人数 Pax	人キロ Pax-km	人数 Pax	人キロ Pax-km	人数 Pax	人キロ Pax-km	人数 Pax	人キロ Pax-km	人数 Pax	人キロ Pax-km
35	(1960)	60.6	75.8	25.3	51.0	35.3	24.8	38.9	22.8	31.0	18.1	30.5	17.6
40	(1965)	51.3	66.8	21.8	45.5	29.5	21.3	48.3	31.6	34.3	21.0	32.6	19.2
45	(1970)	40.3	49.2	16.1	32.3	24.3	16.9	59.2	48.4	29.1	17.5	25.3	14.0
50	(1975)	38.1	45.6	15.3	30.3	22.8	15.3	61.5	50.8	23.2	15.5	20.1	11.3
55	(1980)	34.8	40.2	13.2	24.7	21.6	15.5	64.8	55.2	19.1	14.1	16.0	9.4
60	(1985)	35.3	38.5	12.9	23.0	22.4	15.5	64.4	57.0	16.3	12.2	13.4	8.3
		(28.2)	(29.8)	(10.7)	(18.3)	(17.4)	(11.5)	(71.6)	(65.7)	(11.0)	(8.5)		
2	(1990)	33.9	35.0	12.9	21.4	21.0	13.5	65.8	59.8	13.2	10.0	10.4	7.0
		(26.9)	(28.8)	(10.7)	(17.9)	(16.2)	(10.9)	(72.8)	(66.1)	(9.1)	(7.0)		
7	(1995)	33.2	34.0	13.2	21.2	20.0	12.8	66.5	60.0	11.2	8.3	8.8	6.3
		(25.6)	(27.1)	(10.2)	(17.0)	(15.3)	(10.1)	(74.2)	(67.0)	(7.8)	(6.1)		
12	(2000)	32.1	32.1	12.9	20.1	19.2	12.0	67.6	60.9	9.8	7.3	7.5	5.8
		(24.7)	(27.2)	(9.8)	(17.1)	(14.9)	(10.1)	(75.1)	(66.8)	(6.8)	(6.1)		
16	(2004)	32.0	32.7	12.7	20.6	19.3	12.2	67.7	60.0	8.9	7.3	6.8	6.1
		(24.9)	(27.7)	(9.9)	(17.4)	(15.1)	(10.3)	(74.8)	(66.1)	(6.7)	(6.2)		
17	(2005)	32.5	33.6	12.8	21.1	19.6	12.5	67.2	59.0	8.7	7.6	6.7	6.2
		(25.2)	(28.2)	(9.9)	(17.7)	(15.2)	(10.5)	(74.6)	(65.4)	(6.7)	(6.3)		
18	(2006)	33.1	34.4	13.1	21.6	20.1	12.7	66.6	57.9	8.8	7.7	6.8	6.3
		(25.4)	(28.7)	(10.0)	(18.1)	(15.4)	(10.6)	(74.4)	(65.1)	(6.6)	(6.3)		
19	(2007)	33.7	35.2	13.3	22.1	20.4	13.0	66.0	57.2	8.8	7.7	6.7	6.2
		(25.5)	(29.0)	(10.0)	(18.2)	(15.6)	(10.8)	(74.2)	(64.9)	(6.6)	(6.4)		
20	(2008)	34.2	35.7	13.4	22.4	20.8	13.3	65.5	56.8	8.8	7.9	6.9	6.5
		(25.4)	(28.7)	(9.9)	(17.8)	(15.5)	(10.9)	(74.4)	(65.6)	(6.4)	(6.4)	(0.0)	(0.0)
21	(2009)	34.3	35.7	13.3	22.1	20.9	13.6	65.5	57.2	8.6	7.9	6.8	6.5
22	(2010)	78.0	71.8	30.3	44.6	47.6	27.2	21.5	14.2	15.3	12.8	15.3	12.8
23	(2011)	78.4	72.7	30.6	45.5	47.8	27.3	21.0	13.6	15.3	12.3	15.3	12.3
24	(2012)	78.9	72.5	30.7	45.5	48.2	27.0	20.8	13.6	15.2	12.3	15.2	12.3
25	(2013)	79.1	72.3	30.6	45.4	48.4	26.9	20.0	13.0	15.1	11.8	15.1	11.8
26	(2014)	79.3	72.2	30.6	45.4	48.8	26.8	20.4	12.7	15.1	11.4	15.1	11.4
27	(2015)	79.9	72.8	30.6	45.9	49.3	26.9	19.8	12.2	15.0	11.1	15.0	11.1

資料　国土交通省総合政策局情報政策本部情報政策課交通経済統計調査室

(注) 1. 平成2年度から平成21年度までの上段（ ）内は、軽自動車及び自家用貨物車を含む数値である。
　　　　ただし、自家用貨物車の上段（ ）内は軽自動車のみの数値であり、下段（ ）内は登録車のみの数値である。

輸 送 31

旅 客 輸 送 分 担 率
Share by Mode of Transportation

単位：％(Unit : Percent) Pax＝Passenger

動　車　Motor vehicles									旅 客 船 Maritime		航 空 Aviation	
Buses 自家用 Private use		計 Sub Total		乗用車 Passenger Cars				自家用貨物車 Truck for Private use				
				営業用 Commercial use		自家用 Private use						
人数 Pax	人キロ Pax-km	人数 Pax	人キロ Pax-km	人数 Pax	人キロ Pax-km	人数 Pax	人キロ Pax-km	人数 Pax	人キロ Pax-km	人数 Pax	人キロ Pax-km
0.6	0.5	7.9	4.7	5.9	2.1	2.0	2.6	...	...	0.5	1.1	0.0	0.3
1.7	1.8	14.0	10.6	8.5	2.9	5.5	7.7	...	...	0.4	0.9	0.0	0.8
3.8	3.5	30.1	30.9	10.6	3.3	19.5	27.6	...	...	0.4	0.8	0.0	1.6
3.1	4.2	38.3	35.3	7.0	2.2	31.3	33.1	...	...	0.4	1.0	0.1	2.7
8.1	4.7	45.7	41.1	6.6	2.1	39.1	39.0	...	...	0.3	0.8	0.1	3.8
2.9	4.0	48.1	44.8	6.0	1.8	42.0	43.0	...	...	0.3	0.7	0.1	3.9
		(46.5)	(44.3)			(42.3)	(43.1)	(9.7)	(7.1)	(0.2)	(0.5)	(0.1)	(4.0)
2.8	3.0	52.6	49.8	5.0	1.4	47.6	48.4	(5.3)	(6.7)	0.3	0.6	0.1	4.7
		(51.2)	(47.9)			(47.9)	(46.9)	(8.9)	(5.9)	(0.2)	(0.4)	(0.1)	(4.7)
2.4	2.0	55.3	51.7	4.0	1.2	51.3	50.6	(4.6)	(6.3)	0.2	0.5	0.1	5.5
		(56.6)	(52.2)			(53.7)	(51.4)	(6.8)	(4.5)	(0.1)	(0.3)	(0.1)	(5.6)
2.3	1.5	57.8	53.6	3.6	1.0	54.1	52.6	(2.9)	(4.2)	0.2	0.4	0.1	6.6
		(59.5)	(52.9)			(57.0)	(52.1)	(6.2)	(4.2)	(0.1)	(0.3)	(0.1)	(5.8)
2.0	1.3	58.8	52.7	3.3	1.0	55.5	51.7	(3.3)	(4.4)	0.1	0.3	0.1	7.0
		(59.8)	(52.3)			(57.3)	(51.4)	(6.0)	(4.1)	(0.1)	(0.3)	(0.1)	(5.9)
2.0	1.3	58.5	51.4	3.3	1.0	55.2	50.4	(3.1)	(4.3)	0.2	0.3	0.1	7.1
		(59.7)	(51.6)			(57.2)	(50.8)	(5.9)	(4.1)	(0.1)	(0.3)	(0.1)	(6.1)
2.0	1.4	57.8	50.2	3.3	1.0	54.5	49.2	(3.0)	(4.2)	0.1	0.3	0.1	7.4
		(59.7)	(51.3)			(57.4)	(50.5)	(5.8)	(4.0)	(0.1)	(0.3)	(0.1)	(6.0)
2.1	1.5	57.2	49.5	3.2	1.0	54.0	48.5	3.0	4.2	0.1	0.3	0.1	7.3
		(59.8)	(51.1)			(57.6)	(50.4)	(5.7)	(4.0)	(0.1)	(0.3)	(0.1)	(5.8)
2.0	1.5	56.7	48.8	3.0	0.9	53.7	47.9	(2.8)	(4.1)	0.1	0.3	0.1	7.2
(0.0)	(0.0)	(60.5)	(51.9)	(0.0)	(0.0)	(58.4)	(51.2)	(5.5)	(4.0)	(0.1)	(0.2)	(0.1)	(5.5)
1.9	1.5	56.8	49.3	2.9	0.9	53.9	48.4	(2.7)	(4.0)	0.1	0.3	0.1	6.8
...	...	6.1	1.4	6.1	1.4	...	...	...	...	0.3	0.5	0.3	13.5
...	...	5.7	1.3	5.7	1.3	...	...	...	...	0.3	0.6	0.3	13.2
...	...	5.6	1.3	5.6	1.3	...	...	...	...	...	...	0.3	14.0
...	...	5.5	1.2	5.5	1.2	...	...	...	...	...	...	0.3	14.7
...	...	5.2	1.2	5.2	1.2	...	...	...	...	...	...	0.3	15.1
...	...	4.8	1.1	4.8	1.1	...	...	...	...	...	...	0.3	15.0

'05まで(陸運統計要覧)、'06から(交通関係統計資料集)、同交通経済統計調査室(自動車輸送統計年報)
2. 国鉄の61年度は、JR各社が発足した62年4月以降に整合する接続値である。
3. 平成6年度の自動車の数値には、平成7年1～3月の兵庫県の数値(営業用バス等を除く)を含まない。

国 際 貨 物 輸 送 量
Volume of International Freight Transportation

暦 年 Calendar Year (CY)	海 運 Shipping		定 期 航 空 Scheduled Air Transport			
	千トン Thousand tons	対前年度比(%) Ratio to Preceding FY	千トン Thousand tons	対前年度比(%) Ratio to Preceding FY	百万トンキロ Million tons-km	対前年度比(%) Ratio to Preceding FY
45 (1970)	343,937	127.4	49	114.1	362	105.8
50 (1975)	517,958	99.7	114	120.9	825	115.9
55 (1980)	552,614	96.6	232	116.0	1,542	114.8
60 (1985)	549,065	102.1	361	107.8	2,649	110.1
2 (1990)	597,822	100.9	620	99.5	4,288	98.1
7 (1995)	703,606	105.1	857	110.1	5,596	108.5
12 (2000)	739,377	100.0	1,188	106.4	7,389	106.0
13 (2001)	706,463	95.5	1,030	86.7	6,350	85.9
14 (2002)	701,092	99.2	1,185	115.0	6,999	110.2
15 (2003)	772,057	110.1	1,219	102.9	7,103	101.5
16 (2004)	776,099	105.2	1,333	109.3	7,616	107.2
17 (2005)	779,108	100.2	1,319	100.0	7,711	101.2
18 (2006)	803,050	103.1	1,309	99.2	8,097	105.0
19 (2007)	833,217	103.8	1,350	103.2	8,600	106.2
20 (2008)	877,002	105.3	1,314	97.3	7,451	86.6
21 (2009)	823,850	93.9	1,165	88.7	6,065	81.4
22 (2010)	819,075	99.4	1,323	113.5	6,658	109.8
23 (2011)	966,697	118.0	1,057	79.9	5,627	84.5
24 (2012)	1,001,130	103.6	1,140	107.9	6,096	108.3
25 (2013)	1,026,984	102.6	1,204	91.0	6,535	98.2
26 (2014)	1,035,238	100.8	1,389	115.4	7,697	117.8
27 (2015)	1,056,143	102.0	1,402	100.9	7,947	103.2
28 (2016)	…	…	1,529	109.1	8,412	105.9
資 料	国土交通省海事局外航課、 総合政策局情報政策本部情報政策課 交通経済統計調査室(航空輸送統計年報)					

(注) 1. 海運の貨物には、外国用船による輸送を含む。
　　 2. 定期航空は、定期航空運送事業に係る輸送である。

国 際 旅 客 輸 送 量
Volume of International Passenger Transportation

暦 年 Calendar Year (CY)	海 運 Shipping		定 期 航 空 Scheduled Air Transport			
	千人 Thousand Persons	対前年度比(%) Ratio to Preceding FY	千人 Thousand Persons	対前年度比(%) Ratio to Preceding FY	百万人キロ Million Persons-km	対前年度比(%) Ratio to Preceding FY
45 (1970)	98	107.8	1,628	123.9	6,638	114.5
50 (1975)	76	105.2	2,555	111.2	13,888	115.4
55 (1980)	76	119.3	4,831	101.8	23,151	101.5
60 (1985)	95	113.1	6,496	106.4	32,165	106.6
2 (1990)	206	117.0	10,884	105.4	50,695	101.6
7 (1995)	290	108.2	13,797	109.8	68,883	111.2
12 (2000)	469	115.5	19,249	109.8	96,829	110.2
13 (2001)	503	107.3	17,481	90.8	84,632	87.4
14 (2002)	516	102.6	17,878	102.3	85,729	101.3
15 (2003)	508	98.4	14,593	81.6	72,817	84.9
16 (2004)	548	107.8	17,704	121.3	83,209	114.3
17 (2005)	580	100.0	17,909	100.0	83,127	100.0
18 (2006)	633	109.1	17,390	97.1	80,293	96.6
19 (2007)	673	106.4	17,756	102.1	78,726	98.0
20 (2008)	649	96.3	16,425	92.5	72,805	92.5
21 (2009)	530	81.6	15,388	93.7	67,200	92.3
22 (2010)	630	118.9	14,565	94.7	63,352	94.3
23 (2011)	…	…	12,158	83.5	53,039	83.7
24 (2012)	…	…	13,997	115.1	61,361	115.7
25 (2013)	…	…	14,858	106.2	65,610	106.9
26 (2014)	…	…	16,355	110.1	73,608	112.2
27 (2015)	…	…	18,254	111.6	82,105	111.5
28 (2016)	…	…	20,505	112.3	90,400	110.1
資 料	国土交通省海事局外航課、 総合政策局情報政策本部情報政策課交通経済統計調査室(航空輸送統計年報)					

(注) 1. 海運は、邦船社による輸送である。
    2. 定期航空は、定期航空運送事業に係る輸送である。

輸送機関別品目別輸送量（平成25年度）(FY2013)
Volume of Items Carried by Mode of Transportation

単位：千トン(Unit：thousand tons)

品　目　区　分 Items		合　計 Sum Total	自動車 Motor Vehicles			内航海運 Coastal Shipping
			計 Total	営業用 Commercial use	自家用 Private use	
合　　　　　　計	Sum Total	4,724,087	4,345,753	2,989,496	1,356,257	378,334
穀　　　　　　物	Cereals	41,031	37,998	29,235	8,763	3,033
野　菜・果　物	Vegetables, Fruit	62,921	62,915	42,088	20,827	6
その他の農産物	Other Crops	25,394	25,357	19,961	5,396	37
畜　　産　　品	Stock Products	48,691	48,689	36,079	12,610	2
水　　産　　品	Maline Products	41,340	41,340	32,125	9,215	0
木　　　　　　材	Lumber	134,918	132,274	81,952	50,322	2,644
薪　　　　　　炭	Firewood	1,063	1,060	706	354	3
石　　　　　　炭	Coal	32,755	18,595	18,470	125	14,160
金　属　鉱	Metallic minarals	13,406	10,760	8,380	2,380	2,646
砂利・砂・石材	Gravel, Sands & Stones	614,735	594,427	238,780	355,647	20,308
非金属鉱物(工業用)	Non-ferrous Metals & Minerals	133,645	61,108	39,383	21,725	72,537
金　　　　　　属	Metals	254,504	211,115	174,625	36,490	43,389
金　属　製　品	Metal Products	152,315	151,689	112,950	38,739	626
機　　　　　　械	Machinery	284,944	272,540	205,756	66,784	12,404
セ　メ　ン　ト	Cement	106,342	67,451	54,832	12,619	38,891
その他の窯業品	Other Ceramics	288,835	287,406	132,357	155,049	1,429
石　油　製　品	Petroleum-Products	269,167	179,958	133,125	46,833	89,209
コークス・その他の石炭製品	Coke, Other Coal Products	11,069	3,609	3,452	157	7,460
化　学　薬　品	Chemicals	59,363	40,369	36,883	3,486	18,994
化　学　肥　料	Chemicals Fertilizers	12,234	11,674	8,763	2,911	560
染料・塗料その他の化学工業品	Dyes, Paints, Other Chemicals	103,555	102,233	88,525	13,708	1,322
紙・パ　ル　プ	Paper, Pulp	136,439	134,564	118,631	15,933	1,875
繊　維　工　業　品	Textile Products	17,286	17,286	12,232	5,054	-
食　料　工　業　品	Foodstuff	350,463	349,229	307,732	41,497	1,234
日　　用　　品	Daily Necessaries	235,731	235,731	219,942	15,789	0
ゴム製品・木製品・その他の製造工業品	Rubber, Wood Products	70,687	47,212	38,102	9,110	23,475
特種品・その他	Parcels & Others Products	1,221,246	1,199,164	794,430	404,734	22,082
分類不能のもの	Others	6	0	0	0	6

資　料　国土交通省総合政策局情報政策本部情報政策課交通経済統計調査室（自動車輸送統計年報、内航船舶輸送統計年報）

(注) 1. 内航海運は、営業用・自家用の合計である。
　　2. 自動車は、平成22年度より調査方法及び集計方法を変更した。21年度以前の数値とは連続しない。
　　　　特に、22年度からは自家用軽自動車を対象から除外している。

輸送機関別品目別輸送量（平成26年度）(FY2014)
Volume of Items Carried by Mode of Transportation

単位：千トン（Unit：thousand tons）

品目区分 Items	合計 Sum Total	自動車 Motor Vehicles			内航海運 Coastal Shipping
		計 Total	営業用 Commercial use	自家用 Private use	
合計 Sum Total	4,685,138	4,315,836	2,934,361	1,381,475	369,302
穀物 Cereals	43,536	40,824	28,124	12,700	2,712
野菜・果物 Vegetables, Fruit	63,536	63,525	44,314	19,211	11
その他の農産物 Other Crops	24,810	24,768	15,536	9,232	42
畜産品 Stock Products	43,617	43,617	31,931	11,686	0
水産品 Maline Products	35,834	35,834	28,333	7,502	0
木材 Lumber	132,250	129,790	82,048	47,741	2,460
薪炭 Firewood	936	933	797	136	3
石炭 Coal	43,061	29,166	28,825	340	13,895
金属鉱 Metallic minarals	14,659	12,191	12,021	170	2,468
砂利・砂・石材 Gravel, Sands & Stones	621,763	600,013	225,028	374,985	21,750
非金属鉱物（工業用） Non-ferrous Metals & Minerals	127,596	58,308	34,749	23,559	69,288
金属 Metals	237,837	195,031	163,595	31,437	42,806
金属製品 Metal Products	159,653	159,060	116,834	42,226	593
機械 Machinery	290,030	277,847	212,368	65,479	12,183
セメント Cement	103,665	66,665	52,354	14,311	37,000
その他の窯業品 Other Ceramics	272,288	270,801	115,327	155,474	1,487
石油製品 Petroleum-Products	295,008	208,158	157,698	50,460	86,850
コークス・その他の石炭製品 Coke, Other Coal Products	14,914	6,716	6,519	197	8,198
化学薬品 Chemicals	53,098	34,962	30,872	4,090	18,136
化学肥料 Chemicals Fertilizers	13,860	13,306	10,422	2,884	554
染料・塗料その他の化学工業品 Dyes, Paints, Other Chemicals	97,186	95,713	83,358	12,355	1,473
紙・パルプ Paper, Pulp	113,143	111,312	96,063	15,249	1,831
繊維工業品 Textile Products	24,174	24,174	18,254	5,920	
食料工業品 Foodstuff	371,227	369,706	328,815	40,891	1,521
日用品 Daily Necessaries	224,829	224,821	211,520	13,301	8
ゴム製品・木製品・その他の製造工業品 Rubber, Wood Products	81,019	57,134	46,830	10,304	23,885
特種品・その他 Parcels & Others Products	1,181,608	1,161,460	751,826	409,634	20,148
分類不能のもの Others	2	0	0	0	2

資料 国土交通省総合政策局情報政策本部情報政策課交通経済統計調査室（自動車輸送統計年報、内航船舶輸送統計年報）

(注) 1. 内航海運は、営業用・自家用の合計である。
　　 2. 自動車は、平成22年度より調査方法及び集計方法を変更した。21年度以前の数値とは連続しない。
　　　　特に、22年度からは自家用軽自動車を対象から除外している。

輸送機関別品目別輸送量（平成27年度）(FY2015)
Volume of Items Carried by Mode of Transportation

単位：千トン（Unit：thousand tons）

品　目　区　分 Items		合　計 Sum Total	自動車 Motor Vehicles			内航海運 Coastal Shipping
			計 Total	営業用 Commercial use	自家用 Private use	
合　　　　計	Sum Total	4,654,486	4,289,000	2,916,827	1,372,174	365,486
穀　　　　物	Cereals	37,233	34,746	25,935	8,811	2,487
野　菜・果　物	Vegetables, Fruit	65,937	65,936	45,619	20,317	1
その他の農産物	Other Crops	23,160	23,111	15,511	7,600	49
畜　産　品	Stock Products	48,671	48,671	38,203	10,468	-
水　産　品	Maline Products	42,900	42,899	34,646	8,254	1
木　　　材	Lumber	131,263	129,544	77,604	51,939	1,719
薪　　　炭	Firewood	1,050	1,045	542	503	5
石　　　炭	Coal	30,601	17,436	17,200	236	13,165
金　属　鉱	Metallic minarals	11,497	8,974	7,918	1,056	2,523
砂利・砂・石材	Gravel, Sands & Stones	543,568	520,781	191,593	329,187	22,787
非金属鉱物（工業用）	Non-ferrous Metals & Minerals	118,388	49,268	36,370	12,899	69,120
金　　　属	Metals	223,466	182,303	153,106	29,197	41,163
金　属　製　品	Metal Products	129,517	129,144	87,784	41,360	373
輸　送　用　機　械	Transportation machinery	66,716	60,754	37,421	23,333	5,962
輸送用機械部品	Parts for Transportation Machinery	160,003	159,059	144,183	14,876	944
機　　　械	Machinery	151,843	150,010	92,924	57,086	1,833
セ　メ　ン　ト	Cement	86,664	51,554	41,120	10,434	35,110
その他の窯業品	Other Ceramics	259,438	256,950	108,185	148,765	2,488
石　油　製　品	Petroleum-Products	249,185	163,044	107,758	55,286	86,141
コークス・その他の石炭製品	Coke, Other Coal Products	14,129	5,907	5,596	311	8,222
化　学　薬　品	Chemicals	60,141	39,153	35,250	3,903	20,988
化　学　肥　料	Chemicals Fertilizers	11,678	10,909	7,579	3,329	769
染料・塗料その他の化学工業品	Dyes, Paints, Other Chemicals	109,102	106,668	94,068	12,601	2,434
紙・パ　ル　プ	Paper, Pulp	120,123	118,275	99,847	18,428	1,848
繊　維　工　業　品	Textile Products	17,169	17,169	12,249	4,919	-
食　料　工　業　品	Foodstuff	436,920	435,688	390,005	45,683	1,232
日　用　品	Daily Necessaries	239,923	239,923	225,891	14,032	0
ゴム製品・木製品・その他の製造工業品	Rubber, Wood Products	64,242	40,563	30,599	9,964	23,679
特種品・その他	Parcels & Others Products	1,199,488	1,179,516	752,120	427,396	19,972
分類不能のもの	Others	468	0	0	0	468

資料　国土交通省総合政策局情報政策本部情報政策課交通経済統計調査室（自動車輸送統計年報、内航船舶輸送統計年報）

（注）1. 内航海運は、営業用・自家用の合計である。
2. 自動車は、平成22年度より調査方法及び集計方法を変更した。21年度以前の数値とは連続しない。
特に、22年度からは自家用軽自動車を対象から除外している。

輸送機関別品目別輸送量（平成28年度）(FY2016)
Volume of Items Carried by Mode of Transportation

単位：千トン（Unit: thousand tons）

品　目　区　分 Items		合　計 Sum Total	自動車 Motor Vehicles			内航海運 Coastal Shipping
			計 Total	営業用 Commercial use	自家用 Private use	
合　　　　　計	Sum Total	4,742,753	4,378,268	3,019,313	1,358,955	364,485
穀　　　　　物	Cereals	46,361	43,851	31,049	12,802	2,510
野　菜・果　物	Vegetables, Fruit	60,905	60,905	42,439	18,465	-
その他の農産物	Other Crops	25,021	24,972	18,002	6,970	49
畜　　産　　品	Stock Products	45,422	45,422	31,242	14,180	-
水　　産　　品	Maline Products	46,830	46,825	37,218	9,607	5
木　　　　　材	Lumber	137,749	136,200	89,145	47,055	1,549
薪　　　　　炭	Firewood	659	659	531	128	-
石　　　　　炭	Coal	37,997	23,726	23,606	121	14,271
金　　属　　鉱	Metallic minarals	13,033	10,285	9,978	307	2,748
砂利・砂・石材	Gravel,Sands & Stones	570,099	549,298	201,328	347,970	20,801
非金属鉱物（工業用）	Non-ferrous Metals & Minerals	120,339	50,128	29,203	20,925	70,211
金　　　　　属	Metals	242,367	199,868	162,629	37,238	42,499
金　属　製　品	Metal Products	117,449	117,100	78,713	38,387	349
輸　送　用　機　械	Transportation machinery	60,995	55,163	30,608	24,556	5,832
輸送用機械部品	Parts for Transportation Machinery	163,415	162,453	151,898	10,555	962
機　　　　　械	Machinery	141,499	139,555	94,071	45,484	1,944
セ　メ　ン　ト	Cement	82,980	48,046	34,433	13,613	34,934
その他の窯業品	Other Ceramics	231,356	228,937	93,851	135,087	2,419
石　油　製　品	Petroleum-Products	240,660	161,489	114,503	46,984	79,171
コークス・その他の石炭製品	Coke,Other Coal Products	13,925	6,074	5,972	102	7,851
化　学　薬　品	Chemicals	59,317	36,112	32,147	3,965	23,205
化　学　肥　料	Chemicals Fertilizers	13,459	12,769	10,063	2,705	690
染料・塗料その他の化学工業品	Dyes,Paints,Other Chemicals	95,990	93,334	82,310	11,024	2,656
紙　・　パ　ル　プ	Paper,Pulp	135,538	133,813	119,375	14,438	1,725
繊　維　工　業　品	Textile Products	16,497	16,497	11,647	4,849	-
食　料　工　業　品	Foodstuff	486,628	485,422	443,954	41,469	1,206
日　用　品	Daily Necessaries	295,937	295,937	281,503	14,434	-
ゴム製品・木製品・その他の製造工業品	Rubber,Wood Products	72,757	48,247	38,263	9,984	24,510
特種品・その他	Parcels & Others Products	1,166,902	1,145,182	719,629	425,552	21,720
分類不能のもの	Others	664	0	0	0	664

資　料　　国土交通省総合政策局情報政策本部情報政策課交通経済統計調査室（自動車輸送統計年報、内航船舶輸送統計年報）

（注）1. 内航海運は、営業用・自家用の合計である。
　　　2. 自動車は、平成22年度より調査方法及び集計方法を変更した。21年度以前の数値とは連続しない。
　　　　特に、22年度からは自家用軽自動車を対象から除外している。

少 量 物 品 輸 送 量
Volume of Baggage and Parcels Transportation

単位 : 万個(Unit : Ten Thousand Parcels)

年度 Fiscal Year	国鉄 JNR			宅配便 Private Parcels	郵便小包 Postal Parcels	メール便 Printed Matter Parcels
	小計 Sub Total	手荷物 Baggage	普通小荷物 Ordinary Parcels			
40 (1965)	7,890	998	6,892	…	13,777	…
45 (1970)	7,540	730	6,810	…	19,572	…
50 (1975)	7,935	463	7,471	…	15,649	…
55 (1980)	4,152	203	3,949	…	18,392	…
60 (1985)	1,230	10	1,220	49,303	15,098	…
2 (1990)	…	…	…	110,050	35,143	…
7 (1995)	…	…	…	141,933	40,018	…
12 (2000)	…	…	…	257,379	31,048	…
17 (2005)	…	…	…	292,784	207,498	206,823
18 (2006)	…	…	…	293,919	231,741	231,011
19 (2007)	…	…	…	323,246	…	483,426
20 (2008)	…	…	…	321,166	…	500,906
21 (2009)	…	…	…	313,694	…	513,278
22 (2010)	…	…	…	321,983	…	524,264
23 (2011)	…	…	…	340,096	…	533,892
24 (2012)	…	…	…	352,600	…	547,135
25 (2013)	…	…	…	363,668	…	563,772
26 (2014)	…	…	…	361,379	…	546,425
27 (2015)	…	…	…	374,493	…	526,394
資料	運輸省鉄道局(鉄道統計年報)			国土交通省 自動車局	情報通信白書	国土交通省 自動車局

注: 1)国鉄による手荷物・小荷物輸送は、昭和61年(1986年)廃止

2)郵便小包は、郵政民営化により貨物自動車運送事業法に基づく荷物となり、平成19年度より宅配便(普通小包)とメール便(冊子小包)にそれぞれ含まれる。

地 域 相 互 間

Volume of Inter-area

平成25年度 （FY2013）

発地域＼着地域	全 国	北海道	北東北	東東北	西東北	東関東
全 国	4,894,542,034	402,318,988	167,055,302	230,286,875	103,759,350	197,529,726
北海道	401,918,260	374,027,077	1,872,351	2,947,754	1,456,747	3,763,574
北東北	161,823,450	3,653,609	137,455,944	7,728,854	3,012,701	1,767,399
東東北	231,291,444	1,420,114	13,546,410	177,633,555	8,129,321	5,701,508
西東北	98,516,556	486,210	2,938,481	3,668,513	83,386,537	387,267
東関東	208,978,362	4,978,118	1,415,032	6,551,878	553,873	127,847,459
北関東	269,474,746	1,049,058	576,054	4,951,844	857,168	17,022,265
京浜葉	625,603,804	9,085,527	5,392,937	13,764,121	1,759,489	31,555,007
新潟	127,078,132	379,030	606,815	1,674,018	2,938,934	618,829
北陸	176,479,694	775,660	59,915	434,775	149,591	948,433
甲信	86,888,536	186,394	121,522	451,594	224,202	420,795
静岡	128,007,338	287,911	300,256	556,134	234,307	596,236
中京	438,874,573	3,236,379	1,501,356	5,169,063	190,451	2,009,232
近畿	186,670,958	121,086	44,184	192,624	14,997	386,786
阪神	365,149,918	930,120	457,775	1,120,968	294,098	1,226,374
山陰	83,949,273	12,029	10,329	11,093	5,935	40,221
山陽	236,547,612	624,006	45,814	785,356	104,963	550,742
山口	105,563,897	197,578	288,492	683,349	182,412	486,847
北四国	224,439,992	367,584	167,832	298,882	78,158	524,633
南四国	116,017,244	79,717	12,574	316,938	10,820	734,093
北九州	264,353,311	181,658	180,117	364,784	119,629	561,620
中九州	150,937,139	67,631	51,840	55,310	26,443	242,375
南九州	154,006,670	162,267	9,272	493,839	28,574	16,032
沖縄	51,971,108	10,225	0	431,629	0	121,999
資料	国土交通省総合政策局情報政策本部情報政策課					

（注） 地域の区分分けは、凡例7(1)による。

貨 物 輸 送 量 （その1）
Freight Transportation (No.1)

単位：トン（Unit : tons）

北関東	京浜葉	新 潟	北 陸	甲 信	静 岡
283,350,097	642,592,574	128,300,278	187,224,536	89,850,447	137,765,820
797,384	8,193,528	1,585,665	1,627,015	101,312	97,804
744,442	4,625,924	105,777	96,823	116,842	160,181
5,285,014	10,210,469	1,551,030	536,168	214,212	363,900
1,276,815	1,755,478	2,793,237	51,636	186,861	472,769
20,376,297	32,442,084	1,041,165	805,425	827,530	1,171,738
183,994,714	43,109,599	2,917,122	1,323,361	4,202,174	1,188,816
52,365,208	443,259,012	2,677,935	1,406,106	6,985,740	10,101,468
2,104,302	2,331,344	107,966,415	2,477,069	1,833,455	342,371
1,845,342	1,076,280	1,524,641	158,581,323	554,479	517,665
3,121,755	5,652,840	858,549	715,042	66,540,502	2,026,049
1,731,951	8,503,593	389,184	460,843	1,927,128	101,096,314
3,535,387	16,473,132	980,318	6,133,203	4,366,314	14,317,124
569,878	2,198,476	191,709	3,675,234	250,749	816,546
2,461,341	10,524,405	939,821	3,109,122	781,463	1,347,566
251,409	443,532	6,300	74,162	8,332	63,117
429,321	7,413,574	595,540	1,784,236	73,447	828,159
94,862	5,663,699	1,076,450	1,545,541	74,990	463,494
1,245,678	4,201,774	372,118	722,893	195,515	688,634
527,695	9,283,130	44,978	255,449	218,322	242,780
344,008	10,621,446	372,719	642,680	377,835	1,191,336
96,280	3,450,991	232,520	738,213	10,394	247,644
151,014	10,901,247	52,083	462,992	2,851	18,845
0	257,017	25,002	0	0	1,500

（貨物・旅客地域流動調査）

地 域 相 互 間

Volume of Inter-area

平成25年度 （FY2013）

発地域＼着地域	中 京	近 畿	阪 神	山 陰	山 陽	山 口
全 国	431,294,340	198,423,401	383,705,339	85,444,274	215,759,328	86,881,174
北海道	2,282,266	239,304	1,430,120	136,794	305,464	77,961
北東北	1,080,383	99,441	696,943	34,758	117,724	67,149
東東北	4,508,025	97,731	991,475	2,073	516,972	49,565
西東北	276,662	55,401	363,649	3,031	73,778	84,787
東関東	3,239,936	1,202,391	2,006,020	4,140	1,486,142	249,389
北関東	2,782,743	590,661	3,093,411	80,123	435,628	13,280
京浜葉	13,398,190	1,747,981	10,818,925	46,065	3,323,809	1,224,720
新 潟	1,063,636	231,767	1,375,198	77,103	353,033	155,040
北 陸	4,002,774	1,970,873	3,072,889	20,568	316,544	23,572
甲 信	4,261,054	288,117	1,065,191	270	124,260	3,700
静 岡	5,795,548	650,364	2,397,507	60,628	939,584	142,392
中 京	338,280,978	8,828,754	12,215,286	407,541	5,075,998	1,216,452
近 畿	9,385,201	141,084,862	19,757,720	439,928	1,729,897	192,543
阪 神	11,248,247	29,723,778	257,177,563	1,345,736	12,253,203	2,298,196
山 陰	229,012	535,854	1,956,066	75,756,471	2,992,626	417,287
山 陽	9,033,883	4,603,924	18,984,107	3,720,579	158,292,067	8,126,039
山 口	3,118,057	523,434	10,435,621	1,798,733	8,591,656	49,843,836
北四国	3,285,066	1,651,936	11,769,792	300,996	5,995,050	1,642,338
南四国	2,720,587	2,933,203	6,725,297	89,819	1,132,668	128,490
北九州	7,176,848	694,837	6,733,953	591,737	5,351,105	6,588,670
中九州	3,659,883	314,377	3,982,868	496,778	5,215,087	7,393,828
南九州	349,467	354,411	6,274,797	30,403	1,132,987	6,936,554
沖 縄	115,894	0	380,941	0	4,046	5,386
資料				国土交通省総合政策局情報政策本部情報政策課		

（注） 地域の区分けは、凡例7(1)による。

貨物輸送量 （その2）

Freight Transportation (Continued No.2)

単位：トン (Unit : tons)

北四国	南四国	北九州	中九州	南九州	沖縄
216,505,043	109,697,297	273,984,556	129,775,476	136,466,394	56,571,402
204,506	28,299	398,590	264,925	72,034	7,786
57,617	4,372	107,005	76,162	7,345	6,055
23,728	57,071	351,019	51,204	45,882	4,998
18,112	7,290	143,369	80,213	5,360	1,100
489,352	374,027	1,553,550	245,459	97,971	19,386
456,410	245,198	466,151	98,865	20,101	0
3,670,915	887,931	8,993,163	1,292,335	835,545	1,011,675
289,429	2,259	172,887	72,892	12,055	251
162,406	107,536	149,826	121,870	62,732	0
201,949	49,410	462,798	107,203	5,340	0
494,878	103,306	1,138,621	114,267	81,678	4,708
3,268,290	1,813,064	7,719,885	668,908	984,653	482,805
1,636,443	1,259,598	2,211,091	277,181	216,471	17,754
8,875,334	4,867,685	7,665,741	3,720,609	1,051,556	1,729,217
295,588	189,998	457,236	156,119	36,557	0
9,164,102	2,120,638	6,861,154	1,024,756	1,239,849	141,356
2,785,609	1,586,911	12,144,481	1,975,420	1,538,652	463,773
172,059,323	12,970,095	3,721,149	1,007,304	1,023,292	149,950
7,591,281	81,382,426	1,323,244	254,783	7,770	1,180
1,686,077	977,431	199,152,088	14,684,036	4,130,704	1,627,993
2,593,302	621,207	15,637,968	100,702,618	4,916,847	182,735
459,144	38,688	2,473,671	2,766,024	119,936,431	955,077
21,248	2,857	679,869	12,323	137,569	49,763,603

（貨物・旅客地域流動調査）

地域相互間
Volume of Inter-area

平成26年度（FY2014）

発地域＼着地域	全国	北海道	北東北	東東北	西東北	東関東
全国	4,864,655,387	401,487,313	168,089,726	246,172,915	103,559,593	191,504,510
北海道	395,700,792	370,039,661	1,819,035	2,943,349	1,144,637	3,277,788
北東北	166,563,230	3,677,098	139,972,052	8,113,002	3,732,211	1,779,617
東東北	245,567,340	2,395,618	13,451,296	193,691,063	8,982,975	5,577,248
西東北	95,192,944	449,102	2,605,997	2,499,520	83,628,470	593,273
東関東	207,575,318	5,025,409	1,155,273	7,625,110	598,933	127,347,491
北関東	255,173,963	804,251	881,429	3,658,290	406,579	14,777,279
京浜葉	625,552,142	11,168,663	5,112,109	14,294,677	1,702,001	28,870,790
新潟	137,590,587	164,826	316,025	1,804,251	1,145,629	469,674
北陸	191,738,153	819,903	167,089	572,816	83,990	683,598
甲信	116,026,348	101,419	229,889	614,861	444,824	1,193,314
静岡	114,092,382	290,747	170,893	920,059	412,451	420,206
中京	429,058,693	3,520,448	1,427,348	5,390,284	212,230	1,592,706
近畿	191,642,930	167,916	61,164	305,596	58,998	422,007
阪神	345,959,438	991,808	227,530	1,257,255	373,808	1,377,981
山陰	87,992,429	5,672	9,637	8,050	62,866	91,118
山陽	235,277,999	646,608	69,207	507,359	112,209	584,604
山口	108,124,866	270,550	136,885	475,052	157,723	711,391
北四国	216,241,425	200,089	72,294	146,630	78,536	244,206
南四国	103,353,844	62,021	10,009	375,014	12,763	360,758
北九州	257,424,234	173,779	152,529	430,414	119,722	647,939
中九州	148,814,810	103,356	33,719	24,370	59,658	400,573
南九州	137,685,311	400,985	8,317	175,706	28,380	67,949
沖縄	52,306,235	7,384	0	340,187	0	13,000
資料	国土交通省総合政策局情報政策本部情報政策課					

（注）地域の区分けは、凡例7(1)による。

貨 物 輸 送 量 （その1）
Freight Transportation (No.1)

単位：トン (Unit : tons)

北関東	京浜葉	新 潟	北 陸	甲 信	静 岡
263,390,262	641,684,779	137,689,157	204,310,011	116,547,343	126,183,580
651,771	7,688,125	1,248,845	1,505,121	65,204	119,638
1,207,348	5,560,556	128,939	171,302	67,528	48,875
4,127,641	8,451,145	1,666,908	549,386	184,008	373,168
874,540	1,415,051	991,356	175,178	67,495	532,154
20,573,256	31,042,812	1,028,014	629,270	1,470,376	1,142,896
171,960,782	46,191,598	2,761,292	439,306	3,897,235	563,547
47,585,555	443,085,832	4,100,814	1,661,658	7,462,230	9,696,856
3,220,291	3,065,038	115,075,097	3,255,249	2,371,580	452,431
409,005	1,511,482	2,152,152	172,191,852	334,439	835,732
3,801,149	6,289,365	1,058,619	669,831	94,561,190	2,393,389
1,358,030	5,899,089	537,493	971,016	741,138	91,090,556
1,746,541	15,864,551	2,261,814	8,286,939	3,750,359	13,281,381
1,810,263	3,603,387	1,081,993	3,674,126	131,496	733,456
1,027,446	11,485,697	890,402	4,793,986	516,899	1,196,836
80,030	438,903	104,627	107,035	40,785	114,528
873,703	8,235,762	713,518	1,665,532	87,985	908,390
207,552	5,394,637	926,078	1,331,173	14,814	413,960
510,414	3,354,088	199,814	517,574	35,040	419,179
388,750	9,202,593	29,270	192,401	64,598	504,111
656,553	10,445,087	284,730	714,285	544,249	1,135,913
93,492	3,015,960	406,771	612,542	136,286	210,970
226,150	10,148,181	40,611	195,249	2,409	15,614
0	295,840	0	0	0	0

（貨物・旅客地域流動調査）

地域相互間

Volume of Inter-area

平成26年度（FY2014）

発地域＼着地域	中京	近畿	阪神	山陰	山陽	山口
全国	422,950,622	197,764,810	364,078,220	89,965,822	212,286,056	94,639,303
北海道	2,162,227	192,947	1,470,922	125,458	185,301	155,192
北東北	1,113,452	48,712	591,062	51,384	92,128	74,459
東東北	4,008,180	182,790	759,905	2,158	422,334	69,950
西東北	479,142	12,230	383,861	14,027	83,273	97,858
東関東	3,677,886	897,759	1,902,501	18,132	920,523	205,589
北関東	2,071,909	1,628,558	2,368,421	15,279	850,602	80,424
京浜葉	13,140,108	2,735,370	12,469,611	113,971	3,297,537	1,580,841
新潟	3,437,706	418,273	1,422,424	109,286	145,721	153,854
北陸	4,353,445	1,940,817	4,468,634	134,429	364,301	83,066
甲信	2,729,508	232,749	793,560	545	177,508	129,462
静岡	6,740,404	565,406	1,770,964	4,128	688,332	125,372
中京	328,154,551	8,476,302	9,471,009	250,736	6,352,571	1,751,890
近畿	8,745,996	144,097,667	18,417,678	199,747	2,244,631	494,932
阪神	9,868,392	26,113,961	240,713,765	1,440,255	12,596,849	2,391,161
山陰	565,963	296,838	1,378,292	79,633,476	3,353,044	586,967
山陽	9,968,950	3,804,189	20,361,404	3,516,208	154,613,881	8,986,059
山口	3,153,257	479,249	10,230,723	2,605,061	7,793,234	57,004,833
北四国	3,246,072	1,526,236	9,299,120	406,894	5,005,290	1,406,821
南四国	2,708,932	2,654,132	6,096,686	9,297	1,157,163	98,346
北九州	8,016,612	776,982	8,312,611	876,541	4,111,289	4,780,668
中九州	4,273,997	361,690	4,546,589	432,929	5,339,673	8,235,434
南九州	205,894	314,855	6,521,073	5,881	2,187,097	6,144,125
沖縄	128,039	7,098	327,405	0	303,774	2,000
資料				国土交通省総合政策局情報政策本部情報政策課		

（注）　地域の区分けは、凡例7(1)による。

貨物輸送量（その2）

Freight Transportation (Continued No.2)

単位：トン (Unit : tons)

北四国	南四国	北九州	中九州	南九州	沖縄
213,428,457	98,674,129	267,014,395	123,961,960	122,286,541	56,985,909
351,651	33,863	346,658	123,380	40,350	9,669
15,825	12,260	68,609	23,374	11,937	1,500
135,273	251,799	231,547	33,344	11,287	8,317
48,613	64,415	124,125	42,473	9,400	1,391
166,879	167,457	1,637,064	230,251	82,352	30,085
297,469	274,122	925,940	80,427	239,224	0
3,246,875	955,263	9,524,648	1,535,968	1,049,994	1,160,771
164,282	47,096	267,929	72,107	11,818	0
117,088	107,793	324,232	44,903	37,387	0
83,395	94,703	324,698	45,725	56,645	0
217,754	251,350	763,371	86,492	54,466	12,665
4,034,421	1,852,470	8,757,527	881,022	1,200,861	540,732
1,580,361	1,492,848	1,787,542	324,592	201,264	5,270
8,226,217	4,865,846	9,596,923	3,097,108	1,292,767	1,616,546
454,663	81,304	419,286	150,853	8,492	0
6,898,486	2,431,164	7,490,454	1,364,794	1,289,696	147,837
2,160,062	1,311,399	9,652,039	2,263,268	1,119,409	312,517
171,690,260	12,003,974	4,243,874	854,586	669,164	111,270
8,113,742	69,691,123	1,129,211	232,337	260,587	0
2,156,632	1,793,299	192,807,203	12,698,316	3,974,529	1,814,352
2,739,814	723,003	13,999,926	97,250,768	5,648,467	164,823
487,175	167,578	2,049,964	2,502,150	104,918,249	871,719
41,520	0	541,625	23,722	98,196	50,176,445

（貨物・旅客地域流動調査）

地 域 相 互 間
Volume of Inter-area

平成27年度 (FY2015)

発地域＼着地域	全 国	北海道	北東北	東東北	西東北	東関東
全 国	4,827,718,495	381,022,281	175,057,576	232,448,260	112,442,153	183,903,955
北海道	374,159,444	348,462,257	2,026,785	2,083,348	1,099,233	3,135,821
北東北	170,535,895	3,439,356	146,173,509	8,498,803	3,081,276	1,712,349
東東北	225,586,219	1,632,939	9,648,719	178,948,098	6,771,870	4,742,457
西東北	111,315,021	412,195	7,088,433	3,072,532	94,629,301	408,294
東関東	202,948,136	6,411,600	1,702,747	5,931,186	717,655	123,470,602
北関東	259,893,825	1,212,290	695,177	4,627,975	1,009,816	16,284,334
京浜葉	603,467,830	10,150,385	4,662,677	13,378,086	2,229,066	24,253,449
新 潟	115,233,203	237,813	553,756	2,733,606	1,062,210	1,383,451
北 陸	184,157,732	959,163	91,717	130,464	108,646	378,156
甲 信	103,928,972	53,022	140,581	826,079	137,704	951,059
静 岡	135,378,222	470,118	196,880	599,703	190,810	750,853
中 京	425,548,512	3,949,133	1,199,537	6,195,220	465,277	1,956,395
近 畿	178,677,210	192,211	28,370	307,483	58,163	510,438
阪 神	377,199,435	1,622,131	243,798	1,905,804	86,287	639,589
山 陰	78,485,035	8,046	9,845	9,999	13,660	54,663
山 陽	235,065,479	746,473	121,960	459,498	139,644	688,242
山 口	112,616,676	258,341	89,422	518,850	110,553	617,886
北四国	219,329,713	214,556	182,150	104,567	111,484	471,378
南四国	94,702,652	57,457	11,059	248,886	6,790	271,485
北九州	287,228,329	255,123	136,193	842,998	238,129	836,419
中九州	140,978,107	169,961	42,383	63,214	99,924	272,438
南九州	137,993,383	14,090	10,860	896,725	74,655	114,197
沖 縄	53,289,465	93,621	1,018	65,136	0	0
資料	国土交通省総合政策局情報政策本部情報政策課					

(注) 地域の区分けは、凡例7(1)による。

貨 物 輸 送 量 （その1）
Freight Transportation (No.1)

単位：トン（Unit : tons）

北関東	京浜葉	新 潟	北 陸	甲 信	静 岡
270,480,912	623,606,113	118,458,268	192,998,505	101,997,972	144,275,314
851,535	7,807,060	1,210,504	1,688,289	147,584	174,210
891,122	4,520,161	171,209	112,153	46,655	88,552
4,378,747	8,126,432	3,020,185	261,078	152,846	251,098
1,422,125	1,608,488	1,145,317	169,430	66,020	255,278
24,712,320	27,584,530	1,223,520	569,131	771,273	1,435,135
173,162,426	48,211,875	3,044,393	326,358	3,755,602	1,652,895
48,740,681	432,389,102	1,935,522	1,388,513	6,441,657	11,744,645
2,186,168	2,077,980	97,557,346	1,911,710	1,475,834	168,705
343,683	1,368,608	2,207,045	170,016,859	699,973	636,575
2,987,077	5,680,065	1,746,435	1,106,478	81,828,618	2,327,126
3,255,603	8,310,593	205,064	732,449	1,163,457	108,108,022
2,183,360	15,787,964	741,911	4,304,304	3,608,638	11,783,026
538,123	2,234,582	752,350	2,332,055	197,866	1,057,023
1,800,731	10,094,535	749,833	2,844,075	425,397	1,587,817
126,767	262,257	6,173	10,931	16,373	51,950
559,250	6,674,720	736,730	1,512,759	618,529	368,066
222,024	5,723,736	983,038	1,513,095	86,401	376,719
1,189,755	3,536,524	225,689	724,204	5,685	634,458
462,269	8,909,988	31,105	190,142	33,414	324,294
250,142	10,181,823	289,250	601,734	404,829	1,024,760
123,578	2,605,724	445,026	448,906	12,706	191,647
93,426	9,564,368	30,623	233,852	38,615	33,313
0	344,998	0	0	0	0

（貨物・旅客地域流動調査）

地 域 相 互 間

Volume of Inter-area

平成27年度 （FY2015）

発地域＼着地域	中 京	近 畿	阪 神	山 陰	山 陽	山 口
全 国	420,649,665	181,968,849	396,216,779	82,458,543	212,535,458	100,582,201
北海道	2,308,711	208,928	1,590,184	166,466	164,809	254,137
北東北	575,668	55,136	770,101	61,749	94,730	77,633
東東北	5,054,553	112,738	1,265,742	2,030	288,480	82,145
西東北	463,647	58,928	219,870	1,165	89,270	39,889
東関東	2,878,345	500,853	1,440,792	53,966	766,982	220,905
北関東	1,499,094	481,252	1,730,133	6,508	457,116	39,803
京浜葉	12,622,049	1,562,982	9,821,928	151,371	3,333,035	1,484,426
新 潟	1,562,971	563,628	848,491	51,988	120,525	105,917
北 陸	2,688,341	556,332	2,656,953	179,749	218,660	38,870
甲 信	3,593,834	263,283	1,290,504	41,875	393,304	16,305
静 岡	7,098,451	430,184	1,987,559	3,525	295,393	88,995
中 京	332,194,757	9,326,277	9,668,264	433,288	5,344,741	1,900,449
近 畿	8,054,611	130,497,209	23,978,173	367,640	2,581,254	345,998
阪 神	9,448,903	27,720,011	273,798,838	1,866,862	12,147,627	1,986,795
山 陰	177,539	380,221	1,481,020	71,255,347	2,640,961	1,011,760
山 陽	8,736,435	3,625,068	19,976,206	5,151,448	157,483,974	7,923,444
山 口	2,776,177	642,892	9,988,346	1,416,694	8,033,193	62,261,128
北四国	4,473,606	2,110,428	9,840,993	449,489	6,455,821	1,078,583
南四国	2,080,520	1,669,926	5,274,908	1,116	1,116,468	242,171
北九州	7,236,434	746,787	7,849,706	506,018	3,870,110	6,809,388
中九州	4,378,509	234,830	3,786,694	284,113	4,813,132	7,780,434
南九州	346,205	220,956	6,631,034	6,136	1,593,196	6,784,413
沖 縄	400,305	0	320,340	0	232,677	8,613
資料	国土交通省総合政策局情報政策本部情報政策課					

（注） 地域の区分分けは、凡例7(1)による。

貨 物 輸 送 量 （その2）

Freight Transportation (Continued No.2)

単位：トン (Unit : tons)

北四国	南四国	北九州	中九州	南九州	沖　縄
212,791,261	92,850,081	287,891,975	121,520,740	123,130,111	58,431,523
178,026	36,789	383,363	107,105	64,804	9,496
8,147	14,022	110,232	19,106	12,725	1,501
202,052	130,461	478,481	18,508	8,820	7,740
17,590	5,147	95,374	41,893	4,835	0
430,015	85,145	1,742,684	218,218	50,180	30,352
470,548	330,775	578,446	242,305	74,704	0
3,263,587	963,011	9,553,746	1,331,877	993,440	1,072,595
340,628	18,906	224,261	32,560	14,049	700
275,127	194,457	306,285	77,184	24,885	0
65,415	137,797	277,076	7,400	57,935	0
577,988	209,607	576,558	60,369	61,297	4,744
4,833,248	1,045,738	6,535,170	581,016	1,012,005	498,794
1,748,296	832,388	1,382,478	442,380	176,369	61,750
9,185,953	4,862,969	8,719,187	2,770,671	1,003,919	1,687,703
582,589	7,960	252,360	122,789	1,825	0
7,972,616	1,963,860	7,094,336	970,162	1,305,738	236,321
2,575,816	1,140,762	9,893,553	1,985,851	944,107	458,092
168,567,943	13,941,362	3,166,526	955,813	717,846	170,853
6,594,751	64,950,571	1,416,277	512,823	287,882	8,350
1,525,483	1,191,222	218,362,686	15,633,811	6,359,828	2,075,456
2,738,235	572,444	13,430,848	93,606,548	4,708,460	168,353
528,608	214,688	2,759,403	1,765,798	105,148,315	889,907
108,600	0	552,645	16,553	96,143	51,048,816

（貨物・旅客地域流動調査）

地域相互間

Volume of Inter-area

平成25年度 (FY2013)

発地域＼着地域	全国	北海道	東東北	西東北	北関東	南関東	北陸	甲信
全 国	29,745,709.9	801,863.4	494,743.5	89,459.9	385,817.9	17,444,365.3	323,230.4	188,446.9
北海道	801,894.7	790,813.7	1,132.0	82.2	124.8	7,064.4	168.4	21.7
東東北	494,472.8	1,130.2	469,959.7	3,409.1	2,598.5	14,371.5	627.2	120.0
西東北	90,404.7	77.1	4,262.5	82,407.7	251.5	2,858.6	227.1	21.9
北関東	389,072.1	125.3	2,265.7	250.6	289,579.2	93,381.4	588.1	1,074.5
南関東	17,440,248.2	7,064.4	14,219.8	2,866.6	90,744.2	17,217,301.3	8,711.4	16,718.8
北 陸	323,127.1	166.2	386.4	125.3	571.9	8,920.1	303,974.7	1,742.8
甲 信	189,623.5	21.8	262.4	22.2	574.5	16,841.7	1,501.7	165,269.5
東 海	1,898,572.5	776.9	708.7	114.9	669.7	34,168.8	2,412.5	2,458.1
近 畿	1,247,395.4	15.2	159.0	25.2	195.7	7,848.7	1,975.6	365.1
阪 神	4,620,050.5	1,285.5	997.8	145.6	374.8	18,992.1	2,522.5	536.7
山 陰	73,726.7	0.0	2.5	0.0	6.0	927.6	15.0	4.4
山 陽	545,145.9	104.6	105.9	8.7	80.2	5,298.7	169.0	56.1
四 国	201,841.7	0.0	11.6	0.6	10.9	2,925.2	30.1	10.3
北九州	1,037,327.8	241.5	197.2	1.1	15.6	6,610.8	230.0	42.6
南九州	286,726.3	0.3	1.1	0.1	2.7	3,736.0	24.9	4.4
沖 縄	106,080.1	40.6	71.0	0.0	17.8	3,118.3	52.3	0.0
資料					国土交通省総合政策局情報政策本部情報政策課			

(注) 地域の区分けは、凡例7(2)による。

旅 客 輸 送 量
Passenger Transportation

単位：千人（Unit : Thousand Persons）

東海	近畿	阪神	山陰	山陽	四国	北九州	南九州	沖縄
1,898,371.6	1,249,806.9	4,619,212.1	74,053.4	544,010.3	202,215.8	1,038,253.1	285,795.7	106,063.8
790.8	13.7	1,290.6	0.0	105.4	0.0	244.8	0.5	41.7
719.5	163.8	983.9	2.6	107.7	11.7	196.0	1.8	69.6
113.1	25.4	148.5	0.0	9.4	0.5	1.1	0.2	0.0
1,059.9	223.0	387.5	6.0	83.5	10.8	16.2	2.8	17.6
33,891.6	7,431.8	18,676.9	964.0	5,286.1	2,929.4	6,584.9	3,737.7	3,119.2
1,722.6	2,241.8	2,749.4	15.2	175.3	30.1	233.1	25.0	47.2
3,948.4	525.0	535.0	4.0	58.2	11.1	43.1	4.9	0.0
1,833,224.4	8,316.5	11,290.2	109.6	1,301.4	416.1	1,413.7	640.2	550.6
7,010.7	1,031,488.5	195,725.9	298.8	1,057.4	412.7	641.0	176.0	0.0
11,334.8	196,890.2	4,367,002.8	1,809.0	7,306.4	3,515.9	3,933.7	2,122.4	1,280.4
167.8	287.7	2,091.3	68,807.1	1,180.0	123.0	93.7	20.6	0.0
1,467.4	1,058.6	7,647.3	1,799.6	515,205.3	5,086.5	6,440.1	507.8	109.7
306.0	318.4	3,333.7	122.5	5,215.4	188,678.5	308.8	480.9	88.7
1,426.9	644.1	3,948.4	93.9	6,306.8	435.4	1,007,420.9	8,920.1	792.3
640.6	178.3	2,119.1	21.0	501.5	464.2	9,880.8	268,929.5	221.8
547.0	0.0	1,281.3	0.0	110.5	89.8	801.4	225.2	99,725.0

（貨物旅客地域流動調査）

地 域 相 互 間

Volume of Inter-area

平成26年度（FY2014）

発地域＼着地域	全国	北海道	東東北	西東北	北関東	南関東	北陸	甲信
全　国	29,645,653.5	787,860.0	487,178.0	86,363.2	371,248.6	17,480,318.4	317,067.3	189,243.9
北海道	787,888.8	776,744.8	1,129.1	77.8	119.6	7,069.8	168.2	22.7
東東北	485,469.2	1,135.9	462,554.1	3,099.4	1,648.3	14,241.6	312.3	124.6
西東北	88,126.8	73.7	4,963.7	79,176.6	97.1	3,025.7	256.8	24.8
北関東	372,568.1	117.4	1,514.2	98.5	277,956.5	89,937.6	556.6	843.9
南関東	17,479,471.9	7,065.5	14,074.2	3,122.3	88,799.4	17,256,809.6	9,268.8	15,886.0
北　陸	316,040.4	164.2	316.9	257.2	447.0	8,706.1	297,338.9	2,042.2
甲　信	188,786.2	22.4	126.6	23.9	852.0	16,118.3	1,720.4	166,783.6
東　海	1,902,807.6	763.8	856.4	318.4	567.2	33,494.4	2,086.9	2,639.8
近　畿	1,248,164.7	15.2	160.6	25.2	197.2	7,935.2	2,060.0	172.9
阪　神	4,578,340.0	1,359.0	1,088.8	153.2	380.6	19,999.3	2,769.4	592.5
山　陰	64,877.5	17.9	2.6	0.0	8.2	941.9	12.7	3.4
山　陽	537,409.9	103.0	107.6	8.9	81.2	5,364.7	177.8	52.2
四　国	189,839.9	1.3	12.1	0.5	12.1	2,910.5	30.7	10.3
北九州	1,016,236.4	233.0	195.6	1.3	71.0	6,792.4	233.3	40.7
南九州	285,067.0	0.3	1.3	0.0	2.3	3,739.1	23.8	4.3
沖　縄	104,559.1	42.6	74.1	0.0	8.8	3,232.2	50.6	0.0
資料						国土交通省総合政策局情報政策本部情報政策課		

（注）地域の区分分けは、凡例7(2)による。

旅 客 輸 送 量
Passenger Transportation

単位：千人 (Unit : Thousand Persons)

東海	近畿	阪神	山陰	山陽	四国	北九州	南九州	沖縄
1,902,371.3	1,248,069.1	4,579,064.0	64,724.3	535,476.9	190,815.3	1,016,393.2	284,909.8	104,550.3
765.3	14.4	1,370.6	16.8	104.6	1.5	237.8	0.5	45.5
717.1	168.5	1,075.4	2.3	108.9	12.8	195.3	1.2	71.5
318.0	26.0	153.1	0.0	9.7	0.5	1.1	0.0	0.0
737.8	223.2	391.9	9.1	86.0	11.6	72.1	2.7	9.0
33,971.5	7,736.6	19,786.0	966.3	5,349.4	2,910.6	6,768.2	3,734.8	3,222.7
1,862.8	1,882.8	2,488.4	12.4	181.9	30.7	236.2	25.2	47.5
203.9	203.9	581.7	3.1	54.5	11.1	40.5	4.4	0.0
7,236.4	7,236.4	11,876.8	95.1	1,345.6	299.0	1,402.5	651.8	561.3
1,033,508.0	1,033,508.0	194,368.8	126.2	1,071.0	497.8	658.3	167.2	0.0
194,450.9	194,450.9	4,324,191.1	1,770.5	7,862.8	4,609.9	3,974.2	2,127.0	1,364.1
124.0	124.0	1,829.5	60,662.0	889.0	100.6	90.3	17.5	29.8
1,170.2	1,170.2	8,880.5	899.0	506,563.7	5,447.7	6,716.1	513.3	103.9
501.7	501.7	4,539.5	22.7	4,452.6	176,290.9	287.6	380.0	90.4
653.8	653.8	4,047.0	90.3	6,786.6	286.8	985,212.0	9,341.1	834.4
168.6	168.6	2,123.2	18.2	506.8	212.4	9,668.2	267,712.9	228.8
0.0	0.0	1,360.7	30.2	103.8	91.5	832.7	230.2	97,941.4

（貨物旅客地域流動調査）

地 域 相 互 間
Volume of Inter-area

平成27年度（FY2015）

発地域＼着地域	全国	北海道	東東北	西東北	北関東	南関東	北陸	甲信
全 国	30,319,037.3	781,059.3	475,899.9	89,136.6	377,440.2	17,907,312.4	340,252.8	188,923.2
北海道	781,095.8	769,601.0	1,145.7	78.9	70.6	7,374.7	157.8	21.5
東東北	475,959.0	1,153.2	452,691.8	3,115.8	1,733.1	14,007.3	508.9	128.1
西東北	89,220.0	75.3	3,209.6	82,363.6	95.7	2,943.7	170.0	23.7
北関東	379,377.0	69.4	1,676.5	94.9	282,151.8	91,840.2	1,035.0	979.4
南関東	17,906,914.9	7,371.6	14,150.1	2,968.7	90,840.9	17,675,658.9	10,727.8	17,465.3
北 陸	339,188.4	151.9	317.0	168.3	642.7	10,554.8	318,078.4	1,853.6
甲 信	187,534.5	21.4	128.4	24.0	493.0	16,908.4	1,805.5	164,559.9
東 海	1,947,705.1	786.3	909.2	125.5	615.6	35,320.8	1,982.9	2,625.0
近 畿	1,275,458.3	13.5	178.0	26.1	206.1	8,315.7	2,085.7	754.0
阪 神	4,711,154.1	1,412.1	1,127.0	158.9	413.3	20,825.2	3,144.7	378.3
山 陰	66,569.3	2.4	2.7	0.0	3.6	942.7	13.3	3.8
山 陽	544,208.2	104.0	113.9	10.1	85.2	5,522.0	195.4	59.9
四 国	190,668.9	1.5	12.6	0.4	11.8	2,945.1	32.2	11.5
北九州	1,045,096.9	253.5	167.7	1.4	68.1	7,024.3	237.8	55.1
南九州	280,180.7	0.3	1.4	0.0	2.7	3,843.9	24.2	4.1
沖 縄	98,706.3	41.8	68.3	0.0	5.9	3,284.8	53.3	0.0
資料						国土交通省総合政策局情報政策本部情報政策課		

（注）　地域の区分分けは、凡例7(2)による。

旅 客 輸 送 量
Passenger Transportation

単位：千人 (Unit : Thousand Persons)

東海	近畿	阪神	山陰	山陽	四国	北九州	南九州	沖縄
1,947,650.1	1,273,904.0	4,711,677.7	66,826.0	543,654.7	190,897.3	1,045,524.2	280,186.5	98,692.3
789.6	10.4	1,433.6	2.4	105.9	1.6	259.6	0.3	42.2
907.6	185.3	1,161.9	2.5	114.2	12.6	167.2	1.8	67.4
137.3	26.4	161.8	0.0	10.8	0.5	1.4	0.1	0.0
468.0	454.9	422.7	3.9	90.6	11.7	69.3	3.0	5.6
35,167.3	8,125.2	20,895.4	955.1	5,541.6	2,953.4	6,993.9	3,835.2	3,264.4
2,232.6	1,725.4	2,900.0	13.3	201.6	32.6	240.6	24.5	51.0
2,393.4	675.0	389.9	3.6	61.2	11.9	54.0	4.8	0.0
1,881,289.4	7,356.2	11,967.6	259.6	1,283.2	309.9	1,462.5	831.6	579.7
7,668.8	1,052,992.6	200,669.6	234.4	1,122.0	334.7	688.4	168.7	0.0
11,868.1	199,711.2	4,449,722.2	1,698.5	8,303.4	4,445.0	4,272.4	2,223.4	1,450.4
260.9	127.1	1,763.8	61,982.2	1,044.9	294.0	94.7	17.7	15.4
1,280.4	1,124.7	7,899.1	1,248.8	513,391.7	5,464.9	7,092.2	513.7	102.1
305.4	534.6	4,391.7	293.9	5,103.6	176,404.0	315.1	213.8	91.7
1,472.3	684.3	4,225.5	94.1	6,670.4	309.8	1,013,457.1	9,485.5	890.2
831.5	170.6	2,224.1	18.1	507.0	217.7	9,467.3	262,627.4	240.4
577.4	0.0	1,448.5	15.7	102.5	93.1	888.6	235.0	91,891.6

（貨物旅客地域流動調査）

三 大 都 市 交 通 圏 内 輸
Volume of Passenger Transportation in Three Major

都市圏	年度 Fiscal Year		合計 Sum Total	JR (JR)			私鉄 Private	
				計 Total	定期外 Other than Season Tickets	定期 Season Tickets	計 Total	定期外 Other than Season Tickets
首都交通圏	50	(1975)	15,875	4,066	1,378	2,688	3,594	1,164
	55	(1980)	17,046	3,938	1,320	2,619	3,929	1,299
	60	(1985)	18,700	4,283	1,485	2,798	4,265	1,432
	2	(1990)	22,752	5,109	1,739	3,370	4,878	1,650
	7	(1995)	24,021	5,374	1,819	3,555	5,135	1,749
	12	(2000)	23,411	5,252	1,869	3,383	4,896	1,859
	17	(2005)	23,866	5,381	2,026	3,355	5,123	2,039
	21	(2009)	24,322	5,580	2,126	3,453	5,427	2,195
	22	(2010)	16,438	5,555	2,088	3,467	5,434 r	2,167
	23	(2011)	16,368	5,551	2,099	3,452	5,401	2,157
	24	(2012)	16,097	5,630	2,156	3,473	5,499	2,218
中京交通圏	50	(1975)	3,085	199	124	74	493	168
	55	(1980)	3,639	185	107	78	485	169
	60	(1985)	3,781	198	115	84	478	162
	2	(1990)	4,637	271	153	118	496	165
	7	(1995)	4,892	221	74	147	497	167
	12	(2000)	4,734	215	76	139	437	150
	17	(2005)	5,205	230	85	146	487	197
	21	(2009)	5,135	237	80	157	452	165
	22	(2010) r	1,373	239	81	158	454	164
	23	(2011)	1,374	240	81	159	458	162
	24	(2012)	1,351	242	83	159	465	164
京阪神交通圏	50	(1975)	7,975	1,148	468	680	2,410	856
	55	(1980)	8,555	1,086	413	673	2,456	918
	60	(1985)	8,903	1,074	408	666	2,575	948
	2	(1990)	10,303	1,229	448	781	2,715	1,009
	7	(1995)	10,587	1,381	506	875	2,590	1,010
	12	(2000)	10,108	1,353	500	853	2,324	979
	17	(2005) r	9,786	1,354	490	864	2,138	932
	21	(2009)	9,237	1,345	477	867	2,084	946
	22	(2010) r	5,228	1,344	477	867	2,052	957
	23	(2011)	5,337	1,358	486	872	2,059	961
	24	(2010)	5,214	1,368	497	871	2,062	960

資料 (一財)運輸総合研究所

(注)1. 首都交通圏は東京駅中心半径50km、中京交通圏は名古屋駅中心半径40km、京阪神交通圏は大阪駅中心半径50km範囲で、特に交通不便な地域及びその大半が圏外にある行政区域を除く。

送機関別旅客輸送量
Urban Commuting Areas by Mode of Transportation

単位：百万人 (Unit : Million Persons)

Railways Season Tickets	Subway 計 Total	Subway 定期外 Other than Season Tickets	Subway 定期 Season Tickets	路面電車 Streetcars	乗合バス Buses	ハイヤー タクシー Hired cars & Taxis	自家用乗用車 Private Passenger Cars
2,430	1,761	593	1,167	49	2,509	821	3,074
2,630	2,021	733	1,288	44	2,257	891	3,965
2,833	2,370	884	1,486	42	2,116	892	4,731
3,228	2,768	1,024	1,744	44	2,197	820	6,936
3,386	2,771	1,042	1,730	40	2,025	748	7,928
3,036	2,792	1,134	1,659	39	1,769	725	7,937
3,084	3,031	1,318	1,713	40	1,685	688	7,918
3,232	3,373	1,459	1,914	39	1,531	590	7,782
r 3,267	3,369	1,439	1,930	38	1,447	595	—
3,244	3,331	1,406	1,925	38	1,465	582	—
3,282	3,440	1,459	1,981	37	992	499	—
325	260	114	146	11	579	142	1,403
316	304	130	174	9	491	151	2,012
316	319	141	179	7	421	144	2,213
331	352	168	184	6	388	146	2,978
330	381	195	187	5	341	127	3,320
287	361	197	164	4	266	94	3,357
290	419	241	178	—	187	98	3,784
286	419	226	193	—	192	79	3,756
r 290	r 422	224	197	—	182	78	—
296	423	213	209	—	175	77	—
301	433	217	216	—	124	87	—
1,554	759	338	421	150	1,207	445	1,858
1,538	918	420	421	32	1,129	477	2,457
1,627	960	428	532	64	1,039	445	2,745
1,706	1,157	520	637	60	1,020	445	3,677
1,580	1,158	537	621	53	973	364	4,069
1,345	1,080	518	563	33	806	293	4,219
1,206	1,051	529	522	31	749	298	4,165
1,138	1,044	615	429	23	611	266	3,864
1,095	r 1,036	r 635	r 401	24	612	159	—
1,097	1,035	650	385	25	603	257	—
1,101	1,052	671	381	24	474	234	—

（都市交通年報）

2. 路面電車には無軌条電車を含む。
3. 自家用乗用車の値については、平成22年10月の自動車輸送統計調査の調査方法変更により公表が行われなくなったため、公表値がない。このため、合計値の値は前年度までと連続しない。

鉄 道 貨 物
Volume of Freight

年度 Fiscal Year	総計 Sum Total	輸送トン数（千トン）Tonnage Carried (Thousand tons)				民 合計 Total
		J R (JR)			
		合計 Total	車扱 Wagon	コンテナ Container	小口扱 LCL	
35 (1960)	238,199	195,295	192,236	(322)	3,059	42,904
40 (1965)	252,472	200,010	196,994	(1,906)	3,015	52,463
45 (1970)	255,757	198,503	189,538	(8,715)	8,965	57,254
50 (1975)	184,428	141,691	129,577	12,114	…	42,737
55 (1980)	166,550	121,619	111,664	9,955	…	44,931
60 (1985)	99,341	68,552	56,368	12,184	…	30,790
2 (1990)	86,619	58,400	38,239	20,161	…	28,219
7 (1995)	76,932	51,456	30,886	20,570	…	25,477
	(100.0)	(66.7)	(31.8)	(34.9)	…	(33.3)
12 (2000)	59,274	39,621	18,976	20,644	…	19,654
	(100.0)	(66.8)	(32.0)	(34.8)	…	(33.2)
17 (2005)	52,474	36,864	14,536	22,328	…	15,610
	(100.0)	(70.3)	(27.7)	(42.6)	…	(29.7)
20 (2008)	46,225	32,850	10,700	22,150	…	13,376
	(100.0)	(71.1)	(23.1)	(47.9)	…	(28.9)
21 (2009)	43,250	30,849	10,521	20,328	…	12,401
	(100.0)	(71.3)	(24.3)	(47.0)	…	(28.7)
22 (2010)	43,646	30,790	10,344	20,446	…	12,856
	(100.0)	(70.5)	(23.7)	(46.8)	…	(29.5)
	総計			車扱		
23 (2011)		39,856		18,023		
		(100.0)		(45.2)		
24 (2012)		42,340		19,183		
		(100.0)		(45.3)		
25 (2013)		44,101		19,905		
		(100.0)		(45.1)		
26 (2014)		43,424		19,241		
		(100.0)		(44.3)		
27 (2015)		43,210		18,454		
		(100.0)		(42.7)		
28 (2016)		44,089		19,431		
		(100.0)		(44.1)		

資料　'86まで国鉄…国鉄情報システム部(鉄道統計年報・月報)、民鉄…運輸省情報管理部統計課(民営鉄道

(注)1. 小口扱はJRについては49年10月より、民鉄については50年4月よりコンテナ及び一般の小口扱に分離され、後者は小荷物に統合された。従って、JRのコンテナは49年度までは小口扱の内数であり、民鉄の50年4月からの小口扱はコンテナのみである。

輸 送 量
Transportation by Railways

鉄 (Private)		総計	輸送トンキロ（百万トンキロ） Tonnage-kilometers (Million ton-km)					民 鉄
				J R (JR)				
車 扱 Wagon	コンテナ (小口扱) Container	Sum total	合 計 Total	車 扱 Wagon	コンテナ Container	小口扱 LCL		Private
42,533	371	54,515	53,592	52,449	...	1,144		923
52,311	152	57,299	56,408	54,819	(1,197)	1,590		890
57,167	86	63,423	62,435	56,087	(6,301)	6,348		988
42,553	184	47,347	46,577	37,199	9,378	...		770
44,745	187	37,701	36,961	28,764	8,197	...		740
30,347	443	22,135	21,626	10,906	10,720	...		509
27,198	1,021	27,196	26,728	8,231	18,497	...		468
23,914	1,563	25,101	24,072	5,481	19,221	...		399
(29.6)	(3.7)	(100.0)	(98.8)	(15.6)	(83.2)	...		(1.2)
17,465	2,189	22,136	21,855	3,341	18,515	...		280
(29.5)	(3.7)	(100.0)	(98.7)	(15.1)	(83.6)	...		(1.3)
12,774	2,836	22,812	22,601	2,654	19,947	...		211
(24.3)	(5.4)	(100.0)	(99.1)	(11.6)	(87.4)	...		(0.9)
10,344	3,032	22,256	22,081	1,931	20,150	...		175
(22.4)	(6.6)	(100.0)	(99.2)	(8.7)	(90.5)	...		(0.8)
9,741	2,660	20,561	20,404	1,868	18,536	...		157
(22.5)	(6.2)	(100.0)	(99.2)	(9.1)	(90.2)	...		(0.8)
10,158	2,698	20,398	20,227	1,773	18,454	...		170
(23.3)	(6.2)	(100.0)	(99.2)	(8.7)	(90.5)	...		(0.8)
コ ン テ ナ		総 計		車 扱		コ ン テ ナ		
	21,863		19,998		1,963		18,035	
	(54.9)		(100.0)		(9.8)		(90.2)	
	23,157		20,471		1,774		18,697	
	(54.7)		(100.0)		(8.7)		(91.3)	
	24,196		21,071		1,730		19,341	
	(54.9)		(100.0)		(8.2)		(91.8)	
	24,183		21,029		1,579		19,450	
	(55.7)		(100.0)		(7.5)		(92.5)	
	24,756		21,519		1,568		19,951	
	(57.3)		(100.0)		(7.3)		(92.7)	
	24,657		21,265		1,614		19,652	
	(55.9)		(100.0)		(7.6)		(92.4)	

輸送統計月報）、'87から国土交通省総合政策局情報政策本部情報政策課交通経済統計調査室（鉄道輸送統計年報）

2. JRは61年度までは無賃・有賃を含み、62年度以降は有賃のみ。

3. 平成23年度より、JRと民鉄の数値の公表を取り止めたため、鉄道貨物輸送全体の総計とコンテナ及び車扱の計の数値を公表する。

鉄 道 旅 客
Volume of Passengers

年度 Fiscal Year	輸送人員（千人）Number of Passengers (Thousand Persons)					
	合計 Sum Total	国鉄およびJR (JNR&JR)			民鉄 (Private)	
		計 Total	定期外 Other than Season Tickets	定期 Season Tickets	計 Total	定期外 Other than Season Tickets
35 (1960)	12,290,380	5,123,901	1,783,867	3,340,034	7,166,479	2,988,500
40 (1965)	15,798,168	6,721,827	2,042,674	4,679,153	9,076,341	3,484,350
45 (1970)	16,384,035	6,534,477	2,173,598	4,360,879	9,849,557	3,644,636
50 (1975)	17,587,925	7,048,013	2,557,703	4,490,310	10,539,912	3,848,812
55 (1980)	18,004,958	6,824,813	2,376,381	4,448,432	11,180,145	4,203,919
60 (1985)	18,989,703	6,941,358	2,443,542	4,497,816	12,048,345	4,546,258
2 (1990)	21,938,609	8,357,583	3,052,828	5,304,757	13,581,026	5,150,308
7 (1995)	22,630,439	8,982,284	3,284,437	5,697,847	13,648,155	5,365,819
12 (2000)	21,646,751	8,670,971	3,259,053	5,411,918	12,975,780	5,453,292
17 (2005)	21,963,020	8,683,062	3,330,585	5,352,477	13,279,958	5,893,777
	(100.0)	(39.5)	(15.2)	(24.4)	(60.5)	(26.8)
20 (2008)	22,976,083	8,984,435	3,470,749	5,513,686	13,991,648	6,279,568
	(100.0)	(39.1)	(15.1)	(24.0)	(60.9)	(27.3)
21 (2009)	22,724,413	8,840,634	r 3,367,873	r 5,472,761	13,883,779	r 6,218,789
	(100.0)	(38.9)	(14.8)	(24.1)	(61.1)	(27.4)
22 (2010)	22,669,011	8,818,311	3,324,801	5,493,510	13,850,700	6,197,609
	(100.0)	(38.9)	(14.7)	(24.2)	(61.1)	(27.3)
23 (2011)	22,632,357	8,837,406	3,355,662	5,481,744	13,794,951	r 6,160,967
	(100.0)	(39.0)	(14.8)	(24.2)	(61.0)	(27.2)
24 (2012)	23,041,856	8,962,809	r 3,451,145	r 5,511,664	14,079,047	r 6,319,724
	(100.0)	(38.9)	(15.0)	(23.9)	(61.1)	(27.4)
25 (2013)	23,606,390	9,146,991	3,514,570	5,632,421	14,459,399	6,442,266
	(100.0)	(38.7)	(14.9)	(23.9)	(61.3)	(27.2)
26 (2014)	23,599,839	9,088,121	3,537,041	5,551,080	14,511,718	6,445,789
	(100.0)	(38.5)	(15.0)	(23.5)	(61.5)	(27.2)
27 (2015)	24,289,880	9,308,375	3,634,587	5,673,788	14,981,505	6,669,569
	(100.0)	(38.3)	(15.0)	(23.4)	(61.7)	(27.5)
28 (2016)	24,598,365	9,392,177	3,663,487	5,728,487	15,206,188	6,744,566
	(100.0)	(38.2)	(14.9)	(23.3)	(61.8)	(27.4)

資　料　1986年まで国鉄…国鉄情報システム部（鉄道統計年報・月報）、民鉄…運輸省情報管理部統計課
（注）定期とは、通勤・通学定期乗車券で一定区間を往復する旅客をいう。

輸　送　量
Carried by Railways

(ex.JR) 定期 Season Tickets	合　計 Sum Total	国鉄およびJR (JNR&JR)			民　鉄 (Private) (ex.JR)		
		計 Total	定期外 Other than Season Tickets	定期 Season Tickets	計 Total	定期外 Other than Season Tickets	定期 Season Tickets
4,177,979	184,340	123,983	66,888	57,095	60,357	22,607	37,750
5,591,991	255,384	174,014	95,334	78,680	81,370	27,709	53,661
6,204,921	288,816	189,726	118,772	70,954	99,090	33,622	65,468
6,691,100	323,800	215,289	139,304	75,985	108,511	36,652	71,859
6,976,226	314,542	193,143	115,152	77,992	121,399	41,689	79,710
7,502,087	330,083	197,463	117,235	80,227	132,620	44,871	87,749
8,430,718	387,478	237,657	140,097	97,560	149,821	50,311	99,510
8,282,336	400,056	248,998	138,951	110,046	151,059	52,126	98,933
7,522,489	384,441	240,659	132,834	107,825	143,783	52,977	90,806
7,386,181	391,227	245,996	138,051	107,945	145,231	56,384	88,847
(33.6)	(100.0)	(62.9)	(35.3)	(27.6)	(37.1)	(14.4)	(22.7)
7,712,080	404,585	253,556	143,052	110,503	151,030	59,889	91,141
(33.6)	(100.0)	(62.7)	(35.4)	(27.3)	(37.3)	(14.8)	(22.5)
7,664,990	393,765	244,247	134,489	109,758	149,518	r 59,348	90,170
(33.7)	(100.0)	(62.0)	(34.2)	(27.9)	(38.0)	(15.1)	(22.9)
7,653,079	393,465	244,592	134,632	109,960	148,873	58,865	r 90,009
(33.8)	(100.0)	(62.2)	(34.2)	(27.9)	(37.8)	(15.0)	(22.9)
r 7,633,976	395,067	246,937	137,278	109,659	148,130	58,444	89,686
(33.7)	(100.0)	(62.5)	(34.7)	(27.8)	(37.5)	(14.8)	(22.7)
r 7,759,324	404,396	253,788	143,959	109,829	150,608	r 60,129	r 90,479
(33.7)	(100.0)	(62.8)	(35.6)	(27.2)	(37.2)	(14.9)	(22.4)
8,017,133	414,387	260,013	148,057	111,955	154,374	61,383	92,991
(34.0)	(100.0)	(62.7)	(35.7)	(27.0)	(37.3)	(14.8)	(22.4)
8,065,929	413,970	260,097	150,619	109,478	153,873	61,303	92,570
(34.2)	(100.0)	(62.8)	(36.4)	(26.4)	(37.2)	(14.8)	(22.4)
8,311,936	427,486	269,394	157,783	111,611	158,092	63,298	94,795
(34.2)	(100.0)	(63.0)	(36.9)	(26.1)	(37.0)	(14.8)	(22.2)
8,461,622	431,799	271,996	159,762	112,233	159,802	63,681	96,121
(34.4)	(100.0)	(63.0)	(37.0)	(26.0)	(37.0)	(14.7)	(22.3)

（民営鉄道輸送統計月報）、1987年より国土交通省総合政策局情報政策本部情報政策課交通経済統計調査室（鉄道輸送統計年報）

新 幹 線 輸 送 実 績
Volume of Passengers Carried by SHINKANSEN

年　度 Fiscal Year	列車キロ Trains-km 千キロ 1000km	車両キロ Wagons-km 千キロ 1000km	輸送人員 Number of Passengers 千人 (Thousand)	人キロ Passengers-km 百万人キロ (Million-km)	平均輸送人員 Daily Mean Passengers 人(Person)	平均乗車キロ Daily Mean Passengers-km キロ(km)
40 (1965)	14,545	180,291	30,967	10,651	84,841	344
45 (1970)	34,553	472,499	84,628	27,890	231,855	330
50 (1975)	53,505	857,690	157,218	53,318	429,557	339
55 (1980)	57,016	914,900	125,636	41,790	344,209	333
60 (1985)	80,864	1,144,292	179,833	55,422	492,693	308
2 (1990)	102,642	1,381,642	260,053	72,173	712,474	278
7 (1995)	111,125	1,498,920	275,896	70,826	755,879	257
12 (2000)	114,171	1,495,930	280,612	71,154	768,800	254
17 (2005)	134,443	1,718,428	301,405	77,908	825,767	258
18 (2006)	133,153	1,741,393	305,094	79,439	835,874	260
19 (2007)	135,182	1,772,448	315,846	82,826	865,332	262
20 (2008)	130,254	1,712,768	310,290	81,660	850,110	264
21 (2009)	137,798	1,821,611	288,880	76,040	791,452	263
22 (2010)	134,294	1,813,455	292,094	77,430	800,257	265
23 (2011)	142,746	1,886,532	307,046	81,420	841,222	265
24 (2012)	145,735	1,932,724	355,862	85,994	974,964	242
25 (2013)	146,610	1,957,641	334,337	89,168	915,992	267
26 (2014)	144,830	1,950,108	339,928	91,002	931,310	268
27 (2015)	155,231	2,102,088	365,705	97,398	1,001,932	266
28 (2016)	156,054	2,118,241	372,663	99,637	1,020,995	267

資　料　国土交通省総合政策局情報政策本部情報政策課　交通経済統計調査室（鉄道輸送統計年報）

車 両 キ ロ
Volume of Wagon-km Carried (Railways)

単位 ： 千キロ(Unit : Thousand km)

年 度 Fiscal Year	国鉄およびJR (JNR & JR)		民 鉄 (Private)	
	旅客車 Passenger	貨 車 Freight	旅客車 Passenger	貨 車 Freight
40 (1965)	3,091,381	5,272,920	1,312,976	102,313
45 (1970)	3,877,839	5,447,070	1,578,822	86,124
50 (1975)	4,304,782	4,088,084	1,754,686	58,292
55 (1980)	4,427,193	3,076,453	1,957,442	50,350
60 (1985)	4,092,244	1,505,187	2,163,922	29,729
2 (1990)	4,696,929	1,453,888	2,479,446	29,415
7 (1995)	4,865,866	1,318,303	2,813,058	23,738
12 (2000)	4,818,878	1,145,834	2,941,792	16,158
17 (2005)	4,968,346	1,178,144	3,120,370	11,768
18 (2006)	5,061,010	1,277,709	3,143,418	11,432
19 (2007)	5,065,659	1,189,643	3,158,260	10,781
20 (2008)	5,180,243	1,157,126	3,195,911	10,294
21 (2009)	5,282,910	1,039,904	3,231,158	9,198
22 (2010)	5,096,024	1,056,674	3,211,265	10,036
23 (2011)	5,122,934	1,037,718	3,204,597	…
24 (2012)	5,175,267	1,048,589	3,229,974	…
25 (2013)	5,142,844	1,090,030	3,222,457	…
26 (2014)	5,234,268	1,095,489	3,299,302	…
27 (2015)	5,275,865	1,108,776	3,265,890	…
28 (2016)	5,276,275	1,078,201	3,279,577	…

資 料　国土交通省総合政策局情報政策本部情報政策課　交通経済統計調査室(鉄道輸送統計年報)

(注) 1. 車両キロとは、営業キロに通過客車(貨車)数を乗じた実績キロをいう。
　　 2. 国鉄およびJR欄の1986年度以前は、空車・無賃を含む。
　　 3. 2011年度より貨物輸送に関してはJRと民鉄の数値の公表を取り止めたため、両者の総計をJR欄に記載

鉄道主要品目別輸送
Tonnage of Commodities

品目区分 Items	S55 (1980FY) 合計 Total	S55 (1980FY) うち国鉄 JNR	S60 (1985FY) 合計 Total	S60 (1985FY) うち国鉄 JNR	H2 (1990FY) 合計 Total	H2 (1990FY) うちJR貨物 JRF
合計 Sum-Total	152,686	107,941	83,658	53,312	65,396	38,239
穀物 Cereals	5,121	4,278	1,424	1,098	398	293
野菜・果物 Vegetables, Fruit	563	533	82	82	33	33
その他の農産物 Other Crops	2,850	1,748	1,528	1,115	661	488
畜産品 Stock Products	36	33	7	5	11	7
水産品 Maline Products	315	254	28	26	93	...
木材 Lumber	2,035	1,940	408	393	334	331
薪炭 Firewood	36	28	2	2	...	...
石炭 Coal	9,993	5,895	8,427	4,358	3,681	1,011
金属鉱 Metallic minerals	2,380	1,558	991	536	553	335
砂利・砂・石材 Gravel,Sands & Stones	1,495	894	572	266	377	162
非金属鉱物（工業用） Non-ferrous Metals & Minerals	30,375	17,967	16,839	8,215	15,415	5,863
金属 Metals	3,607	2,986	877	688	563	357
金属製品 Metal Products	739	234	407	27	300	...
機械 Machinery	6,799	4,826	3,897	2,651	3,787	3,240
セメント Cement	21,566	14,986	14,903	9,326	13,333	7,952
その他の窯業品 Other Ceramics	6,759	5,628	2,774	2,330	186	164
石油製品 Petroleum-Products	25,076	16,949	17,615	12,023	16,743	11,802
コークス・その他の石炭製品 Coke,Others Coal Products	1,153	880	459	354	39	36
化学薬品 Chemicals	6,580	4,543	4,627	3,216	3,664	2,370
化学肥料 Chemicals Fertilizers	5,885	4,523	742	547	80	44
染料・塗料その他の化学工業品 Dyes,Paints,Others Chemicals	1,755	1,386	838	574	269	198
紙・パルプ Paper,Pulp	4,900	4,305	3,117	2,756	3,172	2,620
繊維工業品 Textile Products	412	390	144	140	13	9
食料工業品 Foodstuff	5,564	4,972	1,301	1,049	611	423
日用品 Daily Necessaries	1	...	1	...	...	...
ゴム製品・木製品・その他の製造工業品 Rubber,Wood Products	590	479	129	82	95	94
特種品・その他 Parcels & Others Products	5,116	4,761	1,135	1,088	283	157
分類不能のもの Others	985	968	388	364	702	250

資料　国土交通省鉄道局監修

(注) 1. 有賃のみ
2. 特種品には、「くずもの」「動植物性飼肥料」「廃棄物」「運送用容器」「取り合わせ品」等を含む。

トン数の推移（車扱）
Carried by Freight Wagons

単位：千トン (Unit：Thousand tons)

H7 (1995FY)		H12 (2000FY)		H17 (2005FY)		H22 (2010FY)		H25 (2013FY)		H26 (2014FY)		H27 (2015FY)	
合計 Total	うちJR貨物 JRF	合計 Total	うちJR貨物 JRF	合計 Total	うちJR貨物 JRF	合計 Total	うちJR貨物 JRF	合計 Total	うちJR貨物 JRF	合計 Total	うちJR貨物 JRF	合計 Total	うちJR貨物 JRF
54,718	30,886	36,912	18,976	27,790	14,536	20,091	10,344	20,146	9,439	19,419	8,770	18,631	8,661
246	161	...	...	...	...	...	...	...	...	...	...	...	...
...	...	...	...	...	...	...	...	...	...	...	...	...	...
330	190	...	...	...	...	...	...	...	...	...	...	...	...
1	1	...	...	...	...	...	...	...	...	...	...	...	...
80	...	18	...	...	...	...	...	...	...	...	...	...	...
300	297	177	174	104	102	2	...	1	...	1	...	1	...
...	...	...	...	...	...	...	...	...	...	...	...	...	...
3,203	646	1,989	279	1,156	220	767	163	797	167	832	168	582	145
443	239	416	207	334	173	365	172	371	191	366	189	345	179
86	74	1,232	1,227	45	42	95	93	101	94	4	2	3	2
13,243	4,551	8,600	749	6,138	673	5,383	612	6,471	682	6,423	649	5,915	626
489	178	106	66	218	38	52	40	166	35	171	37	165	32
92	...	69	...	57	...	14	...	29	...	30	...	28	...
3,112	2,638	1,924	1,619	1,524	1,353	992	913	1,039	973	927	868	918	853
9,405	5,794	4,385	2,581	2,310	1,274	1,301	674	1,403	624	1,558	778	1,496	747
243	82	135	...	139	...	117	...	143	...	130	...	138	...
17,363	12,027	14,055	9,978	13,097	9,482	10,021	7,192	8,943	6,387	8,307	5,805	8,349	5,794
5	5	...	...	...	...	...	...	...	...	...	...	...	...
2,778	1,749	1,890	1,030	946	549	158	158	135	135	143	143	145	145
6	4	...	...	...	...	...	...	...	...	...	...	...	...
359	86	235	22	303	4	303	...	278	...	291	...	294	...
2,005	1,618	1,161	895	586	481	586	185	...	...	...	...	...	...
...	...	...	...	...	...	...	...	...	...	...	...	...	...
210	181	1	1	-5	-4	-1	...	...	...	...	...	...	...
...	...	...	...	2	...	2	...	...	...	...	...	...	...
152	150	9	8	6	6	6	3	...	...	...	...	...	...
202	198	280	137	307	139	307	120	...	...	...	...	...	...
368	17	61	...	517	...	517	...	...	...	...	...	...	...

（鉄道統計年報）

車扱貨物主要品目別
Volume of Commodities

事業者名 Names of Railway Company	合計 Total	農水産品 Agricultural & Aquastic Products					林産品 Forestry Products	
		農産品			畜産品 Stock Products	水産品 Marine Products	木材 Lumber	薪炭 Firewood
		穀物 Cereals	野菜 Vegetables	その他 Others				
	トン	トン	トン	トン	トン	トン	トン	トン
(貨)太平洋石炭販売輸送	482,340	0	0	0	0	0	0	0
(貨)岩手開発鉄道	400,826	0	0	0	0	0	0	0
(貨)仙台臨海鉄道	357	0	0	0	0	0	0	0
(貨)福島臨海鉄道	173,826	0	0	0	0	0	0	0
(貨)鹿島臨海鉄道	0	0	0	0	0	0	0	0
(貨)京葉臨海鉄道	907,280	0	0	0	0	0	0	0
(貨)神奈川臨海鉄道	1,341,784	0	0	0	0	0	0	0
(貨)西濃鉄道	621,316	0	0	0	0	0	0	0
(貨)名古屋臨海鉄道	695,497	0	0	0	0	0	0	0
(貨)衣浦臨海鉄道	225,442	0	0	0	0	0	0	0
その他の鉄道	3,112,351	0	0	165	0	0	1,127	0
合計(民鉄) Total (Local Rail)	7,961,019	0	0	165	0	0	1,127	0
日本貨物鉄道 JR Freight	10,220,583	0	0	0	0	0	0	0
資料	国土交通省鉄道局監修							

輸 送 実 績（平成23年）（FY2011）（その１）
Carried by Wagon Load Freight (No.1)

単位 : トン(Unit: tons)

鉱　産　品 Mining Products					金属・機械工業品 Fabricated Metals Products & Machinery			
石炭 Coal	金属鉱 Metallic minerals	砂利 Gravel	石灰石 Limestone	その他 Others	鉄鋼 Iron & Steel	非鉄金属 Non-ferrous metals	金属製品 Metal Products	機械 Machinery
トン	トン	トン	トン	トン	トン	トン	トン	トン
482,340	0	0	0	0	0	0	0	0
0	0	0	400,826	0	0	0	0	0
0	0	0	0	0	249	0	0	108
0	156,618	0	0	0	0	0	0	17,208
0	0	0	0	0	0	0	0	0
0	0	0	0	0	0	89,058	0	0
0	0	0	0	0	0	0	0	0
0	0	0	621,316	0	0	0	0	0
0	0	0	694,412		0	0	0	0
0	0	0	0	110,180	0	0	0	0
206,686	0	7,995	1,990,632	0	0	0	11,942	9,533
689,026	156,618	7,995	3,707,186	110,180	249	89,058	11,942	26,849
184,926	167,258	47,432	621,316	387	27,252	0	0	1,080,067

（鉄道統計年報）

車扱貨物主要品目別
Volume of Commodities

事業者名 Names of Railway Company	化学工業品 Chemical Industrial Products					
	窯業品 Ceramics Products		石油製品 Petroleum Products	石炭製品 Coal Products	化学薬品 Chemicals	化学肥料 Chemical Fertilizers	その他 Others
	セメント Cement	その他 Others					
	トン	トン	トン	トン	トン	トン	トン
(貨)太平洋石炭販売輸送	0	0	0	0	0	0	0
(貨)岩手開発鉄道	0	0	0	0	0	0	0
(貨)仙台臨海鉄道	0	0	0	0	0	0	0
(貨)福島臨海鉄道	0	0	0	0	0	0	0
(貨)鹿島臨海鉄道	0	0	0	0	0	0	0
(貨)京葉臨海鉄道	0	0	818,222	0	0	0	0
(貨)神奈川臨海鉄道	0	0	1,215,561	0	0	0	0
(貨)西濃鉄道	0	0	0	0	0	0	0
(貨)名古屋臨海鉄道	0	0	0	0	0	0	0
(貨)衣浦臨海鉄道	0	0	0	0	0	0	0
その他の鉄道	608,055	107,032	2,206	0	0	0	1,920
総合計(民鉄) Total (Local Rail)	608,055	107,032	2,035,989	0	0	0	1,920
日本貨物鉄道 JR Freight	605,264	0	7,141,739	0	107,551	0	43
資 料	国土交通省鉄道局監修						

輸送実績（平成23年）（FY2011）（その２）
Carried by Wagon Load Freight (Continued No.2)

単位：トン(Unit: tons)

軽工業品 Light Manufacturing Products			雑工業品 Miscellaneous Products		特殊品 Special Products			分類不能 Others
紙・パルプ Paper Pulp	繊維工業品 Textile Products	食料工業品 Food Stuff	日用品 Daily Necessities	その他 Others	金属屑 Metallic Scrap	動植物性飼料 Foodstuff & Fertilizers	その他 Others	Others
トン	トン	トン	トン	トン	トン	トン	トン	トン
0	0	0	0	0	0	0	0	0
0	0	0	0	0	0	0	0	0
0	0	0	0	0	0	0	0	0
0	0	0	0	0	0	0	0	0
0	0	0	0	0	0	0	0	0
0	0	0	0	0	0	0	0	0
0	0	0	0	0	0	0	0	126,223
0	0	0	0	0	0	0	0	0
0	0	0	0	0	0	0	0	1,085
0	0	0	0	110,760	0	0	0	4,502
39,322	0	0	2,311	107,508	0	0	2,505	13,412
39,322	0	0	2,311	218,268	0	0	2,505	145,222
125,773	0	0	4,543	0	0	0	107,032	0

（鉄道統計年報）

車扱貨物主要品目別
Volume of Commodities

事業者名 Names of Railway Company	合計 Total	農水産品 Agricultural & Aquastic Products					林産品 Forestry Products	
		農産品			畜産品	水産品	木材	薪炭
		穀物 Cereals	野菜 Vegetables	その他 Others	Stock Products	Marine Products	Lumber	Firewood
	トン	トン	トン	トン	トン	トン	トン	トン
(貨)太平洋石炭販売輸送	399,000	0	0	0	0	0	0	0
(貨)岩手開発鉄道	1,667,700	0	0	0	0	0	0	0
(貨)仙台臨海鉄道	381,203	0	0	0	0	0	0	0
(貨)福島臨海鉄道	186,976	0	0	0	0	0	0	0
(貨)鹿島臨海鉄道	0	0	0	0	0	0	0	0
(貨)京葉臨海鉄道	1,205,431	0	0	0	0	0	0	0
(貨)神奈川臨海鉄道	1,303,127	0	0	0	0	0	0	0
(貨)西濃鉄道	636,310	0	0	0	0	0	0	0
(貨)名古屋臨海鉄道	714,260	0	0	0	0	0	0	0
(貨)衣浦臨海鉄道	304,875	0	0	0	0	0	0	0
その他の鉄道	3,084,609	0	0	151	0	0	700	0
合計(民鉄) Total (Local Rail)	9,883,491	0	0	151	0	0	700	0
日本貨物鉄道 JR Freight	9,471,305	0	0	0	0	0	0	0

資料　　　　　　　　　　　　　　　　　　　　　　　　　国土交通省鉄道局監修

輸送実績（平成24年）（FY2012）（その１）
Carried by Wagon Load Freight (No.1)

単位：トン(Unit: tons)

鉱産品 Mining Products					金属・機械工業品 Fabricated Metals Products & Machinery			
石炭 Coal	金属鉱 Metallic minerals	砂利 Gravel	石灰石 Limestone	その他 Others	鉄鋼 Iron & Steel	非鉄金属 Non-ferrous metals	金属製品 Metal Products	機械 Machinery
トン	トン	トン	トン	トン	トン	トン	トン	トン
399,000	0	0	0	0	0	0	0	0
0	0	0	0	0	0	0	0	0
0	0	0	0	0	9,168	0	0	35,818
0	169,252	0	0	0	0	0	17,724	0
0	0	0	0	0	0	0	0	0
0	0	0	0	0	0	114,030	0	0
0	0	0	0	0	0	0	0	0
0	0	0	636,310	0	0	0	0	0
0	0	0	711,170		0	0	0	0
0	0	0	0	0	0	0	0	0
179,440	0	9,896	3,532,260	145,145	0	0	12,280	8,143
578,440	169,252	9,896	4,879,740	145,145	9,168	114,030	30,004	43,961
160,480	184,778	94,204	636,310	172	36,778	0	0	1,041,324

（鉄道統計年報）

車扱貨物主要品目別
Volume of Commodities

事業者名 Names of Railway Company	化学工業品 Chemical Industrial Products						
	窯業品 Ceramics Products		石油製品 Petroleum Products	石炭製品 Coal Products	化学薬品 Chemicals	化学肥料 Chemical Fertilizers	その他 Others
	セメント Cement	その他 Others					
	トン	トン	トン	トン	トン	トン	トン
(貨)太平洋石炭販売輸送	0	0	0	0	0	0	0
(貨)岩手開発鉄道	0	0	0	0	0	0	0
(貨)仙台臨海鉄道	0	0	336,217	0	0	0	0
(貨)福島臨海鉄道	0	0	0	0	0	0	0
(貨)鹿島臨海鉄道	0	0	0	0	0	0	0
(貨)京葉臨海鉄道	0	0	1,091,401	0	0	0	0
(貨)神奈川臨海鉄道	0	0	1,185,577	0	0	0	0
(貨)西濃鉄道	0	0	0	0	0	0	0
(貨)名古屋臨海鉄道	0	0	0	0	0	0	0
(貨)衣浦臨海鉄道	0	0	0	0	0	0	154,980
その他の鉄道	697,348	140,998	1,545	0	0	0	151,699
総合計(民鉄) Total (Local Rail)	697,348	140,998	2,614,740	0	0	0	306,679
日本貨物鉄道 JR Freight	693,120	0	6,427,910	0	150,765	0	0
資 料	国土交通省鉄道局監修						

輸送実績（平成24年）（FY2012）（その2）
Carried by Wagon Load Freight (Continued No.2)

単位：トン(Unit: tons)

軽工業品 Light Manufacturing Products			雑工業品 Miscellaneous Products		特殊品 Special Products			分類不能 Others
紙・パルプ Paper Pulp	繊維工業品 Textile Products	食料工業品 Food Stuff	日用品 Daily Necessities	その他 Others	金属屑 Metallic Scrap	動植物性飼料 Foodstuff & Fertilizers	その他 Others	
トン	トン	トン	トン	トン	トン	トン	トン	トン
0	0	0	0	0	0	0	0	0
0	0	0	0	0	0	0	0	0
0	0	0	0	0	0	0	0	0
0	0	0	0	0	0	0	0	0
0	0	0	0	0	0	0	0	0
0	0	0	0	0	0	0	0	0
0	0	0	0	0	0	0	117,550	0
0	0	0	0	0	0	0	0	0
0	0	0	0	0	0	0	0	3,090
0	0	0	0	0	0	0	0	4,750
47,096	0	0	0	46	0	0	5,297	12,506
47,096	0	0	0	46	0	0	122,847	20,346
244,285	0	0	0	0	0	0	140,998	0

（鉄道統計年報）

車扱貨物主要品目別
Volume of Commodities

事業者名 Names of Railway Company	合計 Total	農水産品 Agricultural & Aquastic Products					林産品 Forestry Products	
		農産品			畜産品 Stock Products	水産品 Marine Products	木材 Lumber	薪炭 Firewood
		穀物 Cereals	野菜 Vegetables	その他 Others				
	トン	トン	トン	トン	トン	トン	トン	トン
(貨)太平洋石炭販売輸送	443,700	0	0	0	0	0	0	0
(貨)岩手開発鉄道	2,172,600	0	0	0	0	0	0	0
(貨)仙台臨海鉄道	582,230	0	0	0	0	0	0	0
(貨)福島臨海鉄道	198,282	0	0	0	0	0	0	0
(貨)鹿島臨海鉄道	0	0	0	0	0	0	0	0
(貨)京葉臨海鉄道	1,297,812	0	0	0	0	0	0	0
(貨)神奈川臨海鉄道	949,353	0	0	0	0	0	0	0
(貨)西濃鉄道	681,564	0	0	0	0	0	0	0
(貨)名古屋臨海鉄道	769,115	0	0	0	0	0	0	0
(貨)衣浦臨海鉄道	293,847	0	0	0	0	0	0	0
その他の鉄道	3,318,166	0	0	95	0	0	1,278	0
合計(民鉄) Total (Local Rail)	10,706,669	0	0	95	0	0	1,278	0
日本貨物鉄道 JR Freight	9,439,301	0	0	0	0	0	0	0
資料	国土交通省鉄道局監修							

輸送実績（平成25年）（FY2013）（その１）
Carried by Wagon Load Freight (No.1)

単位 : トン(Unit: tons)

鉱産品 Mining Products					金属・機械工業品 Fabricated Metals Products & Machinery			
石炭 Coal	金属鉱 Metallic minerals	砂利 Gravel	石灰石 Limestone	その他 Others	鉄鋼 Iron & Steel	非鉄金属 Non-ferrous metals	金属製品 Metal Products	機械 Machinery
トン	トン	トン	トン	トン	トン	トン	トン	トン
443,700	0	0	0	0	0	0	0	0
0	0	0	2,172,600	0	0	0	0	0
0	0	0	0	0	9,416	0	0	52,600
0	179,398	0	0	0	0	0	18,884	0
0	0	0	0	0	0	0	0	0
0	0	0	0	0	0	122,042	0	0
0	0	0	0	0	0	0	0	0
0	0	0	681,564	0	0	0	0	0
0	0	0	761,748	0	0	0	0	0
0	0	0	0	147,420	0	0	0	0
186,200	0	7,070	2,025,720	0	16	0	10,592	13,626
629,900	179,398	7,070	5,641,632	147,420	9,432	122,042	29,476	66,226
166,600	191,410	94,204	681,564	0	34,863	0	0	973,000

（鉄道統計年報）

車扱貨物主要品目別
Volume of Commodities

事業者名 Names of Railway Company	化 学 工 業 品 Chemical Industrial Products						
	窯 業 品 Ceramics Products		石油製品 Petroleum Products	石炭製品 Coal Products	化学薬品 Chemicals	化学肥料 Chemical Fertilizers	その他 Others
	セメント Cement トン	その他 Others トン	トン	トン	トン	トン	トン
(貨)太平洋石炭販売輸送	0	0	0	0	0	0	0
(貨)岩手開発鉄道	0	0	0	0	0	0	0
(貨)仙台臨海鉄道	0	0	520,214	0	0	0	0
(貨)福島臨海鉄道	0	0	0	0	0	0	0
(貨)鹿島臨海鉄道	0	0	0	0	0	0	0
(貨)京葉臨海鉄道	0	0	1,175,770	0	0	0	0
(貨)神奈川臨海鉄道	0	0	858,465	0	0	0	0
(貨)西濃鉄道	0	0	0	0	0	0	0
(貨)名古屋臨海鉄道	0	0	0	0	0	0	0
(貨)衣浦臨海鉄道	0	0	0	0	0	0	140,595
その他の鉄道	779,094	143,208	1,548	0	0	0	137,362
総合計(民鉄) Total (Local Rail)	779,094	143,208	2,555,997	0	0	0	277,957
日本貨物鉄道 JR Freight	623,808	0	6,386,770	0	135,150	0	0
資 料	国土交通省鉄道局監修						

輸送実績（平成25年）（FY2013）（その2）

Carried by Wagon Load Freight (Continued No.2)

単位：トン(Unit: tons)

軽工業品 Light Manufacturing Products			雑工業品 Miscellaneous Products		特殊品 Special Products			分類不能 Others
紙・パルプ Paper Pulp	繊維工業品 Textile Products	食料工業品 Food Stuff	日用品 Daily Necessities	その他 Others	金属屑 Metallic Scrap	動植物性飼料 Foodstuff & Fertilizers	その他 Others	Others
トン	トン	トン	トン	トン	トン	トン	トン	トン
0	0	0	0	0	0	0	0	0
0	0	0	0	0	0	0	0	0
0	0	0	0	0	0	0	0	0
0	0	0	0	0	0	0	0	0
0	0	0	0	0	0	0	0	0
0	0	0	0	0	0	0	0	0
0	0	0	0	0	0	0	90,888	0
0	0	0	0	0	0	0	0	0
0	0	0	0	0	0	0	0	7,367
0	0	0	0	0	0	0	0	5,832
0	0	0	121	0	0	0	5,233	7,003
0	0	0	121	0	0	0	96,121	20,202
0	0	0	0	0	0	0	151,932	0

（鉄道統計年報）

車扱貨物主要品目別
Volume of Commodities

事業者名 Names of Railway Company	合計 Total	農水産品 Agricultural & Aquastic Products					林産品 Forestry Products	
		農産品			畜産品	水産品	木材	薪炭
		穀物 Cereals	野菜 Vegetables	その他 Others	Stock Products	Marine Products	Lumber	Firewood
	トン	トン	トン	トン	トン	トン	トン	トン
(貨)太平洋石炭販売輸送	476,760	0	0	0	0	0	0	0
(貨)岩手開発鉄道	2,255,832	0	0	0	0	0	0	0
(貨)仙台臨海鉄道	539,764	0	0	0	0	0	0	0
(貨)福島臨海鉄道	196,008	0	0	0	0	0	0	0
(貨)鹿島臨海鉄道	0	0	0	0	0	0	0	0
(貨)京葉臨海鉄道	1,335,936	0	0	0	0	0	0	0
(貨)神奈川臨海鉄道	893,743	0	0	0	0	0	0	0
(貨)西濃鉄道	649,332	0	0	0	0	0	0	0
(貨)名古屋臨海鉄道	728,311	0	0	0	0	0	0	0
(貨)衣浦臨海鉄道	287,687	0	0	0	0	0	0	0
その他の鉄道	3,285,659	0	0	149	0	0	507	0
合計(民鉄) Total (Local Rail)	10,649,032	0	0	149	0	0	507	0
日本貨物鉄道 JR Freight	8,769,751	0	0	0	0	0	0	0

資料　国土交通省鉄道局監修

輸送実績（平成26年）（FY2014）（その1）
Carried by Wagon Load Freight (No.1)

単位： トン(Unit: tons)

鉱産品 Mining Products					金属・機械工業品 Fabricated Metals Products & Machinery			
石炭 Coal	金属鉱 Metallic minerals	砂利 Gravel	石灰石 Limestone	その他 Others	鉄鋼 Iron & Steel	非鉄金属 Non-ferrous metals	金属製品 Metal Products	機械 Machinery
トン	トン	トン	トン	トン	トン	トン	トン	トン
476,760	0	0	0	0	0	0	0	0
0	0	0	2,255,832	0	0	0	0	0
0	0	0	0	0	8,670	0	0	48,286
0	177,384	0	0	0	0	0	18,624	0
0	0	0	0	0	0	0	0	0
0	0	0	0	0	0	125,306	0	800
0	0	0	0	0	0	0	0	0
0	0	0	649,332	0	0	0	0	0
0	0	0	726,057	0	0	0	0	0
0	0	0	0	133,980	0	0	0	0
187,720	0	2,012	2,008,040	0	0	0	11,496	10,280
664,480	177,384	2,012	5,639,261	133,980	8,670	125,306	30,120	59,366
167,960	188,820	1,920	649,332	0	36,831	0	0	867,836

（鉄道統計年報）

車扱貨物主要品目別

Volume of Commodities

事業者名 Names of Railway Company	化 学 工 業 品 Chemical Industrial Products						
	窯業品 Ceramics Products		石油製品 Petroleum Products	石炭製品 Coal Products	化学薬品 Chemicals	化学肥料 Chemical Fertilizers	その他 Others
	セメント Cement	その他 Others					
	トン	トン	トン	トン	トン	トン	トン
(貨)太平洋石炭販売輸送	0	0	0	0	0	0	0
(貨)岩手開発鉄道	0	0	0	0	0	0	0
(貨)仙台臨海鉄道	0	0	482,808	0	0	0	0
(貨)福島臨海鉄道	0	0	0	0	0	0	0
(貨)鹿島臨海鉄道	0	0	0	0	0	0	0
(貨)京葉臨海鉄道	0	0	1,209,830	0	0	0	0
(貨)神奈川臨海鉄道	0	0	807,795	0	0	0	0
(貨)西濃鉄道	0	0	0	0	0	0	0
(貨)名古屋臨海鉄道	0	0	0	0	0	0	0
(貨)衣浦臨海鉄道	0	0	0	0	0	0	147,245
その他の鉄道	780,254	130,152	1,123	0	0	0	143,329
総合計(民鉄) Total (Local Rail)	780,254	130,152	2,501,556	0	0	0	290,574
日本貨物鉄道 JR Freight	778,240	0	5,805,222	0	143,038	0	0
資 料	国土交通省鉄道局監修						

輸送実績（平成26年）（FY2014）（その２）
Carried by Wagon Load Freight (Continued No.2)

単位：トン (Unit: tons)

軽工業品 Light Manufacturing Products			雑工業品 Miscellaneous Products		特 殊 品 Special Products			分類不能
紙・パルプ Paper Pulp	繊維工業品 Textile Products	食料工業品 Food Stuff	日用品 Daily Necessities	その他 Others	金属屑 Metallic Scrap	動植物性飼料 Foodstuff & Fertilizers	その他 Others	Others
トン	トン	トン	トン	トン	トン	トン	トン	トン
0	0	0	0	0	0	0	0	0
0	0	0	0	0	0	0	0	0
0	0	0	0	0	0	0	0	0
0	0	0	0	0	0	0	0	0
0	0	0	0	0	0	0	0	0
0	0	0	0	0	0	0	0	0
0	0	0	0	0	0	0	85,948	0
0	0	0	0	0	0	0	0	0
0	0	0	0	0	0	0	0	2,254
0	0	0	0	0	0	0	0	6,462
0	0	0	148	0	0	0	3,627	6,822
0	0	0	148	0	0	0	89,575	15,538
0	0	0	0	0	0	0	130,552	0

（鉄道統計年報）

車扱貨物主要品目別
Volume of Commodities

事業者名 Names of Railway Company	合計 Total	農水産品 Agricultural & Aquastic Products					林産品 Forestry Products	
		農産品			畜産品 Stock Products	水産品 Marine Products	木材 Lumber	薪炭 Firewood
		穀物 Cereals	野菜 Vegetables	その他 Others				
	トン	トン	トン	トン	トン	トン	トン	トン
(貨)太平洋石炭販売輸送	275,760	0	0	0	0	0	0	0
(貨)岩手開発鉄道	2,058,156	0	0	0	0	0	0	0
(貨)仙台臨海鉄道	541,584	0	0	0	0	0	0	0
(貨)福島臨海鉄道	183,604	0	0	0	0	0	0	0
(貨)鹿島臨海鉄道	0	0	0	0	0	0	0	0
(貨)京葉臨海鉄道	1,315,918	0	0	0	0	0	0	0
(貨)神奈川臨海鉄道	972,636	0	0	0	0	0	0	0
(貨)西濃鉄道	626,042	0	0	0	0	0	0	0
(貨)名古屋臨海鉄道	704,727	0	0	0	0	0	0	0
(貨)衣浦臨海鉄道	297,070	0	0	0	0	0	0	0
その他の鉄道	2,994,271	0	0	110	0	0	875	0
合計(民鉄) Total (Local Rail)	9,969,768	0	0	110	0	0	875	0
日本貨物鉄道 JR Freight	8,660,999	0	0	0	0	0	0	0
資料	国土交通省鉄道局監修							

輸送実績（平成27年）（FY2015）（その１）
Carried by Wagon Load Freight (No.1)

単位：トン(Unit: tons)

鉱産品 Mining Products					金属・機械工業品 Fabricated Metals Products & Machinery			
石炭 Coal	金属鉱 Metallic minerals	砂利 Gravel	石灰石 Limestone	その他 Others	鉄鋼 Iron & Steel	非鉄金属 Non-ferrous metals	金属製品 Metal Products	機械 Machinery
トン	トン	トン	トン	トン	鉄鋼	トン	トン	トン
275,760	0	0	0	0	0	0	0	0
0	0	0	2,058,156	0	0	0	0	0
0	0	0	0	0	8,739	0	0	49,224
0	166,060	0	0	0	0	0	17,544	0
0	0	0	0	0	0	0	0	0
0	0	0	0	0	0	123,944	0	800
0	0	0	0	0	0	0	0	0
0	0	0	626,042	0	0	0	0	0
0	0	0	699,656	0	0	0	0	0
0	0	0	0	142,135	0	0	0	0
161,880	0	624	1,763,240	0	0	0	10,599	14,850
437,640	166,060	624	5,147,094	142,135	8,739	123,944	28,143	64,874
144,840	179,004	1,920	626,042	43	32,302	0	0	853,108

（鉄道統計年報）

車扱貨物主要品目別
Volume of Commodities

事業者名 Names of Railway Company	化学工業品 Chemical Industrial Products						
	窯業品 Ceramics Products		石油製品 Petroleum Products	石炭製品 Coal Products	化学薬品 Chemicals	化学肥料 Chemical Fertilizers	その他 Others
	セメント Cement トン	その他 Others トン	トン	トン	トン	トン	トン
(貨)太平洋石炭販売輸送	0	0	0	0	0	0	0
(貨)岩手開発鉄道	0	0	0	0	0	0	0
(貨)仙台臨海鉄道	0	0	483,621	0	0	0	0
(貨)福島臨海鉄道	0	0	0	0	0	0	0
(貨)鹿島臨海鉄道	0	0	0	0	0	0	0
(貨)京葉臨海鉄道	0	0	1,191,174	0	0	0	0
(貨)神奈川臨海鉄道	0	0	879,944	0	0	0	0
(貨)西濃鉄道	0	0	0	0	0	0	0
(貨)名古屋臨海鉄道	0	0	0	0	0	0	0
(貨)衣浦臨海鉄道	0	0	0	0	0	0	149,275
その他の鉄道	749,083	138,040	591	0	0	0	145,220
総合計(民鉄) Total (Local Rail)	749,083	138,040	2,555,330	0	0	0	294,495
日本貨物鉄道 JR Freight	746,624	0	5,794,100	0	144,976	0	0
資料	国土交通省鉄道局監修						

輸送実績（平成27年）(FY2015)（その2）

Carried by Wagon Load Freight (Continued No.2)

単位：トン (Unit: tons)

軽工業品 Light Manufacturing Products			雑工業品 Miscellaneous Products		特殊品 Special Products			分類不能 Others
紙・パルプ Paper Pulp	繊維工業品 Textile Products	食料工業品 Food Stuff	日用品 Daily Necessities	その他 Others	金属屑 Metallic Scrap	動植物性飼料 Foodstuff & Fertilizers	その他 Others	Others
トン	トン	トン	トン	トン	トン	トン	トン	トン
0	0	0	0	0	0	0	0	0
0	0	0	0	0	0	0	0	0
0	0	0	0	0	0	0	0	0
0	0	0	0	0	0	0	0	0
0	0	0	0	0	0	0	0	0
0	0	0	0	0	0	0	0	0
0	0	0	0	0	0	0	92,692	0
0	0	0	0	0	0	0	0	0
0	0	0	0	0	0	0	0	5,071
0	0	0	0	0	0	0	0	5,660
0	0	0	195	0	0	0	4,308	4,656
0	0	0	195	0	0	0	97,000	15,387
0	0	0	0	0	0	0	138,040	0

（鉄道統計年報）

貨物自動車
Tonnage Carried

年度 Fiscal Year	合計 Sum Total	営業用 Commercial use			
		計 Total	普通車 Ordinary Size	小型車 Small Size	特種用途車 Special Purpose Vehicles
35 (1960)	1,156,291	380,728	256,450	110,359	13,919
40 (1965)	2,193,195	664,227	462,599	130,591	71,037
45 (1970)	4,626,069	1,113,061	861,602	100,790	150,669
50 (1975)	4,392,859	1,251,482	1,023,632	57,146	170,704
55 (1980)	5,317,950	1,661,473	1,378,692	48,731	234,050
60 (1985)	5,048,048	1,891,937	1,612,536	45,571	233,830
2 (1990)	6,113,565	2,427,625	2,092,641	40,596	283,147
7 (1995)	6,016,571	2,647,067	2,216,118	33,608	383,551
12 (2000)	5,773,619	2,932,696	2,462,354	27,897	425,971
	(100.0)	(50.8)	(42.6)	(0.5)	(7.4)
17 (2005)	4,965,874	2,858,258	2,386,335	25,108	429,243
	(100.0)	(49.5)	(48.1)	(0.5)	(8.6)
20 (2008)	4,718,318	2,808,664	2,336,380	24,570	437,563
	(100.0)	(59.5)	(49.5)	(0.5)	(9.3)
21 (2009)	4,454,028	2,686,556	2,230,239	23,823	412,459
	(100.0)	(60.3)	(50.1)	(0.5)	(9.3)
22 (2010)	4,480,195	3,069,416	2,525,115	21,843	503,518
	(100.0)	(68.5)	(56.4)	(0.5)	(11.2)
23 (2011)	4,496,954	3,153,051	2,618,042	21,038	494,792
	(100.0)	(70.1)	(58.2)	(0.5)	(11.0)
24 (2012)	4,365,927	3,011,839	2,447,819	23,029	517,849
	(100.0)	(69.0)	(56.1)	(0.5)	(11.9)
25 (2013)	4,345,753	2,989,496	2,421,931	21,875	524,139
	(100.0)	(68.8)	(55.7)	(0.5)	(12.1)
26 (2014)	4,315,836	2,934,361	2,387,773	22,026	502,892
	(100.0)	(68.0)	(55.3)	(0.5)	(11.7)
27 (2015)	4,289,000	2,916,827	2,370,305	21,730	503,338
	(100.0)	(68.0)	(55.3)	(0.5)	(11.7)
28 (2016)	4,378,268	3,019,313	2,477,718	20,379	501,001
	(100.0)	(69.0)	(56.6)	(0.5)	(11.4)
資料	国土交通省総合政策局情報政策本部				

(注) 1. 区分は、凡例6参照
2. 特種用途車の輸送トン数は、タンク車・コンクリートミキサー車等の貨物輸送を目的とする車の輸送トン数のみである。
3. 昭和62年度より軽自動車を含む。平成22年度より自家用軽自動車を対象から除外した。

輸 送 ト ン 数
by Trucks

単位：千トン(Unit : Thousand tons)

自家用 Private use					
軽自動車 Light Motor Vehicles	計 Total	普通車 Ordinary Size	小型車 Small Size	特種用途車 Special Purpose Vehicles	軽自動車 Light Motor Vehicles
...	775,563	422,009	336,178	17,376	...
...	1,528,978	781,004	690,524	57,440	...
...	3,513,008	1,811,750	1,531,272	169,986	...
...	3,141,377	2,106,926	757,659	276,792	...
...	3,656,477	2,466,643	797,176	392,658	...
...	3,156,111	2,114,946	655,819	385,346	...
11,241	3,685,940	2,529,224	561,625	466,312	128,779
13,790	3,369,504	2,307,007	443,678	479,450	139,369
16,474	2,840,923	1,970,648	336,845	405,899	127,531
(0.3)	(49.2)	(34.1)	(5.8)	(7.0)	(2.2)
17,572	2,107,616	1,458,046	250,493	275,435	123,642
(0.4)	(42.4)	(29.4)	(5.0)	(5.5)	(2.5)
20,151	1,909,654	1,327,473	213,274	251,341	117,566
(0.4)	(40.5)	(28.1)	(4.5)	(5.3)	(2.5)
20,035	1,767,472	1,222,866	200,572	229,544	114,490
(0.4)	(39.7)	(27.5)	(4.5)	(5.2)	(2.6)
18,940	1,410,779	1,004,710	167,702	238,367	...
(0.4)	(31.5)	(22.4)	(3.7)	(5.3)	
19,179	1,343,904	936,655	182,059	225,189	...
(0.4)	(29.9)	(20.8)	(4.0)	(5.0)	
23,143	1,354,088	896,524	189,806	267,758	...
(0.5)	(31.0)	(20.5)	(4.3)	(6.1)	
21,551	1,356,256	898,140	184,146	273,971	...
(0.5)	(31.2)	(20.7)	(4.2)	(6.3)	
21,670	1,381,475	918,690	190,612	272,174	...
(0.5)	(32.0)	(21.3)	(4.4)	(6.3)	
21,454	1,372,174	913,769	188,278	270,127	...
(0.5)	(32.0)	(21.3)	(4.4)	(6.3)	
20,216	1,358,955	935,231	173,985	249,739	...
(0.5)	(31.0)	(21.4)	(4.0)	(5.7)	

情報政策課交通経済統計調査室 （自動車輸送統計年報）

4. 平成22年度の数値には、平成23年3月の北海道及び東北6県の数値を含まない。
5. 平成23年度の数値には、平成23年4月の北海道及び東北6県の数値を含まない。
6. 平成22年度調査報告より、調査方法及び集計方法を変更した。これにより、過去の数値とは連続しない。

貨物自動車
Tonnage－km

年度 Fiscal Year	合計 Sum Total	営業用 Commercial use			
		計 Total	普通車 Ordinary Size	小型車 Small Size	特種用途車 Special Purpose Vehicles
35 (1960)	20,801	9,639	8,220	1,128	291
40 (1965)	48,392	22,385	18,582	1,885	1,918
45 (1970)	135,916	67,330	61,222	1,774	4,335
50 (1975)	129,701	69,247	62,327	1,592	5,328
55 (1980)	178,901	103,541	93,046	1,469	8,999
60 (1985)	205,941	137,299	123,177	1,642	12,479
2 (1990)	274,244	194,221	172,834	1,391	19,575
7 (1995)	294,648	223,090	192,153	1,060	29,443
12 (2000)	313,118	255,533	217,398	928	36,686
	(100.0)	(81.6)	(69.4)	(0.3)	(11.7)
17 (2005)	334,979	290,773	243,193	908	46,059
	(100.0)	(86.8)	(72.6)	(0.3)	(13.7)
20 (2008)	346,420	302,816	250,812	954	50,326
	(100.0)	(87.4)	(72.4)	(0.3)	(14.5)
21 (2009)	334,667	293,227	242,658	949	48,913
	(100.0)	(87.6)	(72.5)	(0.3)	(14.6)
22 (2010)	243,150	213,288	171,365	663	40,804
	(100.0)	(87.7)	(70.5)	(0.3)	(16.8)
23 (2011)	231,061	202,441	164,007	605	37,372
	(113.1)	(99.1)	(80.3)	(0.3)	(18.3)
24 (2012)	209,956	180,336	140,293	626	38,945
	(102.8)	(88.3)	(68.7)	(0.3)	(19.1)
25 (2013)	214,092	184,840	146,336	612	37,412
	(104.8)	(86.3)	(68.4)	(0.3)	(17.5)
26 (2014)	210,008	181,160	143,611	607	36,502
	(102.8)	(86.3)	(68.4)	(0.3)	(17.4)
27 (2015)	204,316	175,981	140,121	582	34,855
	(100.0)	(86.1)	(68.6)	(0.3)	(17.1)
28 (2016)	210,316	180,810	146,547	538	33,307
	(100.0)	(86.0)	(69.7)	(0.3)	(15.8)

資料　国土交通省総合政策局情報政策本部

(注)1. 区分は、凡例6参照
2. 特種用途車の輸送トン数は、タンク車・コンクリートミキサー車等の貨物輸送を目的とする車の輸送トン数のみである。
3. 昭和62年度より軽自動車を含む。平成22年度より自家用軽自動車を対象から除外した。

輸送トンキロ
Carried by Trucks

単位：百万トンキロ(Unit :Millon Tons-km)

	自　家　用 Private use				
軽自動車 Light Motor Vehicles	計 Total	普通車 Ordinary Size	小型車 Small Size	特種用途車 Special Purpose Vehicles	軽自動車 Light Motor Vehicles
...	11,163	7,375	3,543	245	...
...	26,006	15,199	9,821	986	...
...	68,586	42,343	23,807	2,436	...
...	69,455	41,685	15,033	3,737	...
...	75,360	52,963	16,669	5,729	...
...	68,641	47,254	14,882	6,504	...
422	80,023	58,086	12,401	7,870	1,665
435	71,558	52,284	9,570	8,057	1,647
522 (0.2)	57,585 (18.4)	41,806 (13.4)	7,266 (2.3)	6,953 (2.2)	1,559 (0.5)
613 (0.2)	44,206 (13.2)	31,858 (9.5)	5,503 (1.6)	5,391 (1.6)	1,455 (0.4)
724 (0.2)	43,604 (12.6)	31,749 (9.2)	4,905 (1.4)	5,469 (1.6)	1,481 (0.4)
707 (0.2)	41,440 (12.4)	30,111 (9.0)	4,668 (1.4)	5,175 (1.5)	1,486 (0.4)
456 (0.2)	29,862 (12.3)	22,785 (9.4)	2,999 (1.2)	4,078 (1.7)	...
457 (0.2)	28,620 (14.0)	21,348 (10.4)	3,263 (1.6)	4,009 (2.0)	...
471 (0.2)	29,620 (14.5)	21,367 (10.5)	3,369 (1.6)	4,884 (2.4)	...
480 (0.2)	29,252 (13.7)	20,838 (9.7)	3,524 (1.6)	4,889 (2.3)	...
440 (0.2)	28,848 (13.7)	20,341 (9.7)	3,487 (1.7)	5,020 (2.4)	...
423 (0.2)	28,335 (13.9)	19,998 (9.8)	3,451 (1.7)	4,886 (2.4)	...
418 (0.2)	29,506 (14.0)	21,549 (10.2)	3,257 (1.5)	4,700 (2.2)	...

交通経済統計調査室（自動車輸送統計年報）

4. 平成6年度の数値には、平成7年1月〜3月の兵庫県の数値を含まない。
5. 平成22年度の数値には、平成23年3月の北海道及び東北6県の数値を含まない。
6. 平成23年度の数値には、平成23年4月の北海道及び東北6県の数値を含まない。
7. 平成22年度調査報告より、調査方法及び集計方法を変更した。これにより、過去の数値とは連続しない。

旅客自動車
Number of Passengers

年度 Fiscal Year	合計 Sum Total	計 Total	バス Bus 営業用 Commercial use		
			小計 Sub Total	乗合 Regular	貸切 Charter
35 (1960)	7,900,743	6,290,722	6,178,805	6,044,498	134,307
40 (1965)	14,863,470	10,557,428	10,028,983	9,862,056	166,927
45 (1970)	24,032,433	11,811,524	10,254,693	10,073,704	180,989
50 (1975)	28,411,450	10,730,770	9,293,477	9,118,868	174,609
55 (1980)	33,515,233	9,903,047	8,300,314	8,096,622	203,692
60 (1985)	34,678,904	8,780,339	7,229,794	6,997,602	232,192
2 (1990)	55,767,427	8,558,007	6,756,251	6,500,489	255,762
7 (1995)	61,271,653	7,619,016	6,005,172	5,756,231	248,941
12 (2000)	62,841,306	6,635,255	5,057,754	4,803,040	254,714
	(100.0)	(10.6)	(8.0)	(7.6)	(0.4)
17 (2005)	65,946,689	5,888,754	4,545,417	4,243,854	301,563
	(100.0)	(8.9)	(6.9)	(6.4)	(0.5)
18 (2006)	65,943,252	5,909,240	4,537,685	4,241,284	296,401
	(100.0)	(9.0)	(6.9)	(6.4)	(0.4)
19 (2007)	66,908,896	5,963,212	4,560,146	4,264,106	296,040
	(100.0)	(8.9)	(6.8)	(6.4)	(0.4)
20 (2008)	66,774,143	5,929,557	4,607,180	4,303,817	303,363
	(100.0)	(8.9)	(6.9)	(6.4)	(0.5)
21 (2009)	66,599,647	5,733,474	4,476,304	4,177,722	298,582
	(100.0)	(8.6)	(6.7)	(6.3)	(0.4)
22 (2010)	6,241,395	4,458,229	4,458,229	4,158,180	300,049
	(100.0)	(71.4)	(71.4)	(66.6)	(4.8)
23 (2011)	6,073,486	4,413,757	4,413,757	4,117,704	296,053
	(100.0)	(72.7)	(72.7)	(67.8)	(4.9)
24 (2012)	6,076,806	4,437,253	4,437,253	4,124,997	312,256
	(100.0)	(73.0)	(73.0)	(67.9)	(5.1)
25 (2013)	6,152,915	4,505,190	4,505,190	4,175,831	329,359
	(100.0)	(73.2)	(73.2)	(69.2)	(5.5)
26 (2014)	6,057,426	4,500,163	4,500,163	4,174,821	325,342
	(100.0)	(74.3)	(74.3)	(69.2)	(5.4)
27 (2015)	6,031,303	4,565,210	4,565,210	4,269,867	295,343
	(100.0)	(75.7)	(75.7)	(70.8)	(4.9)
28 (2016)	6,034,900	4,582,953	4,288,516	4,269,867	294,437
	(100.0)	(76.0)	(75.7)	(70.8)	(4.9)

資料　国土交通省総合政策局情報政策本部情報政策課

(注)1. 区分は、凡例6参照
　　2. 平成22年度調査報告より、調査方法及び集計方法が変更された(営業バスを除く)ため、過去の数値とは連続しない。
　　3. また平成22年度調査報告より、自家用乗用車、自家用貨物車及び軽自動車を調査対象から除外した。

輸 送 人 員
Carried by Motor Vehicles

単位：千人（Unit：Thousand Persons）

		乗　用　車 Passenger Car				自家用貨物車 Truck for Private use	
		営業用 Commercial Use	自　家　用 Private use		登録車 Motor Vehicles Registered	軽自動車 Light Motor Vehicles
自家用 Private Use	計 Total		登録車 Motor Vehicles Registered	軽自動車 Light Motor Vehicles		
111,917	1,610,021	1,205,255	404,766	…	…	…	…
528,445	4,306,042	2,626,631	1,679,411	…	…	…	…
1,556,831	12,220,909	4,288,853	7,932,056	…	…	…	…
1,437,293	17,680,680	3,220,221	14,460,459	…	…	…	…
1,602,733	23,612,186	3,426,567	20,185,619	…	…	…	…
1,550,545	25,898,565	3,256,748	22,641,817	…	…	…	…
1,801,756	36,203,558	3,223,166	30,847,009	2,133,383	3,454,128	7,551,734
1,613,844	43,054,973	2,758,386	35,018,454	5,278,133	3,133,874	7,463,790
1,577,501	47,937,071	2,433,069	36,505,013	8,998,989	2,484,914	5,784,066
(2.5)	(76.3)	(3.6)	(58.1)	(14.3)	(4.0)	(9.2)
1,343,337	52,722,207	2,217,361	37,358,034	13,146,812	2,083,356	5,252,372
(2.0)	(79.9)	(3.4)	(56.6)	(19.9)	(3.2)	(8.0)
1,371,555	52,764,906	2,208,933	36,570,098	13,985,875	2,021,509	5,247,597
(2.1)	(80.0)	(3.3)	(55.5)	(21.2)	(3.1)	(8.0)
1,403,066	53,729,659	2,137,352	36,625,025	14,967,282	2,003,807	5,212,218
(2.1)	(80.3)	(3.2)	(54.7)	(22.4)	(3.0)	(7.8)
1,322,377	53,826,529	2,024,813	36,024,555	15,777,161	1,906,546	5,111,511
(2.0)	(80.6)	(3.0)	(53.9)	(23.6)	(2.9)	(7.7)
1,257,170	54,171,896	1,948,325	35,724,780	16,498,791	1,769,573	4,924,704
(1.9)	(81.3)	(2.9)	(53.6)	(24.8)	(2.7)	(7.4)
…	1,783,166	1,783,166	…	…	…	…
	(28.6)	(28.6)				
…	1,659,729	1,659,729	…	…	…	…
	(27.3)	(27.3)				
…	1,639,553	1,639,553	…	…	…	…
	(27.0)	(27.0)				
…	1,647,725	1,647,725	…	…	…	…
	(26.8)	(26.8)				
…	1,557,263	1,557,263	…	…	…	…
	(25.7)	(25.7)				
…	1,466,093	1,466,093	…	…	…	…
	(24.3)	(24.3)				
…	1,451,947	1,451,947	…	…	…	…
	(24.1)	(24.1)				

交通経済統計調査室（自動車輸送統計年報）

4．平成23年3月及び4月の数値には、北海道運輸局及び東北運輸局の乗用車の数値を含まない。

旅客自動車
Passenger-Kilometers

年度 Fiscal Year		合計 Sum Total	バス Buses			
			計 Total	営業用 Commercial use		
				小計 Sub Total	乗合 Regular	貸切 Charter
35	(1960)	55,531	43,999	42,742	31,643	11,099
40	(1965)	120,756	80,134	73,371	53,495	19,876
45	(1970)	284,229	102,893	82,239	52,712	29,527
50	(1975)	360,867	110,063	80,110	47,505	32,605
55	(1980)	431,669	110,396	73,934	41,595	32,339
60	(1985)	489,261	104,898	70,848	33,752	37,096
2	(1990)	853,060	110,372	77,341	33,724	43,617
7	(1995)	917,420	97,288	73,911	30,635	43,276
12	(2000)	951,251	87,307	69,530	26,978	42,552
		(100.0)	(9.2)	(7.3)	(2.8)	(4.5)
17	(2005)	933,005	88,065	72,781	27,664	45,117
		(100.0)	(9.4)	(7.8)	(3.0)	(4.8)
20	(2008)	905,907	89,921	73,260	29,877	43,383
		(100.0)	(9.9)	(8.1)	(3.3)	(4.8)
21	(2009)	898,720	87,402	71,205	28,721	42,484
		(100.0)	(9.7)	(7.9)	(3.2)	(4.7)
22	(2010)	77,677	69,955	69,955	28,616	41,339
		(100.0)	(90.1)	(90.1)	(36.8)	(53.2)
23	(2011)	73,916	66,696	66,696	29,295	37,401
		(100.0)	(90.2)	(90.2)	(39.6)	(50.6)
24	(2012)	75,668	68,458	68,458	29,787	38,670
		(100.0)	(92.6)	(92.6)	(40.3)	(52.3)
25	(2013)	74,571	67,527	67,527	30,737	36,790
		(100.0)	(90.6)	(90.6)	(41.2)	(49.3)
26	(2014)	72,579	65,649	65,649	31,384	34,265
		(100.0)	(90.5)	(90.5)	(43.2)	(47.2)
27	(2015)	71,443	64,936	64,936	33,176	31,760
		(100.0)	(90.9)	(90.9)	(46.4)	(44.5)
28	(2016)	70,119	63,737	63,737	33,604	30,133
		(100.0)	(90.9)	(90.9)	(47.9)	(43.0)
資料		国土交通省総合政策局情報政策本部情報政策課				

(注) 1. 区分は、凡例6参照
 2. 平成6年度の数値には、平成7年1月〜3月の兵庫県の数値(営業バス等を除く)を含まない。
 3. 平成22年度の数値には、平成23年3月の北海道及び東北6県の数値(営業バスを除く)を含まない。

輸送人キロ
Carried by Motor Vehicles

単位：百万人キロ(Unit : Million Persons-km)

	乗用車 Passenger Car					自家用貨物車 Truck for Private use	
自家用 Private Use	計 Total	営業用 Commercial Use	自家用 Private use			登録車 Motor Vehicles Registered	軽自動車 Light Motor Vehicles
			登録車 Motor Vehicles Registered	軽自動車 Light Motor Vehicles			
1,257	11,532	5,162	6,370	...		...	...
6,763	40,622	11,216	29,406	...		...	...
20,655	181,335	19,311	162,024	...		...	...
29,953	250,804	15,572	235,232	...		...	...
36,462	321,272	16,243	305,030	...		...	...
34,050	384,363	15,763	368,600	...		...	...
33,031	575,506	15,639	536,773	23,094		74,659	92,523
23,377	664,625	13,796	594,712	56,117		73,887	81,620
17,777	741,148	12,052	630,958	98,138		59,431	63,366
(1.9)	(77.9)	(1.3)	(66.3)	(10.3)		(6.2)	(6.7)
15,284	737,621	11,485	587,657	138,479		49,742	57,576
(1.6)	(79.1)	(1.2)	(63.0)	(14.8)		(5.3)	(6.2)
16,661	713,146	10,572	542,304	160,271		46,910	55,930
(1.8)	(78.7)	(1.2)	(59.9)	(17.7)		(5.2)	(6.2)
16,197	711,670	10,155	533,499	168,016		44,594	55,054
(1.8)	(79.2)	(1.1)	(59.4)	(18.7)		(5.0)	(6.1)
...	7,723	7,723	...	...		...	...
	(9.9)	(9.9)					
...	7,221	7,221	...	...		...	...
	(9.8)	(9.8)					
...	7,210	7,210	...	...		...	...
	(9.8)	(9.8)					
...	7,044	7,044	...	...		...	...
	(9.4)	(9.4)					
...	6,930	6,930	...	...		...	...
	(9.5)	(9.5)					
...	6,508	6,508	...	...		...	...
	(9.1)	(9.1)					
...	6,382	6,382	...	...		...	...
	(9.1)	(9.1)					

交通経済統計調査室(自動車輸送統計年報)

4. 平成23年度の数値には、平成23年4月の北海道及び東北6県の数値(営業バスを除く)を含まない。
5. 平成22年度調査報告より、調査方法及び集計方法が変更された(営業バスを除く)ため、過去の数値とは連続しない。
6. また平成22年度調査報告より、自家用乗用車、自家用貨物車及び軽自動車を調査対象から除外した。

貨 物 自 動 車
Kilometric

年度 Fiscal Year		合計 Sum Total	営 業 用 Commercial use			
			計 Total	普通車 Ordinary Size	小型車 Small Size	特種用途車 Special Purpose Vehicles
35	(1960)	17,444,933	4,377,352	2,594,799	1,645,495	137,058
40	(1965)	44,563,004	8,465,056	5,490,557	2,384,655	589,844
45	(1970)	100,040,408	15,592,167	12,014,742	2,416,837	1,160,588
50	(1975)	104,859,125	17,921,607	14,190,159	2,141,192	1,590,256
55	(1980)	141,546,599	26,882,697	21,518,271	2,347,225	3,017,201
60	(1985)	136,533,450	34,682,364	28,083,552	2,627,023	3,971,789
2	(1990)	255,871,744	51,187,877	39,732,101	2,619,838	6,106,860
4	(1992)	265,413,748	57,570,962	44,265,717	2,534,411	7,570,053
5	(1993)	263,789,626	58,505,390	44,544,043	2,450,127	8,207,734
6	(1994)	261,983,757	60,861,674	46,372,890	2,399,312	8,768,095
7	(1995)	267,128,018	63,869,017	48,538,375	2,397,843	9,405,178
8	(1996)	266,933,939	66,912,253	50,614,305	2,347,792	10,172,555
9	(1997)	262,139,616	67,991,480	51,162,075	2,290,343	10,503,249
10	(1998)	256,983,368	67,361,934	49,917,046	2,249,774	11,058,190
11	(1999)	256,923,438	69,960,511	51,588,499	2,251,207	11,801,660
12	(2000)	260,845,895	73,695,464	54,226,378	2,269,089	12,708,270
13	(2001)	257,636,405	73,970,165	54,162,746	2,279,034	12,902,533
14	(2002)	254,968,397	75,446,623	54,485,295	2,241,181	13,925,927
15	(2003)	257,000,116	77,917,007	56,328,878	2,243,361	14,325,205
16	(2004)	248,727,595	76,813,845	55,159,919	2,102,562	14,344,153
17	(2005)	242,090,907	76,232,797	54,644,511	2,107,513	14,075,769
18	(2006)	241,849,170	78,604,008	55,879,308	2,139,360	15,084,707
19	(2007)	241,881,478	80,076,237	56,618,368	2,169,794	15,483,116
20	(2008)	236,475,569	78,246,206	54,653,167	2,129,823	15,364,934
21	(2009)	228,133,659	75,629,532	52,265,327	2,110,601	15,111,363
22	(2010)	184,514,054	68,542,308	46,575,347	2,031,095	13,848,218
23	(2011)	179,833,948	66,610,219	45,221,330	1,885,032	13,657,415
24	(2012)	198,993,040	60,979,140	39,488,734	1,872,090	13,514,860
25	(2013)	205,824,603	65,776,755	44,118,694	1,845,255	14,089,279
26	(2014)	205,685,592	65,645,677	43,923,721	1,790,283	14,233,437
27	(2015)	203,592,279	65,936,287	44,056,488	1,815,664	14,426,436
28	(2016)	200,568,290	65,392,633	43,744,261	1,732,178	14,286,805
資 料		国土交通省総合政策局情報政策本部情報政策課交通経済統計調査室				

(注) 1. 区分は、凡例6参照
  2. 特種用途車の輸送トン数は、タンク車・コンクリートミキサー車等の貨物輸送を目的とする車の走行キロ
   のみである。
  3. 平成6年度の数値には、平成7年1月～3月の兵庫県の数値を含まない。
  4. 平成22年度の数値には、平成23年3月の北海道及び東北6県の数値を含まない。
  5. 平成23年度の数値には、平成23年4月の北海道及び東北6県の数値を含まない。

走行キロ
Performance by Trucks

単位：千キロ(Unit : Thousand km)

	自　家　用　Private use				
軽自動車 Light Motor Vehicles	計 Total	普通車 Ordinary Size	小型車 Small Size	特種用途車 Special Purpose Vehicles	軽自動車 Light Motor Vehicles
...	13,067,581	3,673,150	9,250,417	144,014	...
...	36,097,948	6,378,969	29,346,590	372,389	...
...	84,448,241	15,491,848	68,163,358	793,035	...
...	86,937,518	14,730,938	70,515,944	1,690,636	...
...	114,663,902	20,163,657	91,508,840	2,991,405	...
...	111,851,086	20,787,990	87,216,192	3,846,904	...
2,729,078	204,683,867	27,148,708	89,789,012	5,139,466	82,606,681
3,200,781	207,842,786	29,189,146	89,355,598	6,189,743	83,108,299
3,303,486	205,284,236	28,521,854	88,118,303	6,368,206	82,275,873
3,321,377	201,122,083	29,309,919	84,470,638	6,404,989	80,936,537
3,527,621	203,259,001	29,907,983	85,526,055	6,818,600	81,006,363
3,777,601	200,021,686	30,420,688	84,058,768	6,882,292	78,659,938
4,035,813	194,148,136	29,698,803	82,095,714	6,719,967	75,633,652
4,136,924	189,621,434	29,280,260	80,314,301	6,921,967	73,104,906
4,319,145	186,962,927	29,039,580	79,163,077	7,290,910	71,469,360
4,491,727	187,150,431	28,797,198	79,940,123	7,991,047	70,422,063
4,625,852	183,666,240	28,532,666	78,949,838	7,384,627	68,799,109
4,794,220	179,521,774	27,641,834	77,002,127	7,312,287	67,565,526
5,019,563	179,083,109	27,284,305	75,828,723	7,366,721	68,603,360
5,207,211	171,913,750	26,061,838	69,940,994	6,801,215	69,109,703
5,404,004	165,858,110	24,962,312	66,162,139	6,349,014	68,384,645
5,500,633	163,245,162	24,874,048	64,057,104	6,405,472	67,908,538
5,804,959	161,805,241	24,890,610	62,945,327	6,392,658	67,576,646
6,098,282	158,229,363	24,292,351	60,510,432	6,212,412	67,214,168
6,142,241	152,504,127	22,968,937	57,224,544	6,070,941	66,239,705
6,087,648	115,971,746	17,809,207	23,461,578	6,594,275	68,106,686
5,846,442	113,223,729	16,288,454	24,062,704	6,415,012	66,457,559
6,103,456	138,013,900	15,905,406	44,700,623	6,826,890	70,580,981
5,723,527	140,047,848	17,057,716	44,231,227	7,061,787	71,697,118
5,698,236	140,039,915	17,021,649	43,955,232	7,037,031	72,026,003
5,637,699	137,655,992	17,253,393	43,123,408	7,040,634	70,238,557
5,629,389	135,175,657	17,215,971	40,363,669	6,894,403	70,701,614

（自動車輸送統計年報(平成21年度まで)、自動車燃料消費量調査年報(平成22年度より)）

6. 平成22年度調査報告より、調査方法及び集計方法が変更されたため、自動車燃料消費量統計年報によることとし
　これにより、過去の数値とは連続しない。
7. また、原典資料の章表事項の区分が従前と異なるため、他区分の車種を含むものがある。
　　　a) 営業用普通車には、その他LPG車及びCNG車を含む。
　　　b) 営業用小型車には、ガソリン貨物車の普通・小型・特種車を含む。
　　　c) 自家用特種用途車には、軽油　自家用旅客車の特種車(非貨物)を含む。

旅 客 自 動 車
Kilometric Performance of

| 年度 Fiscal Year | 合計 Sum Total | 計 Total | バス Buses |||
| | | | 営業用 Commercial use |||
			小計 Sub Total	乗合 Regular	貸切 Charter
35 (1960)	10,719,059	1,994,286	1,945,846	1,680,671	265,175
40 (1965)	37,592,220	3,589,909	3,147,759	2,636,126	511,633
45 (1970)	125,976,450	5,394,083	3,674,183	2,935,122	739,061
50 (1975)	181,485,963	5,450,609	3,622,637	2,878,520	744,177
55 (1980)	247,505,112	6,045,821	3,890,181	2,909,759	980,422
60 (1985)	281,908,270	6,351,738	4,115,063	2,879,928	1,235,135
2 (1990)	577,393,157	7,111,973	4,609,701	3,038,390	1,571,311
7 (1995)	656,414,264	6,767,953	4,530,987	2,955,635	1,575,352
12 (2000)	702,027,937	6,619,057	4,525,797	2,896,959	1,628,838
17 (2005)	692,645,814	6,650,213	4,744,596	3,015,339	1,729,257
18 (2006)	684,009,233	6,655,014	4,722,046	3,013,347	1,708,699
19 (2007)	683,552,611	6,726,651	4,733,167	3,034,001	1,699,166
20 (2008)	668,623,174	6,567,880	4,743,498	3,046,438	1,697,060
21 (2009)	670,378,561	6,549,406	4,720,338	3,042,916	1,677,422
22 (2010)	625,103,916	6,156,261	4,661,356	…	…
23 (2011)	630,473,369	5,983,838	4,536,321	…	…
24 (2012)	657,737,317	6,027,338	4,604,710	…	…
25 (2013)	652,220,634	5,974,883	4,592,692	…	…
26 (2014)	646,962,736	5,921,132	4,576,650	…	…
27 (2015)	649,746,545	5,851,272	4,510,808	…	…
28 (2016)	659,078,058	5,709,074	4,415,432	…	…
資料			国土交通省総合政策局情報政策本部情報政策課		

(注)1. 区分は、凡例6参照
    2. 平成6年度の数値には、平成7年1月～3月の兵庫県の数値(営業バス等を除く)を含まない。
    3. 平成22年度の数値には、平成23年3月の北海道及び東北6県の数値を含まない(営業用バスを除く)。
    4. 平成23年度の数値には、平成23年4月の北海道及び東北6県の数値を含まない(営業用バスを除く)。

走行キロ
Passenger Motor Vehicles

単位：千キロ(Unit : Thousand km)

	乗　用　車 Passenger Car				自家用貨物車 Truck for Private use	
自家用 Private Use	計 Total	営業用 Commercial Use	自　家　用 Private use		登録車 Motor Vehicles Registered	軽自動車 Light Motor Vehicles
			登録車 Motor Vehicles Registered	軽自動車 Light Motor Vehicles		
48,440	8,724,773	4,591,153	4,133,620	...	...	...
442,150	34,002,311	11,721,007	22,281,304	...	...	...
1,719,900	120,582,367	19,873,243	100,709,124	...	...	...
1,827,972	176,035,354	17,514,938	158,520,416	...	...	...
2,155,640	241,459,291	19,328,451	222,130,840	...	...	...
2,236,675	275,556,532	19,248,953	256,307,579	...	...	...
2,502,272	365,597,317	19,348,051	330,968,483	15,280,783	122,077,186	82,606,681
2,236,966	446,387,310	18,018,027	388,983,003	39,386,280	122,252,638	81,006,363
2,093,260	508,258,449	16,429,964	421,773,936	70,054,549	116,728,368	70,422,063
1,905,617	520,137,491	15,262,520	402,274,026	102,600,945	97,473,465	68,384,645
1,932,968	514,109,057	15,199,604	390,188,765	108,720,688	95,336,624	67,908,538
1,993,484	515,020,719	14,854,303	383,724,767	116,441,649	94,228,595	67,576,646
1,824,382	503,825,931	14,264,090	368,235,237	121,326,604	91,015,195	67,214,168
1,829,068	511,325,028	13,820,623	368,919,122	128,585,283	86,264,422	66,239,705
1,494,905	486,214,356	12,493,827	338,703,248	135,017,281	64,626,613	68,106,686
1,447,517	494,781,013	12,493,827	346,239,377	136,047,809	63,250,959	66,457,559
1,422,628	516,529,739	11,216,610	354,007,872	151,305,257	64,599,259	70,580,981
1,382,191	509,146,049	11,088,906	347,803,341	150,253,802	65,402,584	71,697,118
1,344,482	503,916,836	10,836,977	336,331,559	156,748,300	65,098,765	72,026,003
1,340,464	509,194,506	10,477,152	338,110,776	160,606,578	64,462,210	70,238,557
1,293,642	521,039,931	9,879,223	341,511,337	169,649,371	61,627,439	70,701,614

交通経済統計調査室　（自動車輸送統計年報（平成21年度まで）、自動車燃料消費量調査年報（平成22年度より））

5 平成22年度調査報告より、調査方法及び集計方法が変更されたため、自動車燃料消費量統計年報によることとした。これにより、過去の数値とは連続しない。
6. また、原典資料の章表事項の区分が従前と異なるため、他区分の車種を含むものがある。
　　　・乗用車のうち自家用登録車は、旅客の普通車、小型車、乗用車（ハイブリッド）による。

自動車貨物品目別輸送トン数（平成26年度）
Tonnage of Items Carried by Trucks

単位：千トン (Unit：Thousand tons)

品　目　Items	合計 Sum Total	平成26年度(FY 2014) 営業用 Business use 計 Total	普通車 Ordinary Size	小型車 Small Size	特殊用途車 Special	軽自動車 Light Motor	自家用 Private use 計 Total	普通車 Ordinary Size	小型車 Small Size	特殊用途車 Special
合　　　　計 Sum Total	4,315,836	2,934,361	2,387,773	22,026	502,893	21,670	1,381,475	918,690	190,611	272,175
穀　　　物 Cereals	40,824	28,124	23,863	307	3,705	249	12,700	5,727	5,730	1,243
野菜・果物 Vegetables, Fruit	63,525	44,314	23,832	128	20,084	270	19,211	7,920	9,044	2,248
その他の農産物 Other Crops	24,768	15,536	10,533	127	4,778	98	9,232	3,962	3,225	2,045
畜産品 Stock Products	43,617	31,931	12,392	14	19,415	111	11,686	5,220	1,232	5,235
水産品 Maline Products	35,834	28,333	10,325	73	17,804	132	7,502	3,103	1,547	2,852
木材 Lumber	129,790	82,048	80,525	772	717	35	47,741	38,804	8,847	91
薪炭 Firewood	933	797	710	0	13	75	136	61	75	0
石炭 Coal	29,166	28,825	28,677	0	73	75	340	340	0	0
金属鉱 Metallic minarals	12,191	12,021	11,958	2	60	0	170	161	9	0
砂利・砂・石材 Gravel,Sands,Stones	600,012	225,028	223,687	313	997	30	374,985	340,689	34,034	262
工業用非金属鉱物 Non-ferrous Metals & Minerals	58,308	34,749	27,615	31	7,103	0	23,559	20,783	1,203	1,574
鉄鋼 Iron & Steel	168,444	142,500	141,676	204	606	14	25,945	21,422	4,523	0
非鉄金属 Non-ferrous Metals & Products	26,587	21,095	20,369	365	212	149	5,492	3,155	2,337	0
金属製品 Metal Products	159,060	116,834	114,901	683	985	265	42,226	27,678	14,486	61
機械 Machinery	277,847	212,368	207,437	634	3,879	417	65,479	55,454	10,020	5
セメント Cement	66,665	52,354	13,102	92	39,159	1	14,311	4,920	2,214	7,177
その他の窯業品 Other Ceramics	270,801	115,327	65,446	645	49,234	2	155,474	14,213	6,991	134,271
揮発油 Gasoline	59,077	56,699	32,437	0	24,248	15	2,378	652	69	1,657
重油 Heavy Oil	16,343	11,349	1,647	3	9,699	0	4,994	107	111	4,776
その他の石油 Other petroleum	76,048	56,505	26,751	135	29,389	231	19,543	914	1,531	17,097
その他の石油製品 Other Petroleum-Products	56,690	33,145	19,734	795	12,597	20	23,545	14,843	7,083	1,618
コークス・その他の石炭製品 Coke,Others Coal Products	6,715	6,519	5,786	0	733	0	197	183	14	0
化学薬品 Chemicals	34,962	30,872	14,997	283	15,544	47	4,090	1,046	1,506	1,539
化学肥料 Chemical Fertilizers	13,306	10,422	8,379	508	1,194	341	2,884	1,252	1,580	51
染料・塗料その他の化学工業品 Dyes,Paints,Others Chemicals	95,713	83,358	69,745	1,135	11,665	812	12,355	6,181	5,690	484
紙・パルプ Paper,Pulp	111,311	96,063	91,316	1,082	3,227	437	15,249	8,963	3,148	3,138
繊維工業品 Textile Products	24,175	18,254	16,605	378	885	387	5,920	4,097	1,815	9
食料工業品 Foodstuff	369,706	328,815	207,001	1,932	119,370	512	40,891	22,813	8,309	9,769
日用品 Daily Necessities	224,821	211,520	184,144	3,762	18,710	4,904	13,301	7,093	5,988	220
ゴム製品・木製品・その他の製造工業品 Rubber,Wood Products	57,135	46,830	43,669	654	2,289	218	10,304	5,594	4,685	25
金属くず Metallic Scraps	64,682	22,687	22,415	216	23	33	41,994	40,067	1,615	313
その他のくずもの Others Scraps	63,472	22,738	15,753	930	5,617	438	40,734	22,019	5,073	13,642
動植物性飼肥料 Foodstuff & Fertilizers	63,571	42,378	25,216	449	16,623	90	21,193	10,719	7,785	2,689
廃棄物 Scrap Waste	447,887	152,343	136,782	373	15,120	68	295,544	211,523	26,330	57,691
輸送用容器 Transport Containers	61,646	55,017	52,749	157	2,025	86	6,628	4,214	2,159	255
取り合わせ品 Parcels & Other Products	460,204	456,663	395,596	4,845	45,113	11,109	3,541	2,798	606	136
分類不能のもの Others	0	0	0	0	0	0	0	0	0	0
資料		国土交通省総合政策局情報政策本部情報政策課交通統計室(自動車輸送統計年報)								

注 1. 平成22年度の数値には、平成23年3月の北海道及び東北6県の数値を含まない。
　 2. 平成22年度調査報告書より、調査方法及び集計方法を変更した。特に自家用軽自動車を対象から除外した。
　　これにより、過去の数値とは連続しない。

自動車貨物品目別輸送トン数（平成27年度）
Tonnage of Items Carried by Trucks

単位：千トン（Unit：Thousand tons）

品目 Items		合計 Sum Total	営業用 Business use					自家用 Private use			
			計 Total	普通車 Ordinary Size	小型車 Small Size	特殊用途車 Special	軽自動車 Light Motor	計 Total	普通車 Ordinary Size	小型車 Small Size	特殊用途車 Special
合 計	Sum Total	4,289,000	2,916,827	2,370,305	21,730	503,338	21,454	1,372,174	913,769	188,278	270,127
穀 物	Cereals	34,746	25,935	21,701	373	3,608	253	8,811	4,703	3,948	161
野菜・果物	Vegetables, Fruit	65,936	45,619	20,466	170	24,790	193	20,317	9,073	8,715	2,530
その他の農産物	Other Crops	23,111	15,511	9,393	63	5,907	148	7,600	4,174	2,762	664
畜産品	Stock Products	48,671	38,203	17,767	6	20,044	386	10,468	3,852	846	5,770
水産品	Marine Products	42,899	34,646	9,750	23	24,658	215	8,254	4,388	1,513	2,352
木材	Lumber	129,544	77,604	75,758	1,111	654	81	51,939	41,424	10,247	268
薪炭	Firewood	1,045	542	453	7	14	67	503	225	279	0
石炭	Coal	17,436	17,200	17,199	1	0	0	236	236	0	0
金属鉱	Metallic minerals	8,974	7,918	7,830	76	11	0	1,056	1,003	53	0
砂利・砂・石材	Gravel, Sands, Stones	520,781	191,593	191,137	233	224	0	329,187	296,302	32,599	286
工業用非金属鉱物	Non-ferrous Metals & Minerals	49,268	36,370	30,654	30	5,686	0	12,899	8,715	2,887	1,296
鉄鋼	Iron & Steel	158,726	134,453	133,976	157	318	3	24,273	20,433	3,840	0
非鉄金属	Non-ferrous Metals & Products	23,577	18,653	17,699	302	631	21	4,924	3,546	1,375	4
金属製品	Metal Products	129,144	87,784	85,211	822	1,533	217	41,360	26,459	14,824	77
輸送用機械	Transportation Machinery	60,754	37,421	37,145	18	252	7	23,333	22,488	809	36
輸送用機械部品	Parts for Transportation Machinery	159,059	144,183	141,396	639	1,562	585	14,876	10,832	4,043	1
その他の機械	Other Machinery	150,010	92,924	90,510	595	1,610	209	57,086	46,245	10,824	18
セメント	Cement	51,554	41,120	11,568	53	29,500	0	10,434	1,378	1,700	7,356
その他の窯業品	Other Ceramics	256,950	108,185	52,898	371	54,914	2	148,765	16,756	6,470	125,539
揮発油	Gasoline	30,445	29,217	23,314	0	5,904	0	1,228	6	48	1,174
重油	Heavy Oil	10,889	7,982	2,457	0	5,524	0	2,907	0	27	2,880
その他の石油	Other Petroleum	63,485	41,757	26,194	234	15,326	3	21,728	823	1,693	19,212
その他の石油製品	Other Petroleum-Products	31,978	15,764	14,855	18	891	0	16,214	13,980	2,063	171
LPG及びその他のガス	LPG Gas and Other Gas	26,247	13,038	5,214	805	6,969	50	13,209	5,864	5,224	2,120
コークス・その他の石炭製品	Coke, Others Coal Products	5,907	5,596	5,408	59	128	0	311	275	26	10
化学薬品	Chemicals	39,153	35,250	15,379	97	19,772	2	3,903	1,587	1,509	806
化学肥料	Chemical Fertilizers	10,909	7,579	6,447	564	454	114	3,329	811	2,449	70
染料・塗料その他の科学工業品	Dyes, Paints, Others Chemicals	106,668	94,068	79,756	725	12,934	653	12,601	6,516	5,647	438
紙・パルプ	Paper, Pulp	118,275	99,847	93,705	1,005	4,761	376	18,428	11,568	3,068	3,791
繊維工業品	Textile Products	17,169	12,249	11,281	289	476	204	4,919	3,563	1,348	8
製造食品	Food Products	200,271	184,122	79,995	310	102,739	1,078	16,149	6,127	2,310	7,712
食料工業品	Foodstuff	235,416	205,883	155,857	1,476	48,162	388	29,534	18,912	6,798	3,824
日用品	Daily Necessities	239,923	225,891	203,782	3,806	13,756	4,547	14,032	7,949	5,848	235
ゴム製品・木製品・その他の製造工業品	Rubber, Wood Products	40,563	30,599	26,409	512	3,228	449	9,964	4,179	3,391	2,394
金属くず	Metallic Scraps	60,475	23,930	23,739	58	131	2	36,545	35,236	1,204	105
その他のくずもの	Others Scraps	60,689	18,463	12,655	998	4,653	156	42,226	23,704	5,318	13,204
動植物性製造飼・肥料	Foodstuff & Fertilizers	74,650	53,550	33,675	516	19,308	51	21,100	14,021	4,765	2,314
廃棄物	Scrap Waste	256,966	80,077	60,613	523	18,689	253	176,889	102,046	11,965	62,877
廃土砂	Waste mixed with Soil and Sands	240,852	97,210	97,056	127	27	0	143,642	129,248	14,384	10
輸送用容器	Transport Containers	64,015	59,094	55,367	132	3,585	9	4,921	3,541	1,021	360
取合せ品	Parcels & Other Products	421,869	419,796	364,635	4,426	40,005	10,729	2,073	1,584	436	53
分類不能のもの	Others	0	0	0	0	0	0	0	0	0	0

資料　国土交通省総合政策局情報政策本部情報政策課交通統計室（自動車輸送統計年報）

注1．平成27年4月より品目分類が見直された（凡例9を参照）。

自動車貨物品目別輸送トン数（平成28年度）
Tonnage of Items Carried by Trucks

単位：千トン（Unit：Thousand tons）

品目 Items	合計 Sum Total	営業用 Business use 計 Total	普通車 Ordinary Size	小型車 Small Size	特殊用途車 Special	軽自動車 Light Motor	自家用 Private use 計 Total	普通車 Ordinary Size	小型車 Small Size	特殊用途車 Special
合計 Sum Total	4,378,268	3,019,313	2,477,718	20,379	501,001	20,216	1,358,955	935,231	173,985	249,739
穀物 Cereals	43,851	31,049	25,367	355	5,112	215	12,802	5,324	7,073	405
野菜・果物 Vegetables, Fruit	60,905	42,439	18,714	319	22,983	423	18,465	8,803	7,169	2,493
その他の農産物 Other Crops	24,972	18,002	14,561	122	3,252	67	6,970	3,511	2,769	690
畜産品 Stock Products	45,422	31,242	11,777	2	19,228	235	14,180	8,101	1,075	5,004
水産品 Maline Products	46,825	37,218	6,525	134	30,352	207	9,607	5,848	1,554	2,206
木材 Lumber	136,200	89,145	86,935	835	1,314	61	47,055	39,740	7,105	209
薪炭 Firewood	659	531	390	6	75	61	128	51	77	0
石炭 Coal	23,726	23,606	23,442	100	63	1	121	107	4	10
金属鉱 Metallic minarals	10,285	9,978	9,885	17	1	75	307	270	37	0
砂利・砂・石材 Gravel,Sands,Stones	549,298	201,328	200,378	189	762	0	347,970	319,027	28,836	107
工業用非金属鉱物他 Non-ferrous Metals & Minerals	50,128	29,203	26,994	46	2,146	17	20,925	16,902	1,778	2,245
鉄鋼 Iron & Steel	171,935	141,428	140,696	478	228	27	30,506	26,656	3,850	0
非鉄金属 Non-ferrous Metals & Products	27,933	21,201	20,351	175	445	230	6,732	4,650	2,081	1
金属製品 Metal Products	117,100	78,713	76,463	506	1,510	234	38,387	26,405	11,907	75
輸送用機械 Transportation Machinery	55,163	30,608	30,064	63	458	23	24,556	23,881	672	2
輸送用機械部品 Parts for Transportation Machinery	162,453	151,898	149,944	513	890	551	10,555	7,945	2,609	1
その他の機械 Other Machinery	139,555	94,071	92,481	419	1,003	167	45,484	36,021	9,449	14
セメント Cement	48,046	34,433	6,162	14	28,258	0	13,613	2,090	1,369	10,155
その他の窯業品 Other Ceramics	228,937	93,851	52,085	412	41,322	32	135,087	15,703	5,858	113,526
揮発油 Gasoline	23,567	23,168	13,666	0	9,502	0	398	21	83	294
重油 Heavy Oil	10,449	6,404	218	14	6,173	0	4,045	0	334	3,711
その他の石油 Other Petroleum	69,074	52,324	29,035	125	23,101	64	16,749	262	1,825	14,663
その他の石油製品 Other Petroleum-Products	30,260	15,993	13,052	26	2,915	0	14,267	11,865	2,211	191
LPG及びその他のガス LPG Gas and Other Gas	28,139	16,614	6,169	752	9,649	44	11,525	4,412	5,103	2,010
コークス・その他の石炭製品 Coke,Others Coal Products	6,074	5,972	5,323	9	640	0	102	43	4	55
化学薬品 Chemicals	36,112	32,147	13,711	72	18,302	62	3,965	863	1,043	2,060
化学肥料 Chemical Fertilizers	12,769	10,063	8,949	398	548	168	2,705	1,048	1,640	17
染料・塗料その他の科学工業品 Dyes,Paints,Others Chemicals	93,334	82,310	67,520	772	13,087	931	11,024	5,709	4,904	411
紙・パルプ Paper,Pulp	133,813	119,375	115,531	907	2,466	472	14,438	7,822	2,735	3,881
繊維工業品 Textile Products	16,497	11,647	11,253	216	122	56	4,849	3,689	1,148	12
製造食品 Food Products	231,665	215,492	98,342	397	115,615	1,137	16,174	6,096	2,482	7,595
食料工業品 Foodstuff	253,757	228,462	172,705	1,401	53,819	537	25,295	17,409	4,866	3,021
日用品 Daily Necessities	295,937	281,503	260,042	4,314	11,810	5,337	14,434	9,005	4,994	435
ゴム製品・木製品・その他の製造工業品 Rubber,Wood Products	48,247	38,263	36,704	254	891	413	9,984	4,947	3,303	1,734
金属くず Metallic Scraps	52,124	22,780	22,577	72	131	1	29,344	28,177	1,077	90
その他のくずもの Others Scraps	55,647	15,978	11,197	732	3,641	409	39,668	23,660	4,846	11,162
動植物性製造飼・肥料 Foodstuff & Fertilizers	66,920	44,122	32,011	407	11,664	40	22,798	14,744	4,887	3,167
廃棄物 Scrap Waste	226,385	67,551	48,337	458	18,515	241	158,834	91,520	10,721	56,592
廃土砂 Waste mixed with Soil and Sands	270,625	101,889	101,795	94	0	0	168,736	148,303	19,483	950
輸送用容器 Transport Containers	53,762	48,550	45,633	137	2,779	2	5,212	3,795	922	495
取合せ品 Parcels & Other Products	419,719	418,759	370,735	4,118	36,231	7,675	960	809	101	49
分類不能のもの Others	0	0	0	0	0	0	0	0	0	0

資料　国土交通省総合政策局情報政策本部情報政策課交通統計室（自動車輸送統計年報）

注 1. 平成27年4月より品目分類が見直された（凡例9を参照）。

国内定期航空輸送実績（その１）
Performance of Domestic Scheduled Air Services

幹線＋ローカル線（Trunk lines + Local lines）

年度 Fiscal Year	運航キロ Operation KM ×1,000	座席キロ Seat KM ×1,000,000	旅客数 Number of Passenger ×1,000	人キロ Passenger KM ×1,000,000	貨物重量 Tonnages of Cargo	貨物トンキロ Cargo Ton KM ×1,000
35 (1960)	21,580	1,029	1,256	734	9,031	5,684
40 (1965)	68,087	4,954	5,146	2,939	33,327	21,001
45 (1970)	128,516	12,353	15,427	9,314	116,373	73,731
50 (1975)	173,697	31,315	25,445	19,137	190,351	151,556
55 (1980)	221,336	45,840	40,424	29,686	328,718	289,612
60 (1985)	231,480	55,807	43,776	33,118	538,042	482,353
2 (1990)	267,189	69,509	64,466	50,909	684,671	629,383
7 (1995)	384,636	107,078	78,101	65,012	790,790	761,927
12 (2000)	483,351	126,072	92,873	79,698	929,837	905,732
17 (2005)	531,879	129,420	94,490	83,220	889,607	877,372
18 (2006)	r 560,114	133,166	96,971	85,746	r 934,114	r 923,000
19 (2007)	r 559,334	r 131,452	r 94,849	r 84,327	r 951,618	r 946,619
20 (2008)	549,124	126,228	90,662	80,931	995,889	1,006,780
21 (2009)	546,273	121,796	83,872	75,203	959,608	980,226
22 (2010)	r 546,136	r 115,697	r 82,211	r 73,751	r 941,108	r 970,760
23 (2011)	566,990	112,749	79,052	71,165	895,762	929,054
24 (2012)	r 616,549	r 122,322	r 85,996	r 77,917	r 905,751	r 945,901
25 (2013)	666,854	130,723	92,488	84,144	934,561	966,524
26 (2014)	681,092	131,538	95,197	86,763	928,757	959,743
27 (2015)	682,729	129,722	96,063	88,216	918,033	958,747
28 2016	684,797	129,445	98,124	90,576	909,426	959,635
資料	国土交通省総合政策局情報政策課交通経済統計調査室（航空輸送統計年報）					

（注）1. 幹線とは、千歳、東京、成田、大阪(伊丹)、関空、福岡、那覇の7空港を相互に結ぶ路線である。
　　 2. ローカル線とは、幹線以外の路線である。
　　 3. 貨物重量及び貨物トンキロは、超過手荷物・郵便物を含まない。

国内定期航空輸送実績（その２）
Performance of Domestic Scheduled Air Services
幹線、ローカル線別 (Trunk lines and Local lines)

	年度 Fiscal Year		運航キロ Operation KM	座席キロ Seat KM	旅客数 Number of Passenger	人キロ Passenger KM	貨物重量 Tonnages of Cargo	貨物トンキロ Cargo Ton KM
			×1,000	×1,000,000	×1,000	×1,000,000		×1,000
幹線	40	(1965)	30,602	3,341	2,609	1,870	...	...
	45	(1970)	57,954	7,766	7,667	5,621	90,706	61,483
	50	(1975)	70,102	19,018	11,512	11,080	135,663	117,606
	55	(1980)	66,886	23,651	15,398	14,534	232,200	223,168
	60	(1985)	68,179	28,314	16,968	16,065	364,976	353,910
	2	(1990)	78,112	32,577	25,485	24,484	464,525	454,906
	7	(1995)	103,177	43,804	27,129	27,348	494,573	508,577
	12	(2000)	144,501	54,850	36,684	36,299	566,897	585,573
	17	(2005)	159,860	58,942	39,070	38,958	556,729	580,546
	18	(2006)	162,173	58,075	38,630	38,659	r 563,694	r 585,144
	19	(2007)	171,239	r 38,606	r 38,267	r 38,606	r 587,949	r 616,742
	20	(2008)	171,004	56,211	37,265	37,680	621,749	666,139
	21	(2009)	171,049	54,620	34,926	35,426	620,581	672,547
	22	(2010)	175,726	53,516	34,659	35,329	646,382	705,129
	23	(2011)	183,606	52,741	33,596	34,420	642,231	705,097
	24	(2012)	211,027	57,347	36,898	*38,121*	650,202	717,460
	25	(2013)	224,668	59,438	39,353	40,517	673,343	731,278
	26	(2014)	224,689	58,628	40,165	41,277	673,862	728,278
	27	(2015)	232,883	59,199	41,509	42,924	679,189	739,052
	28	(2016)	235,669	59,406	42,296	43,935	675,152	745,058
ローカル線	40	(1965)	37,485	1,614	2,532	1,069	...	...
	45	(1970)	70,562	4,587	7,760	3,693	25,668	12,248
	50	(1975)	103,595	12,297	13,932	8,057	54,688	33,950
	55	(1980)	154,450	22,189	25,026	15,152	96,518	66,444
	60	(1985)	163,301	27,493	26,808	17,053	173,066	128,443
	2	(1990)	189,078	36,932	38,981	26,425	220,146	174,477
	7	(1995)	281,459	63,274	50,971	37,664	296,217	253,350
	12	(2000)	338,850	71,222	56,189	43,399	362,940	320,159
	17	(2005)	372,019	70,479	55,420	44,262	332,878	296,826
	18	(2006)	395,445	75,091	58,341	47,087	r 370,421	r 337,856
	19	(2007)	388,378	r 72,843	r 56,582	46,180	r 363,670	r 329,876
	20	(2008)	378,120	70,017	53,396	43,250	374,140	340,641
	21	(2009)	375,224	67,176	48,946	39,777	339,027	307,679
	22	(2010)	370,163	r 62,180	r 47,552	38,406	r 294,725	r 265,632
	23	(2011)	383,384	60,007	45,455	36,745	253,530	223,957
	24	(2012)	r 405,522	r 64,975	r 49,099	r 39,796	r 255,549	r 228,441
	25	(2013)	442,187	71,285	53,134	43,627	261,218	235,246
	26	(2014)	456,402	72,910	55,032	45,486	254,895	231,465
	27	(2015)	449,846	70,523	54,554	45,292	238,844	219,695
	28	(2016)	449,128	70,038	55,828	46,642	234,274	214,577

（注）前ページの資料による。

国際航空輸送実績
Performance of International Scheduled Air Services

年度 Fiscal Year	運行キロ Operation Km ×1,000	座席キロ Seat Km ×1,000,000	旅客数 Number of Passenger ×1,000	人キロ Passenger Km ×1,000,000	貨物重量 Tonnages of Cargo	貨物トンキロ Cargo Ton Km ×1,000
35 (1960)	13,814	...	113	556	3,240	22,113
40 (1965)	35,799	4,202	477	2,114	11,861	94,976
45 (1970)	92,369	12,478	1,710	6,867	50,975	375,897
50 (1975)	114,861	23,891	2,683	14,090	125,919	902,109
55 (1980)	155,875	38,492	5,024	23,720	238,236	1,581,179
60 (1985)	179,600	45,039	6,561	32,410	379,626	2,782,464
2 (1990)	255,540	66,369	10,928	50,822	621,720	4,292,685
7 (1995)	359,457	101,669	14,559	72,680	857,906	5,630,134
12 (2000)	453,233	130,140	19,543	97,873	1,160,819	7,228,471
17 (2005)	466,040	117,367	17,676	82,328	1,325,408	7,729,052
18 (2006)	456,075	110,363	17,410	79,457	1,310,415	8,516,824
19 (2007)	463,684	r 109,397	r 17,681	r 78,611	r 1,376,071	r 8,501,863
20 (2008)	465,738	105,260	r 15,886	69,809	1,201,880	6,579,518
21 (2009)	420,572	92,710	15,400	67,302	1,265,613	6,450,931
22 (2010)	391,638	80,416	13,707	59,898	1,254,224	6,368,295
23 (2011)	388,771	76,367	12,594	54,902	1,072,517	5,756,420
24 (2012)	421,977	82,510	14,209	62,400	1,145,862	6,124,779
25 (2013)	458,990	88,531	15,085	66,630	1,238,564	6,749,403
26 (2014)	526,007	100,790	16,777	75,219	1,421,979	7,996,179
27 (2015)	563,864	109,758	18,852	84,770	1,386,118	7,807,357
28 (2016)	617,466	118,304	21,053	92,556	1,593,272	8,777,305

資　料　国土交通省総合政策局情報政策課交通経済統計調査室（航空輸送統計年報）

(注) 1. 本邦国際航空運送事業者8社の実績である。
　　 2. 貨物重量及び貨物トンキロは、超過手荷物・郵便物を含まない。

空港別乗降客数 （その１）
Passenger of Civil Airports (No.1)

単位：千人(Unit : 1,000 Persons)

種別 Category	名称 Name		乗　降　客　数　Number of Pax(Thousand)						
		暦年	H12 (2000)	H17 (2005)	H22 (2010)	H24 (2013)	H25(2014)	H26(2015)	H27(2016)
会社管理空港	成田国際 Narita Intl	国際	26,599	30,249	29,128	26,766	27,946	26,657	28,470
		国内	791	1,124	1,652	3,236	5,179	6,003	6,886
		計	27,390	31,373	30,780	30,002	33,125	32,670	35,356
	関西国際 Kansai Intl	国際	12,650	11,210	10,355	11,046	11,900	13,407	17,188
		国内	7,842	5,069	3,866	4,860	6,073	6,525	6,784
		計	20,491	16,279	14,220	15,906	17,974	19,932	23,973
	大阪国際 Osaka Intl	国際	0	0	0	0	0	0	0
		国内	16,344	18,948	14,788	13,218	14,101	14,621	14,626
		計	16,344	18,948	14,788	13,218	14,101	14,621	14,627
	中部国際 Central	国際	0	4,423	4,403	4,395	4,313	4,414	4,886
		国内	0	6,340	4,868	4,707	5,404	5,399	5,524
		計	0	10,764	9,271	9,102	9,717	9,813	10,411
国管理空港	東京国際 Tokyo Intl	国際	926	1,160	3,882	7,928	8,039	11,558	13,434
		国内	55,476	62,144	60,329	58,792	61,410	62,657	62,553
		計	56,402	63,304	64,211	66,720	69,449	74,215	75,988
	新千歳	国際	447	623	947	1,079	1,344	1,702	2,278
		国内	17,576	17,249	15,801	16,384	17,601	17,829	18,561
		計	18,023	17,872	16,748	17,463	18,944	19,531	20,839
	稚内	国際	0	0	1	0	0	0	0
		国内	299	239	168	176	179	182	183
		計	299	239	169	176	179	182	183
	釧路	国際	3	48	17	13	21	5	8
		国内	899	904	692	625	671	668	685
		計	902	952	709	638	692	673	694
	函館	国際	20	147	81	68	139	178	207
		国内	2,242	1,946	1,502	1,424	1,535	1,541	1,588
		計	2,262	2,093	1,582	1,493	1,674	1,719	1,794
	仙台	国際	466	289	272	178	175	167	160
		国内	2,826	2,943	2,254	2,488	2,989	1,541	2,954
		計	3,292	3,232	2,826	2,666	3,165	1,719	3,114
	新潟	国際	223	232	199	182	154	132	127
		国内	1,045	1,018	742	782	863	876	854
		計	1,268	1,250	942	964	1,017	1,008	981
	広島	国際	311	296	325	362	306	284	283
		国内	3,016	2,980	2,485	2,329	2,335	2,438	2,385
		計	3,327	3,276	2,810	2,691	2,641	2,721	2,668
	高松	国際	51	47	43	76	92	128	154
		国内	1,559	1,439	1,380	1,337	1,481	1,634	1,653
		計	1,610	1,486	1,423	1,413	1,572	1,762	1,806
	松山	国際	43	52	56	53	39	39	42
		国内	2,644	2,631	2,325	2,289	2,620	2,804	2,839
		計	2,687	2,683	2,381	2,342	2,659	2,844	2,881
	高知	国際	3	6	4	4	5	1	0
		国内	1,929	1,532	1,269	1,211	1,325	1,335	1,356
		計	1,932	1,538	1,273	1,215	1,330	1,336	1,356
	福岡	国際	2,504	2,200	2,407	2,978	3,190	3,672	4,646
		国内	17,184	16,452	13,938	14,439	16,102	16,332	16,721
		計	19,688	18,652	16,345	17,417	19,292	20,004	21,368
	北九州	国際	1	1	60	76	151	8	15
		国内	148	313	1,140	1,186	1,236	1,252	1,303
		計	149	314	1,200	1,262	1,387	1,260	1,318

資料：数字でみる航空(国土交通省航空局監修)

空港別乗降客数 （その２）
Passenger of Civil Airports (Continued No.2)

単位：千人（Unit : 1,000 Persons）

種別 Category	名称 Name	暦年	H12 (2000)	H17 (2005)	H22 (2010)	H24 (2013)	H25 (2014)	H26 (2015)	H27 (2016)
国管理空港	長崎	国際	47	61	39	33	43	77	50
		国内	2,910	2,556	2,292	2,629	2,820	2,932	3,057
		計	2,957	2,616	2,331	2,662	2,863	3,009	3,107
	熊本	国際	11	46	38	35	46	52	71
		国内	2,707	3,080	2,837	2,877	3,010	3,055	3,163
		計	2,717	3,125	2,875	2,912	3,056	3,107	3,234
	大分	国際	30	34	30	26	16	36	62
		国内	2,030	1,829	1,506	1,458	1,703	1,734	1,791
		計	2,059	1,863	1,536	1,484	1,719	1,770	1,853
	宮崎	国際	15	58	68	59	63	76	100
		国内	3,333	3,041	2,615	2,602	2,792	2,781	2,927
		計	3,348	3,098	2,683	2,661	2,856	2,858	3,028
	鹿児島	国際	113	67	80	109	109	131	164
		国内	6,000	5,647	4,888	4,600	5,003	5,041	5,070
		計	6,114	5,714	4,968	4,709	5,113	5,172	5,235
	那覇	国際	371	276	389	594	996	1,634	2,501
		国内	10,863	13,219	14,137	14,448	15,209	15,897	16,043
		計	11,234	13,494	14,526	15,043	16,205	17,531	18,544
特定地方管理空港	旭川	国際	1	69	72	42	101	160	194
		国内	972	1,116	1,126	1,022	994	949	974
		計	973	1,185	1,198	1,063	1,095	1,109	1,169
	帯広	国際	4	54	3	22	13	4	7
		国内	674	627	549	544	567	583	605
		計	678	681	552	566	580	587	613
	秋田	国際	10	37	47	34	32	27	21
		国内	1,220	1,313	1,062	1,122	1,184	1,196	1,223
		計	1,230	1,350	1,108	1,156	1,216	1,223	1,244
	山形	国際	1	2	7	2	1	2	5
		国内	378	209	156	117	120	208	226
		計	379	210	163	119	121	209	230
	山口宇部	国際	0	2	3	6	6	10	14
		国内	700	930	793	841	849	874	908
		計	700	932	796	847	855	883	923
地方管理空港	利尻	国内	23	36	28	31	37	37	38
	礼文	国内	4	0	0	0	0	0	0
	奥尻	国内	18	12	10	9	10	11	11
	中標津	国際	0	0	0	0	0	0	0
		国内	214	223	169	188	193	195	199
		計	214	223	169	188	193	195	200
	紋別	国内	62	56	50	51	56	69	72
	女満別	国際	1	2	1	1	0	2	1
		国内	1,059	1,013	710	717	730	734	765
		計	1,060	1,015	711	718	730	736	765
	青森	国際	45	60	49	36	36	35	38
		国内	1,571	1,214	982	789	826	901	983
		計	1,616	1,274	1,031	825	862	936	1,021
	花巻	国際	8	20	5	6	10	14	6
		国内	520	486	280	321	372	383	393
		計	528	506	285	327	382	397	399
	大館能代	国際	0	0	0	0	0	0	0
		国内	144	160	122	107	117	123	128
		計	144	160	122	107	117	123	128
	庄内	国際	3	1	0	3	1	1	1
		国内	426	409	355	353	357	368	367
		計	428	409	356	356	357	369	368

資料：数字でみる航空（国土交通省航空局監修）

空港別乗降客数 （その３）
Passenger of Civil Airports (Continued No.3)

単位：千人(Unit : 1,000 Persons)

種別 Category	名　称 Name	暦年	乗　降　客　数　Number of Pax(Thousand)						
			H12 (2000)	H17 (2005)	H22 (2010)	H24 (2012)	H25(2014)	H26(2015)	H27(2016)
地方管理空港	福島	国際	82	67	67	4	4	6	4
		国内	627	485	210	222	240	248	244
		計	709	552	277	226	244	254	248
	大島	国内	103	80	38	35	39	41	35
	新島	国内	32	23	27	27	30	31	33
	神津島	国内	10	14	18	20	21	21	21
	三宅島	国内	28	0	5	6	6	21	23
	八丈島	国内	248	225	195	197	196	183	181
	佐渡	国内	8	10	－	5	0	0	0
	富山	国際	80	123	101	93	88	102	115
		国内	1,083	1,233	848	849	887	885	559
		計	1,162	1,356	949	942	974	987	675
	能登	国際	0	13	4	1	4	4	4
		国内	0	154	151	151	153	148	154
		計	0	167	155	152	157	152	158
	福井	国内	0	0	0	0	0	0	0
	松本	国際	0	1	0	0	0	0	0
		国内	190	124	66	78	85	96	117
		計	190	125	66	78	85	97	117
	静岡	国際	0	0	238	192	165	244	390
		国内	0	0	355	248	297	303	309
		計	0	0	593	440	462	547	698
	神戸	国際	0	0	0	0	0	0	0
		国内	0	0	2,224	2,477	2,356	2,446	2,547
		計	0	0	2,224	2,477	2,356	2,446	2,547
	南紀白浜	国際	0	－	3	1	1	1	0
		国内	142	141	122	103	111	108	127
		計	142	141	124	104	111	108	127
	鳥取	国際	6	2	0	1	1	1	1
		国内	334	335	305	297	330	343	369
		計	342	337	305	298	331	343	369
	隠岐	国内	54	45	52	53	55	55	58
	出雲	国際	5	1	0	1	2	0	0
		国内	770	720	701	690	836	786	845
		計	775	721	702	691	838	786	846
	石見	国際	0	0	0	1	0	1	0
		国内	145	83	76	67	79	114	128
		計	145	83	76	68	80	114	128
	岡山	国際	169	189	232	224	181	157	145
		国内	755	1,400	1,116	1,128	1,194	1,197	1,257
		計	924	1,589	1,348	1,352	1,375	1,355	1,402
	佐賀	国際	5	2	0	32	49	80	90
		国内	321	262	340	313	323	470	543
		計	326	264	340	345	372	550	633
	対馬	国際	0	0	3	2	1	0	0
		国内	375	316	261	254	260	258	247
		計	375	316	264	256	261	258	247
	小値賀		6	3	0	0	0	0	0
	福江	国際	0	0	0	0	0	0	0
		国内	191	161	130	128	136	135	135
		計	191	161	130	128	136	135	135
	上五島	国内	20	5	0	0	0	0	0
	壱岐	国内	10	29	29	32	33	31	31
	種子島	国際	0	0	0	0	0	0	0
		国内	146	119	75	73	73	79	74
		計	146	119	76	73	73	79	74

資料：数字でみる航空（国土交通省航空局監修）

空港別乗降客数 （その４）
Passenger of Civil Airports (Continued No.4)

単位：千人(Unit : 1,000 Persons)

種別 Category	名称 Name		暦年	乗　降　客　数　Number of Pax (Thousand)					
				H12 (2000)	H17 (2005)	H22 (2010)	H24 (2013)	H25(2014)	H26(2015)	H27(2016)
	屋久島	国内		145	176	155	157	165	178	165
	奄　美	国内		617	603	527	535	560	628	678
	喜　界	国内		84	80	71	68	70	76	80
	徳之島	国際		0	0	0	150	0	0	0
		国内		163	163	149		153	160	170
		計						153	160	170
	沖永良部	国内		97	92	82	84	85	94	100
	与　論	国内		70	68	60	61	67	68	79
	粟　国	国内		28	15	7	9	11	12	5
	久米島	国内		273	269	238	223	236	241	239
	慶良間	国内		8	4	0	554	1	1	0
	南大東	国内		39	37	38	38	42	44	42
	北大東	国内		14	14	15	16	17	18	17
	伊江島	国内		0	1	0	0	0	0	0
	宮　古	国際		0	0	0	0	2	2	3
		国内		1,002	1,095	1,093	1,273	1,228	1,321	1,338
		計		1,002	1,095	1,093	1,273	1,229	1,323	1,341
	下地島	国内		0	0	0	0	0	0	0
	多良間	国内		36	36	29	31	34	37	36
	石　垣	国際		—	0	18	11	15	18	17
		国内		1,423	1,861	1,675	1,609	2,171	2,302	2,298
		計		1,423	1,861	1,693	1,620	2,186	2,321	2,316
	波照間	国内		5	3	0	0	0	0	0
	与那国	国際		0	0	0	0	0	0	0
		国内		62	78	75	72	75	84	97
		計		62	78	75	72	75	84	97
共用空港	札幌（丘珠）	国内		336	370	205	136	162	174	179
	三　沢	国際		0	0	0	0	1	0	0
		国内		588	338	263	230	265	238	255
		計		588	338	263	230	266	238	255
	百里（茨城）	国際		0	0	89	95	100	120	151
		国内		0	0	56	300	287	419	404
		計		0	0	145	395	387	538	554
	小　松	国際		49	98	111	145	167	188	183
		国内		2,539	2,374	2,007	2,014	2,121	2,126	1,523
		計		2,588	2,471	2,118	2,159	2,289	2,314	1,706
	美保（米子）	国際		5	35	34	30	31	35	39
		国内		409	442	435	433	609	825	597
		計		414	476	469	463	641	860	636
	岩国	国際					0	0	0	0
		国内					21	352	366	365
		計					21	352	366	365
	徳　島	国際		1	0	2	3	3	0	0
		国内		997	961	806	880	966	1,014	1,007
		計		998	962	808	883	969	1,014	1,008
その他の空港	調　布			34	46	64	66	71	93	96
	名古屋	国際		4,175	542	0	1	1	1	1
		国内		6,714	1,021	445	478	619	619	748
		計		10,889	1,563	445	479	620	620	749
	但　馬	国内		22	27	28	25	29	29	29
	岡　南	国内		0	0	0	0	0	0	0
	天　草	国内		64	73	57	59	62	63	51
	大分県央	国内		0	0	0	0	0	0	0
	八　尾	国内		0	0	0	0	0	0	0
総計		国際		49,485	52,842	53,917	57,052	60,103	65,570	76,278
		国内		189,142	196,728	180,128	180,734	196,247	202,516	205,038
		計		238,626	249,571	234,044	237,786	256,350	268,085	281,316

資料：数字でみる航空(国土交通省航空局監修)

(注)1. 名称欄においては、公共の用に供されている飛行場について記載している。
2. 乗降客数欄の「0」は、500人未満を示す。
3. 千人以下は四捨五入しているため、表中の計は必ずしも一致しない。

国内海上旅客輸送量（船舶運航事業別）
Number of Passengers Carried by Domestic Passenger Liners

単位：千人、千人キロ(Unit：1000 Persons, 1000 Persons-km)

年度 Fiscal Year	一般旅客定期航路事業 Passenger Liner		特定旅客定期航路事業 Special Passenger Liner		旅客不定期航路事業 Passenger Tramper	
	人員 Number of Passenger	人キロ Passenger-Kilometers	人員 Number of Passenger	人キロ Passenger-Kilometers	人員 Number of Passenger	人キロ Passenger-Kilometers
2 (1990)	137,510	5,962,851	1,016	5,748	24,131	305,861
7 (1995)	126,282	5,414,927	1,048	8,595	21,497	231,358
12 (2000)	91,002	4,090,152	419	2,643	18,707	211,020
17 (2005)	94,009	3,870,479	170	564	8,996	154,179
18 (2006)	89,560	3,631,553	146	497	9,461	150,968
19 (2007)	91,470	3,655,215	118	381	9,205	178,117
20 (2008)	89,412	3,362,856	110	349	9,511	147,069
21 (2009)	83,066	2,919,837	174	1,176	8,936	152,209
22 (2010)	76,765	2,871,741	205	1,652	8,077	130,441
23 (2011)	76,718	2,933,237	195	1,641	7,152	112,308
24 (2012)	79,507	2,967,589	190	1,626	7,438	122,608
25 (2013)	79,758	3,130,919	209	1,848	8,051	132,301
26 (2014)	77,877	2,842,091	179	1,699	8,235	142,019
27 (2015)	78,465	3,005,206	214	1,886	9,265	131,451
資料	国土交通省海事局内航課					

(注)1.「一般旅客定期航路事業」とは、特定旅客定期航路事業以外の旅客定期航路事業をいい、「特定旅客定期航路事業」とは、特定の者の需要に応じ、特定の範囲の人の運送をする旅客定期航路事業をいう（海上運送法第2条）。

2.「旅客不定期航路事業」とは、定期航路事業以外の船舶運航事業で、一定の航路に旅客船を就航させて人の運送をする事業をいう（海上運送法第21条）。

輸送

内航船舶
Volume of Cargo Carried by

輸送トン数 (Tonnage Carried)

単位：千トン (Unit : 1000 Gross Ton)

年度 Fiscal Year	合計 Sum Total	営業用 Commercial Use					自家用 Private Use
		小計 Sub Total	大型鋼船 Large Steel Vessel	小型鋼船 Small Steel Vessel	木船 Wooden Ship	プッシャーバージ・台船 Barge	
30 (1955)	69,254	…	…	…	…	…	…
35 (1960)	138,849	…	…	…	…	…	…
40 (1965)	179,654	…	…	…	…	…	…
45 (1970)	376,647	…	…	…	…	…	…
50 (1975)	452,054	407,094	185,960	175,854	15,528	29,752	44,960
55 (1980)	500,258	457,267	226,929	213,799	9,655	24,885	24,991
60 (1985)	452,385	441,451	215,123	203,627	3,260	19,441	10,934
2 (1990)	575,199	562,721	251,169	280,355	3,609	27,588	12,478
7 (1995)	548,542	541,000	273,471	232,551	839	34,140	7,542
12 (2000)	537,021	527,367	263,078	230,394	77	34,117	9,654
17 (2005)	426,145	423,348	242,220	154,563	79	26,485	2,797
18 (2006)	416,644	413,747	241,067	147,140	…	25,539	2,897
19 (2007)	409,694	407,481	250,492	127,567	…	29,421	2,213
20 (2008)	378,705	376,292	233,089	116,515	…	26,688	2,413
21 (2009)	332,175	330,408	207,593	99,895	…	22,921	1,767
22 (2010)	366,734	365,418	214,909	122,031	…	28,478	1,316
23 (2011)	360,983	359,901	217,913	115,654	…	26,334	1,082
24 (2012)	365,992	364,774	224,873	113,798	…	26,103	1,218
25 (2013)	378,334	376,583	233,495	117,228	…	25,860	1,751
26 (2014)	369,302	367,143	227,665	111,365	…	28,114	2,159
27 (2015)	365,486	364,098	221,934	114,145	…	28,018	1,388
28 (2016)	364,485	363,130	220,916	114,652	…	27,561	1,355

資料　国土交通省総合政策局情報政策本部情報政策課

(注) 1. 49年4月から調査方法が変更になったため48年度以前の合計は49年度以降との接続を考慮して算出した推計値である。
2. 大型鋼船とは500総トン以上、小型鋼船とは20総トン以上500総トン未満の鋼船をいう。

輸送量
Domestic Shipping Vessels

輸送トンキロ
(Tonnage-Kilometers)

単位：百万トンキロ
(Unit : One million tonkilo)

年度 Fiscal Year	合計 Sum Total	営業用 Commercial Use					自家用 Private Use
		小計 Sub Total	大型鋼船 Large Steel Vessel	小型鋼船 Small Steel Vessel	木船 Wooden Ship	プッシャーバージ・台船 Barge	
30 (1955)	29,022	...	...	...	...	...	...
35 (1960)	63,579	...	...	...	...	...	...
40 (1965)	80,635	...	...	...	...	...	...
45 (1970)	151,243	...	...	...	...	...	...
50 (1975)	183,579	176,489	118,543	51,845	2,317	3,784	7,090
55 (1980)	222,173	215,736	139,670	69,743	1,318	5,005	6,436
60 (1985)	205,818	201,861	124,890	72,363	563	4,045	3,957
2 (1990)	244,546	239,739	142,960	90,560	430	5,789	4,807
7 (1995)	238,330	235,204	151,004	78,315	92	5,793	3,126
12 (2000)	241,671	239,224	150,693	82,329	6	6,197	2,447
17 (2005)	211,576	211,265	146,552	59,976	12	4,725	311
18 (2006)	207,848	207,529	143,561	59,172	...	4,796	319
19 (2007)	202,962	202,690	144,775	52,555	...	5,359	272
20 (2008)	187,859	187,474	134,646	47,651	...	5,178	385
21 (2009)	167,315	167,118	122,847	40,312	...	3,958	197
22 (2010)	179,898	179,723	124,380	49,708	...	5,635	175
23 (2011)	174,900	174,734	123,189	46,275	...	5,271	165
24 (2012)	177,791	177,612	126,531	46,092	...	4,989	179
25 (2013)	184,860	184,420	131,684	47,563	...	5,173	440
26 (2014)	183,120	182,597	131,201	45,512	...	5,884	523
27 (2015)	180,381	180,125	126,969	47,327	...	5,838	256
28 (2016)	180,438	180,199	126,448	48,312	...	5,438	240

交通経済統計調査室　（内航船舶輸送統計年報）

内航船舶品目別
Volume of Cargo by Items Carried

品　目　Items	営業用 Commercial Use					自家用 Private Use
	計 Total	大型鋼船 Large Steel Vessel	小型鋼船 Small Steel Vessel	木船 Wooden Ship	プッシャーバージ・台船 Barge	
合　　　　計 (Sum Total)	376,583	233,495	117,228	-	25,860	1,751
穀　　　　物 (Cereals)	2,409	78	2,181	-	150	624
野菜・果物 (Vegetables & Fruit)	6	-	-	-	6	-
畜　産　品 (Stock Products)	2	-	2	-	-	-
水　産　品 (Marine Products)	0	-	0	-	-	-
その他の農林産品 (Others Crops)	37	-	37	-	-	-
木　　　　材 (Lumber)	2,644	1,839	395	-	410	-
薪　　　　炭 (Firewood)	3	-	3	-	-	-
石　　　　炭 (Coal)	14,160	6,319	3,112	-	4,728	-
Metalmining 金属鉱 小計	2,646	2,383	263	-	-	-
鉄鉱石	2,366	2,285	81	-	-	-
硫化鉱	3	-	3	-	-	-
その他の金属鉱	277	98	179	-	-	-
砂利・砂・石材	19,699	3,584	13,538	-	2,578	609
Non-metallic mineral 非金属鉱物 小計	72,290	53,958	11,850	-	6,482	247
石灰石	35,561	23,828	5,285	-	6,448	246
原油	29,040	28,852	188	-	-	-
その他の非金属鉱物	7,690	1,279	6,377	-	34	1
Metal 金属 小計	43,379	7,182	30,488	-	5,709	10
鉄鋼	42,106	7,026	29,375	-	5,706	10
非鉄金属	1,273	156	1,113	-	3	-
金属製品 (Metal Goods)	621	27	583	-	11	5
Machinery 機械 小計	12,367	10,759	1,317	-	291	37
輸送用機械	10,644	10,478	165	-	1	29
その他の機械	1,723	280	1,152	-	290	8

資料　国土交通省総合政策局情報政策本部情報政策課

(注) 大型鋼船とは500総トン以上、小型鋼船とは20総トン以上500総トン未満の鋼船をいう。

輸送量（平成25年度）
by Domestic Shipping Vessels (FY 2013)

単位：千トン (Unit : 1000 Gross Ton)

品目 Items		営業用 Commercial Use					自家用
		計 Total	大型鋼船 Large Steel Vessel	小型鋼船 Small Steel Vessel	木船 Wooden Ship	プッシャーバージ・台船 Barge	Private Use
窯業品 Ceramics	小　　　　計	40,365	38,332	1,147	－	825	15
	セ　メ　ン　ト	38,890	37,228	838	－	825	1
	その他の窯業品	1,415	1,105	310	－	0	14
石油製品 Oil Products	小　　　　計	89,149	74,791	14,358	－	－	60
	重　　　　　油	26,793	18,737	8,056	－	－	60
	揮　発　　　油	43,403	39,814	3,589	－	－	－
	ＬＰＧガス及びその他のガス	7,200	7,158	42	－	－	－
	その他の石油及び石油製品	11,754	9,083	2,671	－	－	－
石炭製品 Coalproducts	小　　　　計	7,460	1,421	2,568	－	3,471	－
	コークス	7,373	1,410	2,491	－	3,471	－
	その他の石炭製品	87	11	77	－	－	－
化学薬品　　（Chemistry）		18,993	5,231	13,652	－	110	1
化学肥料　　（Fertilizers）		560	31	529	－	－	－
その他の化学工業品（Others Chemicals）		1,322	364	954	－	3	－
紙・パルプ　（Paper・Pulp）		1,875	1,256	618	－	1	－
繊維工業品　（Textile Products）		－	－	－	－	－	－
食料工業品　（Processed Foodstuff）		1,234	659	574	－	2	－
日用品　　　（Daily Necessaries）		0	－	0	－	－	－
その他の製造工業品（Others Products）		23,410	18,475	4,839	－	96	65
特殊品 Products	小　　　　計	22,005	6,799	14,220	－	985	77
	金属くず	2,720	193	2,427	－	100	56
	その他の特殊品	19,285	6,606	11,794	－	885	22
分類不能のもの　（Others）		6	6	0	－	－	－

交通経済統計調査室　（内航船舶輸送統計年報）

内航船舶品目別
Volume of Cargo by Items Carried

品目 Items			営業用 Commercial Use					自家用 Private Use
			計 Total	大型鋼船 Large Steel Vessel	小型鋼船 Small Steel Vessel	木船 Wooden Ship	プッシャーバージ・台船 Barge	
合計 (Sum Total)			367,143	227,665	111,365	-	28,114	2,159
穀物 (Cereals)			2,134	49	1,931	-	154	578
野菜・果物 (Vegetables & Fruit)			11	-	2	-	9	-
畜産品 (Stock Products)			-	-	-	-	-	-
水産品 (Marine Products)			0	-	0	-	-	-
その他の農林産品 (Others Crops)			42	-	42	-	-	-
木材 (Lumber)			2,460	1,668	383	-	409	-
薪炭 (Firewood)			3	-	3	-	-	-
石炭 (Coal)			13,895	6,099	3,149	-	4,647	-
Metalmining 金属鉱	小計		2,468	2,190	278	-	-	-
	鉄鉱石		2,209	2,111	99	-	-	-
	硫化鉱		3	2	1	-	-	-
	その他の金属鉱		256	78	178	-	-	-
砂利・砂・石材			20,406	4,416	12,844	-	3,146	1,344
Non-metallic mineral 非金属鉱物	小計		69,286	50,077	11,583	-	7,626	2
	石灰石		34,848	22,813	4,528	-	7,507	-
	原油		26,096	25,928	168	-	-	-
	その他の非金属鉱物		8,342	1,336	6,887	-	119	2
Metal 金属	小計		42,798	7,829	29,498	-	5,471	10
	鉄鋼		41,585	7,645	28,469	-	5,471	10
	非鉄金属		1,213	184	1,029	-	-	-
金属製品 (Metal Goods)			591	6	569	-	15	2
Machinery 機械	小計		12,135	10,312	1,215	-	608	48
	輸送用機械		10,247	10,065	182	-	1	37
	その他の機械		1,887	247	1,033	-	607	11

資料 国土交通省総合政策局情報政策本部情報政策課

(注)大型鋼船とは500総トン以上、小型鋼船とは20総トン以上500総トン未満の鋼船をいう。

輸送量（平成26年度）
by Domestic Shipping Vessels (FY 2014)

単位：千トン (Unit : 1000 Gross Ton)

品目 Items			営業用 Commercial Use					自家用 Private Use
			計 Total	大型鋼船 Large Steel Vessel	小型鋼船 Small Steel Vessel	木船 Wooden Ship	プッシャーバージ・台船 Barge	
Ceramics 窯業品	小 計		38,468	36,666	1,005	-	797	19
	セ メ ン ト		36,999	35,407	795	-	797	1
	その他の窯業品		1,469	1,259	210	-	1	18
Oil Products 石油製品	小 計		86,772	73,922	12,850	-	1	78
	重 油		25,092	18,058	7,033	-	1	78
	揮 発 油		43,565	40,496	3,069	-	-	-
	L P G ガ ス		6,742	6,694	48	-	-	-
	その他の石油及び石油製品		11,373	8,674	2,699	-	-	-
Coalproducts 石炭製品	小 計		8,198	1,655	2,683	-	3,860	-
	コークス		8,139	1,649	2,630	-	3,860	-
	その他の石炭製品		60	7	53	-	-	-
化学薬品 (Chemistry)			18,136	4,998	13,010	-	129	0
化学肥料 (Fertilizers)			554	19	533	-	2	-
その他の化学工業品 (Others Chemicals)			1,473	363	1,078	-	32	-
紙・パルプ (Paper・Pulp)			1,831	1,226	593	-	12	-
繊維工業品 (Textile Products)			-	-	-	-	-	-
食料工業品 (Processed Foodstuff)			1,521	856	660	-	5	-
日用品 (Daily Necessaries)			8	-	2	-	5	-
その他の製造工業品 (Others Products)			23,883	19,308	4,102	-	473	2
Products 特殊品	小 計		20,071	6,005	13,353	-	713	77
	金属くず		2,171	152	1,967	-	52	53
	その他の特殊品		17,900	5,853	11,386	-	661	24
分類不能のもの (Others)			2	-	2	-	-	-

交通経済統計調査室（内航船舶輸送統計年報）

118 輸送

内航船舶品目別
Volume of Cargo by Items Carried

品目 Items	営業用 Commercial Use					自家用
	計 Total	大型鋼船 Large Steel Vessel	小型鋼船 Small Steel Vessel	木船 Wooden Ship	プッシャーバージ・台船 Barge	私用 Private Use
合計 (Sum Total)	364,098	221,933	114,147	-	28,018	1,388
穀物 (Cereals)	1,941	25	1,910	-	-	546
野菜・果物 (Vegetables & Fruit)	1	-	1	-	-	-
畜産品 (Stock Products)	-	-	-	-	-	-
水産品 (Marine Products)	1	-	1	-	-	-
その他の農林産品 (Others Crops)	49	-	49	-	-	-
木材 (Lumber)	1,719	-	1,676	-	-	-
薪炭 (Firewood)	5	43	-	-	-	-
石炭 (Coal)	13,165	5	2,333	-	4,219	-
Metalmining 金属鉱 小計	2,523	2,324	200	-	-	-
鉄鉱石	2,208	2,147	61	-	-	-
その他の金属鉱	316	177	139	-	-	-
砂利・砂・石材	22,173	3,620	13,585	-	4,968	614
Non-metallic mineral 非金属鉱物 小計	69,120	48,309	13,563	-	7,248	-
石灰石	34,241	22,278	4,752	-	7,211	-
原油	25,030	24,875	155	-	-	-
その他の非金属鉱	9,850	1,156	8,656	-	37	-
Metal 金属 小計	41,154	6,597	29,590	-	4,966	9
鉄鋼	39,612	6,445	28,201	-	4,966	9
非鉄金属	1,541	152	1,390	-	-	-
金属製品 (Metal Goods)	373	17	340	-	17	0
Machinery 機械 小計	8,723	6,857	1,030	-	837	15
輸送用機械	5,950	5,939	8	-	3	12
輸送用機械部品	944	810	134	-	-	-
その他の機械	1,829	107	888	-	833	4
Ceramics 窯業品 小計	37,575	35,418	1,326	-	831	23
セメント	35,109	33,216	1,062	-	831	1
その他の窯業品	2,466	2,202	264	-	-	22

資料　国土交通省総合政策局情報政策本部情報政策課

(注) 大型鋼船とは500総トン以上、小型鋼船とは20総トン以上500総トン未満の鋼船をいう。

輸送量（平成27年度）
by Domestic Shipping Vessels (FY 2015)

単位：千トン (Unit : 1000 Gross Ton)

品　目　Items			営業用 Commercial Use					自家用 Private Use
			計 Total	大型鋼船 Large Steel Vessel	小型鋼船 Small Steel Vessel	木船 Wooden Ship	プッシャーバージ・台船 Barge	
石油製品 Oil Products		小　計	86,072	74,906	11,166	－	－	69
		重　　　　油	22,363	16,807	5,556	－	－	69
		揮　発　油	43,168	40,173	2,995	－	－	－
		Ｌ　　Ｐ　　Ｇ	8,372	8,322	50	－	－	－
		その他のガス	256	256	－	－	－	－
		その他の石油及び石油製品	11,913	9,347	2,565	－	－	－
石炭製品 Coalproducts		小　計	8,222	2,064	2,357	－	3,802	－
		コ　ー　ク　ス	8,153	2,063	2,289	－	3,802	－
		その他の石油製品	69	1	68	－	－	－
化　学　薬　品 (Chemistry)			20,988	6,689	14,182	－	117	0
化　学　肥　料 (Fertilizers)			769	4	765	－	－	－
その他の化学工業品 (Others Chemicals)			2,434	391	2,044	－	－	－
紙・パルプ (Paper・Pulp)			1,848	1,240	608	－	－	－
繊維工業品 (Textile Products)			－	－	－	－	－	－
食料工業品 (Processed Foodstuff)			1,232	778	454	－	－	－
日用品 (Daily Necessaries)			0	－	0	－	－	－
その他の製造工業品 (Others Products)			23,676	19,612	3,655	－	410	2
特種品 Products		小　計	19,865	6,423	12,845	－	597	107
		金　属　く　ず	1,377	147	1,230	－	－	41
		再　利　用　資　材	9,841	3,059	6,281	－	501	0
		新植物性製造飼肥料	2,766	444	2,322	－	0	49
		廃　　棄　　物	2,950	1,631	1,319	－	－	2
		廃　土　砂	1,613	367	1,150	－	96	0
		輸　送　用　容　器	533	193	341	－	－	15
		取　合　せ　品	784	581	202	－	－	1
分類不能のもの (Others)			468	0	468	－	－	－

交通経済統計調査室　（内航船舶輸送統計年報）

内航船舶品目別
Volume of Cargo by Items Carried

品目 Items	計 Total	営業用 Commercial Use				自家用 Private Use
		大型鋼船 Large Steel Vessel	小型鋼船 Small Steel Vessel	木船 Wooden Ship	プッシャーバージ・台船 Barge	
合　　　　　計 (Sum Total)	363,130	220,916	114,652	－	27,561	1,355
穀　　　　　物 (Cereals)	1,919	16	1,896	－	7	591
野菜・果物 (Vegetables & Fruit)	－	－	－	－	－	－
畜　産　品 (Stock Products)	－	－	－	－	－	－
水　産　品 (Marine Products)	5	－	5	－	－	－
その他の農林産品 (Others Crops)	49	－	49	－	－	－
木　　　材 (Lumber)	1,549	46	1,503	－	－	－
薪　　　炭 (Firewood)	－	－	－	－	－	－
石　　　炭 (Coal)	14,271	－	1,958	－	4,644	－
金属鉱 Metalmining 小計	2,748	7,669	264	－	－	－
鉄鉱石	2,442	2,485	100	－	－	－
その他の金属鉱	307	2,342	164	－	－	－
砂利・砂・石材	20,438	143	13,545	－	3,786	363
非金属鉱物 Non-metallic mineral 小計	61,587	49,748	13,254	－	7,208	－
石灰石	32,827	20,595	5,024	－	－	－
原油	28,176	28,019	158	－	－	－
その他の非金属鉱物	9,207	1,134	8,073	－	－	－
金属 Metal 小計	42,491	7,432	29,903	－	5,156	7,851
鉄鋼	40,773	7,269	28,347	－	5,156	7,851
非鉄金属	1,719	162	1,556	－	－	－
金属製品 (Metal Goods)	349	37	296	－	16	20
機械 Machinery 小計	8,691	6,764	903	－	1,023	48,018
輸送用機械	5,790	5,782	8	－	－	42,170
輸送用機械部品	962	864	98	－	0	－
その他の機械	1,938	119	797	－	1,023	5,848
窯業 Ceramics 小計	37,328	35,526	1,095	－	708	25,668
セメント	34,933	33,312	913	－	708	1,320
その他の窯業品	2,395	2,214	181	－	－	24,348

資料　国土交通省総合政策局情報政策本部情報政策課

（注）大型鋼船とは500総トン以上、小型鋼船とは20総トン以上500総トン未満の鋼船をいう。

輸　送　量（平成28年度）
by Domestic Shipping Vessels (FY 2016)

単位：千トン (Unit : 1000 Gross Ton)

品　目　Items	営業用 Commercial Use					自家用 Private Use
	計 Total	大型鋼船 Large Steel Vessel	小型鋼船 Small Steel Vessel	木船 Wooden Ship	プッシャーバージ・台船 Barge	
石油製品 Oil Products　小計	79,108	69,451	9,657	-	-	63,390
重　　　　　　　油	19,840	15,067	4,774	-	-	63,390
揮　発　　　　油	38,399	36,011	2,388	-	-	-
L　　P　　G	6,405	6,348	58	-	-	-
その他のガス	248	248	-	-	-	-
その他の石油及び石油製品	14,216	11,778	2,437	-	-	-
石炭製品 Coal products　小計	7,851	1,878	2,139	-	3,834	-
コ　ー　ク　ス	7,763	1,878	2,051	-	3,834	-
その他の石油製品	88	-	88	-	-	-
化　学　薬　品 (Chemistry)	23,206	6,388	16,719	-	98	229
化　学　肥　料 (Fertilizers)	690	4	686	-	-	-
その他の化学工業品 (Others Chemicals)	2,656	359	2,298	-	-	-
紙・パルプ (Paper・Pulp)	1,725	1,127	598	-	-	-
繊維工業品 (Textile Products)	-	-	-	-	-	-
食料工業品 (Processed Foodstuff)	1,206	776	431	-	-	-
日用品 (Daily Necessaries)	-	-	-	-	-	-
その他の製造工業品 (Others Products)	24,510	21,021	3,316	-	174	-
特種品 Products　小計	21,464	7,083	13,473	-	907	255,761
金　属　く　ず	1,570	161	1,408	-	1	20,310
再　利　用　資　材	10,031	2,979	6,534	-	518	27
新植物性製造飼肥料	3,090	610	2,480	-	-	-
廃　　棄　　物	3,407	2,231	1,176	-	-	1,103
廃　　土　　砂	1,952	260	1,303	-	388	220,680
輸　送　用　容　器	552	178	374	-	-	13,641
取　合　せ　品	862	664	198	-	-	-
分類不能のもの (Others)	664	-	664	-	-	-

交通経済統計調査室　（内航船舶輸送統計年報）

国内フェリー
Domestic Ferry

長距離航路 (long haul ferry boat)

年度 Fiscal Year	航路数 Number of Waterways	自動車航送台数（千台） Number of Cars Carried by Ferry Boats (Unit：Thousand)					8トントラック換算総計 Converted into 8 ton Trucks
		バス Bus	乗用車 Passenger Car	普通トラック Ordinary Truck	その他 Others	総計 Total	
2 (1990)	21	9 (0.4)	941 (42.4)	1,236 (55.7)	32 (1.4)	2,218 (100.0)	1,653
7 (1995)	21	8 (0.3)	948 (39.9)	1,386 (58.4)	32 (1.4)	2,374 (100.0)	1,806
12 (2000)	21	9 (0.4)	931 (38.4)	1,465 (60.5)	18 (0.7)	2,422 (100.0)	1,864
17 (2005)	15	…	936 (38.6)	1,463 (60.4)	23 (0.9)	2,422 (1.0)	1,861
18 (2006)	12	…	888 (37.3)	1,461 (61.4)	27 (1.1)	2,376 (100.0)	1,844
19 (2007)	11	…	860 (37.5)	1,409 (61.5)	23 (1.0)	2,292 (100.0)	1,776
20 (2008)	11	…	727 (36.7)	1,219 (61.6)	32 (1.6)	1,979 (100.0)	1,543
21 (2009)	11	…	681 (37.9)	1,090 (60.7)	26 (1.4)	1,797 (100.0)	1,389
22 (2010)	11	…	678 (37.5)	1,107 (61.2)	24 (1.3)	1,809 (100.0)	1,402
23 (2011)	12	…	711 (38.4)	1,123 (60.6)	13 (0.7)	1,852 (100.0)	1,425
24 (2012)	11	…	729 (38.6)	1,130 (59.9)	23 (1.2)	1,887 (100.0)	1,445
25 (2013)	11	…	744 (38.1)	1,189 (60.9)	15 (0.8)	1,952 (100.0)	1,501
26 (2014)	11	4 (0.2)	692 (36.9)	1,165 (62.1)	12 (0.6)	1,875 (100.0)	1,458
27 (2015)	11	6 (0.3)	713 (37.6)	1,162 (61.4)	13 (0.7)	1,894 (100.0)	1,465

資料　　　　　　　　　　　　　　　　　　　　　　　　　　　　国土交通省

(注) 1. 長距離航路とは、片道航路距離が300km以上の航路をいう。
　　 2. 航路数は、翌年4月1日現在の運航中の数である。
　　 3. 8トントラック換算は、乗用車2.5台を1台としたものである。
　　 4. ( )は構成比である。

輸　送　量　（その１）
Transport (No.1)

自動車輸送量 （千台キロ） Thousand Car-km (Unit:Thousand)					8トントラック 換算総計 Converted into 8 ton Trucks	旅客 輸送人員 （千人） Passengers Carried (Thousand)	旅客輸送量 （千人キロ） Volume of Passenger Traffic (Thousand Person-km)
バ　ス Bus	乗用車 Passenger Car	普通トラック Ordinary Truck	その他 Others	総　計 Total			
4,463 (0.3)	553,816 (39.8)	807,944 (58.1)	23,965 (1.7)	1,390,188 (100.0)	858,526	4,626	2,324,632
3,976 (0.3)	546,261 (36.6)	918,202 (61.5)	24,807 (1.6)	1,493,246 (100.0)	1,165,489	3,937	2,046,121
4,116 (0.3)	540,687 (35.5)	940,637 (63.2)	12,762 (1.0)	1,498,202 (100.0)	1,173,790	3,715	1,970,215
…	542,833 (36.9)	920,863 (62.3)	14,829 (1.0)	1,478,525 (100.0)	1,152,826	3,091	1,549,948
…	513,636 (35.4)	917,703 (63.2)	18,867 (1.3)	1,450,205 (100.0)	1,142,024	3,133	1,606,541
…	486,325 (35.7)	861,951 (63.3)	14,470 (1.1)	1,362,745 (100.0)	1,070,950	3,253	1,618,916
…	417,416 (35.3)	744,002 (62.9)	22,270 (1.9)	1,183,688 (100.0)	933,239	2,655	1,410,351
…	680,689 (37.9)	1,090,407 (60.7)	25,753 (1.4)	1,796,849 (100.0)	1,388,436	2,328	1,165,460
…	415,340 (36.3)	712,166 (62.3)	16,496 (1.4)	1,144,002 (100.0)	894,798	2,104	1,170,624
…	443,316 (37.5)	728,117 (61.6)	8,725 (0.7)	1,182,951 (100.0)	916,961	2,229	1,233,985
…	454,216 (37.6)	734,200 (60.8)	16,528 (1.4)	1,207,497 (100.0)	928,177	2,186	1,248,658
…	501,266 (37.5)	819,646 (61.3)	12,568 (0.9)	1,336,635 (100.0)	1,032,721	2,262	1,372,758
2,419 (0.2)	426,644 (36.2)	749,904 (63.6)	8,337 (0.7)	1,178,304 (100.0)	922,318	2,144	1,188,495
3,113 (0.3)	438,165 (37.0)	735,107 (62.0)	8,381 (0.7)	1,184,766 (100.0)	921,867	2,374	1,307,666

海事局内航課

5．本土…沖縄航路は含まない。
6．自動車航送貨物定期航路事業（貨物フェリー）を除く。
7．14年度以降のバスの航送台数・運送料はその他に含む。

国内フェリー / Domestic Ferry

中距離航路 (medium haul ferry boat)

年度 Fiscal Year	航路数 Number of Waterways	自動車航送台数（千台） Number of Cars Carried by Ferry Boats (Unit:Thousand)					8トントラック換算総計 Converted into 8 ton Trucks
		バス Bus	乗用車 Passenger Car	普通トラック Ordinary Truck	その他 Others	総計 Total	
2 (1990)	22	10 (0.6)	630 (39.0)	958 (59.4)	16 (1.0)	1,614 (100.0)	1,236
7 (1995)	22	6 (0.4)	540 (38.6)	837 (59.9)	15 (1.1)	1,398 (100.0)	1,074
12 (2000)	9	3 (0.5)	196 (30.4)	444 (68.9)	1 (0.2)	644 (100.0)	526
17 (2005)	6	…	156 (27.0)	419 (72.5)	3 (0.5)	578 (100.0)	485
18 (2006)	6	…	151 (26.5)	415 (72.9)	3 (0.5)	569 (100.0)	479
19 (2007)	5	…	149 (25.9)	423 (73.6)	3 (0.5)	575 (100.0)	486
20 (2008)	4	…	127 (24.5)	391 (75.1)	2 (0.4)	520 (100.0)	444
21 (2009)	4	…	114 (23.6)	369 (76.0)	2 (0.4)	485 (100.0)	417
22 (2010)	4	…	93 (22.8)	313 (76.7)	2 (0.5)	408 (100.0)	194
23 (2011)	5	…	101 (24.5)	309 (75.0)	0 (0.0)	412 (100.0)	352
24 (2012)	3	…	149 (28.5)	357 (68.4)	14 (2.7)	522 (100.0)	431
25 (2013)	2	…	150 (28.5)	360 (68.4)	14 (2.7)	526 (100.0)	434
26 (2014)	5	1	157 (28.4)	382 (69.1)	13 (2.4)	553 (100.0)	459
27 (2015)	5	1	162 (27.6)	385 (65.7)	12 (2.0)	586 (100.0)	463

資料　国土交通省

(注) 1. 中距離航路とは、片道航路距離が100km以上300km未満の航路をいう。
　　 2. 航路数は、翌年4月1日現在の運航中の数である。
　　 3. 8トントラック換算は、乗用車2.5台を1台としたものである。
　　 4. （　）は構成比である。

輸　送　量　（その２）
Transport (No.2)

自動車輸送量（千台キロ） Thousand Car-km (Unit:Thousand)					8トントラック 換算総計 Converted into 8 ton Trucks	旅客 輸送人員 （千人） Passengers Carried (Thousand)	旅客輸送量 （千人キロ） Volume of Passenger Traffic (Thousand Person-km)
バス Bus	乗用車 Passenger Car	普通トラック Ordinary Truck	その他 Others	総　計 Total			
2,109 (0.7)	111,388 (37.6)	179,783 (60.6)	3,155 (1.1)	296,435 (100.0)	229,602	3,978	739,272
1,271 (0.5)	94,737 (36.6)	159,259 (61.6)	3,261 (1.3)	258,528 (100.0)	201,686	3,182	588,575
819 (0.6)	42,309 (30.4)	96,030 (69.0)	88 (0.1)	139,246 (100.0)	113,861	1,464	310,124
...	31,487 (25.8)	89,771 (73.6)	760 (0.6)	122,018 (100.0)	103,125	659	136,899
...	29,790 (25.1)	88,164 (74.3)	667 (0.6)	118,622 (100.0)	100,748	1,041	142,399
...	28,986 (24.5)	88,596 (75.0)	598 (0.5)	118,191 (100.0)	100,799	1,035	208,088
...	24,542 (23.0)	81,761 (76.5)	505 (0.5)	106,808 (100.0)	92,083	853	167,910
...	23,562 (23.1)	77,950 (76.4)	475 (0.5)	101,987 (100.0)	79,367	765	156,031
...	21,260 (22.6)	72,277 (76.9)	405 (0.4)	93,941 (100.0)	76,114	600	136,524
...	22,977 (24.1)	71,793 (75.5)	0 (0.0)	95,146 (100.0)	81,360	598	135,259
...	28,329 (26.6)	75,985 (71.5)	1,658 (1.6)	106,305 (100.0)	88,975	871	172,573
...	28,623 (26.8)	76,314 (71.3)	1,720 (1.6)	106,977 (100.0)	89,483	713	152,856
329 (0.3)	30,108 (27.0)	79,582 (71.3)	1,523 (1.4)	111,541 (100.0)	93,476	785	165,308
309 (0.3)	31,341 (27.7)	80,173 (70.8)	1,478 (1.3)	113,301 (100.0)	94,497	964	175,733

海事局内航課

5. 函館…青森、野辺地…函館、鹿児島…宮之浦、長崎…福江、鹿児島…種子島・屋久島、博多…壱岐…
　　対馬、佐世保…上五島の各航路は含まない。
6. 14年度以降のバスの航送台数・運送料はその他に含む。

邦 船 社 に よ る
Volume of Oceangoing Cargo

暦年 Calender Year (注3)	合 計 Sum Total	輸 出 Exports				
		計 Total	一般貨物船 General Cargo Vessels		油送船 Oil Tanker	計 Total
			定 期 Liner	不定期 Tramp		
30 (1955)	28,283	3,913	2,348	1,508	57	20,799
35 (1960)	61,120	6,429	4,284	1,914	231	50,665
40 (1965)	134,512	10,213	6,368	3,446	400	118,144
45 (1970)	364,688	22,364	9,887	12,311	166	310,010
50 (1975)	526,982	34,074	10,116	23,136	822	415,567
55 (1980)	540,552	40,884	12,257	27,572	1,054	425,138
60 (1985)	546,156	42,842	10,528	30,339	1,975	400,697
2 (1990)	597,821	32,970	9,839	19,657	3,474	469,612
7 (1995)	703,606	38,761	10,759	21,958	6,045	529,929
12 (2000)	739,377	34,960	11,009	19,085	4,146	538,875
17 (2005)	777,869	45,404	15,387	22,642	7,371	529,239
18 (2006)	803,050	54,697	14,831	33,427	6,439	503,151
19 (2007)	833,217	56,702	14,348	36,247	6,107	527,467
20 (2008)	866,453	47,781	12,717	27,829	7,235	547,888
21 (2009)	823,851	44,963	10,936	25,073	8,954	457,996
22 (2010)	819,075	44,758	11,320	26,576	6,862	465,898
23 (2011)	966,697	51,863	12,891	30,414	8,558	535,977
24 (2012)	1,001,130	50,414	11,089	33,931	5,394	530,855
25 (2013)	1,026,983	52,001	10,154	34,130	7,717	540,872
26 (2014)	1,035,239	58,431	12,789	37,361	8,282	535,244
27 (2015)	1,056,144	60,802	16,583	38,339	5,881	544,702
28 (2016)	1,018,441	65,911	12,971	43,515	9,425	513,114
資 料						国土交通省

(注) 1. 外国用船による輸送量を含む。
　　2. 三国間とは、本邦以外の諸港間の輸送をいう。
　　3. 昭和60(1985)年までは年度実績、平成4(1992)年以降は暦年実績。

外 航 貨 物 輸 送 量
Carried by Japanese Shipping Firms

単位：千トン（Unit：1000 Gross Ton）

輸入 General Cargo Vessels		油送船	計	三国間 General Cargo Vessels		油送船
定期 Liner	不定期 Tramp	Oil Tanker	Total	定期 Liner	不定期 Tramp	Oil Tanker
3,315	11,082	6,402	3,571	1,731	669	1,171
7,909	24,283	18,472	4,026	2,065	1,265	696
9,057	50,508	58,581	6,153	1,199	1,195	3,759
10,919	155,370	143,721	32,314	2,136	11,674	18,504
7,505	210,144	197,918	77,341	1,618	25,135	50,588
7,391	224,277	193,469	74,530	3,015	42,756	28,760
8,475	229,874	162,348	102,617	5,187	62,943	34,487
11,530	261,991	196,091	95,329	12,697	60,739	21,782
13,214	302,494	214,220	134,916	19,903	82,293	32,720
11,362	337,189	190,324	165,542	26,286	83,472	52,785
16,256	339,119	173,863	203,225	55,876	93,913	53,435
18,290	333,937	150,924	245,202	79,949	109,077	56,176
18,324	322,063	187,080	249,048	81,924	117,901	49,223
21,173	350,791	175,924	270,784	87,797	131,314	51,673
17,803	292,415	147,778	320,892	91,342	168,206	61,344
19,565	298,379	147,954	308,419	115,716	148,553	44,150
21,068	333,820	181,089	378,857	105,353	206,489	67,015
23,878	331,218	175,759	419,861	122,695	239,462	57,703
22,135	356,644	162,093	434,111	122,021	263,259	48,831
28,579	351,107	155,558	441,563	135,109	268,515	37,939
28,782	360,070	155,850	450,639	125,769	291,354	33,516
28,645	342,018	142,451	439,416	123,198	277,285	38,934

海事局外航課

邦 船 社 に よ る
Number of International Passengers Carried

暦年 Calender Year (注2)	合　計 Sum Total			出　国 Out Ward		
	計 Total	定期 Liner	不定期 Tramp	計 Total	定期 Liner	不定期 Tramp
45　(1970)	94,618	94,516	102	42,207	42,206	1
50　(1975)	74,664	54,428	20,236	35,574	25,547	10,027
55　(1980)	70,066	46,426	23,640	39,305	26,651	12,382
60　(1985)	94,006	49,453	44,553	53,789	28,723	25,066
2　(1990)	201,936	126,464	75,472	109,627	71,051	38,576
7　(1995)	275,991	199,881	76,110	141,487	104,541	36,946
12　(2000)	462,611	426,596	36,015	235,067	216,602	18,465
17　(2005)	563,146	541,416	21,730	286,083	275,262	10,821
18　(2006)	606,537	582,072	24,465	303,105	290,735	12,370
19　(2007)	673,311	657,649	15,662	340,388	331,798	8,590
20　(2008)	648,707	640,278	8,429	323,107	318,813	4,294
21　(2009)	r　503,714	r　503,714	…	r　240,300	r　240,300	…
22　(2010)	r　607,691	r　604,409	r　3,282	r　302,662	r　301,240	1,422
23　(2011)	r　515,450	r　512,027	r　3,423	r　260,851	r　258,885	1,966
24　(2012)	614,800	606,289	8,511	312,542	308,425	4,117
25　(2013)	526,960	526,960	…	264,499	264,499	…
26　(2014)	520,141	520,141	…	256,839	256,839	…
27　(2015)	697,726	697,726	…	349,651	349,651	…
28　(2016)	668,946	668,946	…	333,036	333,036	…
資　料	国土交通省					

(注)1．平成7年以降は外国用船による輸送量を含まない。
　　2．昭和60年までは、年度実績、平成2年以降は暦年実績。

外 航 旅 客 輸 送 量
by Japanese Oceangoing Passenger Ships

単位：人 (Unit : Persons)

入　　　　国 In Ward			三　　国　　間 Cross Trade		
計 Total	定 期 Liner	不定期 Tramp	計 Total	定 期 Liner	不定期 Tramp
51,020	50,919	101	1,391	1,391	…
39,085	28,881	10,204	5	…	5
31,033	19,775	11,258	…	…	…
38,988	20,730	18,258	1,229	…	1,229
92,309	55,413	36,896	…	…	…
134,504	95,340	39,164	…	…	…
227,544	209,994	17,550	…	…	…
277,063	266,154	10,909	…	…	…
303,432	291,337	12,095	…	…	…
332,923	325,851	7,072	…	…	…
325,600	321,465	4,135	…	…	…
r 263,414	r 263,414	…	…	…	…
r 305,029	r 303,169	1,860	…	…	…
r 254,599	r 253,142	1,457	…	…	833
302,258	297,864	4,394	…	…	…
262,461	262,461	…	…	…	…
263,302	263,302	…	…	…	…
348,075	348,075	…	…	…	…
335,910	335,910	…	…	…	…

海事局外航課

邦船社による外航
Volume of International Cargo Commodities

貨物船 (Cargo Vessel)

暦年 Calender Year (注3)		輸 出 (Exports)							
		計 Total	鉄鋼 Iron & Steel	セメント Cement	肥料 Fertilizers	繊維製品 Textiles	電気製品 Electric Products	自動車 Passenger Cars	機械 Machinery
45	(1970)	22,202	10,865	839	2,332	297	370	703	841
50	(1975)	33,252	17,913	2,203	1,459	333	453	2,013	1,914
55	(1980)	39,829	13,251	5,160	984	360	1,011	5,955	3,993
60	(1985)	40,867	15,669	5,621	392	359	1,280	6,530	3,240
2	(1990)	32,970	9,556	2,822	240	215	945	5,950	2,786
7	(1995)	38,761	11,229	3,365	256	236	737	4,646	3,279
12	(2000)	34,960	11,316	2,491	338	123	544	5,190	2,783
17	(2005)	45,404	13,382	1,325	288	77	490	8,027	5,256
22	(2010)	66,621	7,401	1,230	125	85	393	10,438	3,225
23	(2011)	74,369	9,714	2,584	177	88	431	12,647	3,716
24	(2012)	68,780	9,772	3,868	123	90	340	13,967	3,887
25	(2013)	73,016	14,443	4,276	636	79	253	8,080	3,220
26	(2014)	79,108	19,700	3,407	2,446	118	284	7,203	4,598
27	(2015)	79,147	21,117	2,535	3,288	95	307	10,236	4,880
28	(2016)	88,212	22,862	3,006	3,229	71	204	9,659	4,579

暦年 Calender Year (注3)		輸 入 (Imports)							
		綿花 Cotton	リン鉱石 Phosphates	塩 Salt	鉄鉱石 Iron Ore	スクラップ Iron & Steel Scrap	銅鉱 Copper Ore	ニッケル鉱 Nickel Ore	ボーキサイト Bauxite
45	(1970)	472	1,718	3,252	70,846	1,122	926	4,630	3,631
50	(1975)	356	1,820	3,192	98,251	726	1,137	2,925	4,560
55	(1980)	239	2,351	3,666	93,193	550	1,235	3,555	5,476
60	(1985)	170	2,222	3,733	86,386	451	1,354	3,048	3,149
2	(1990)	125	2,083	4,342	89,626	122	1,270	3,241	1,698
7	(1995)	68	1,950	5,999	101,310	32	964	3,400	1,980
12	(2000)	50	1,135	4,697	114,987	14	1,126	4,281	1,925
17	(2005)	42	256	3,625	125,634	2	602	2,517	1,287
22	(2010)	8	53	5,555	114,709	5	1,654	1,088	819
23	(2011)	25	337	1,968	118,805	3	1,402	2,400	1,027
24	(2012)	14	259	2,039	118,767	1,336	988	2,202	176
25	(2013)	14	623	2,723	124,633	2,706	615	2,062	795
26	(2014)	19	3,367	1,124	128,336	54	2,049	3,530	32
27	(2015)	20	6,971	1,120	122,629	6	1,290	3,412	0
28	(2016)	25	6,840	1,707	117,028	3	323	2,889	0

資料　国土交通省

(注) 1. 外国用船による輸送量を含まない。
    2. 三国間輸送を含まない。

主 要 品 目 別 輸 送 量
Carried by Japanese Oceangoing Vessels

単位：千トン (Unit : 1000 Gross Ton)

		輸			入	(Imports)		
その他 Others	計 Total	小 麦 Wheat	とうもろこし Maize	砂 糖 Sugar	大 豆 Soya Beans	木 材 Wood	パルプ Pulp	チップ Chip
5,956	166,292	3,442	4,077	349	1,208	25,998	1,626	1,870
6,963	217,650	5,193	5,093	530	1,464	20,250	759	8,184
9,114	231,668	4,152	3,139	539	3,169	17,675	432	12,577
7,777	238,349	4,298	5,472	434	989	14,262	543	9,549
10,457	273,521	4,412	6,623	197	1,113	15,787	618	16,435
15,012	315,708	5,245	6,605	32	1,179	10,829	793	22,537
12,175	348,551	5,231	6,752	250	807	9,336	222	25,434
16,559	355,376	2,326	2,275	211	194	9,872	383	15,480
21,862	370,692	2,122	1,105	223	235	10,145	99	6,125
22,505	393,027	3,021	3,362	602	1,492	10,466	448	13,734
18,366	394,634	2,313	2,636	513	1,195	9,355	342	11,106
21,015	423,479	2,929	1,621	551	2,202	4,729	270	18,465
20,677	430,600	3,041	742	788	1,441	3,263	399	21,274
18,344	431,226	3,102	1,258	837	439	2,533	333	25,073
22,301	413,930	3,086	920	800	116	3,124	279	23,185

油送船 （Oil Tanker）

		輸 出 (Exports)	輸		入	(Imports)	
石 炭 Coal	その他 Others	計 Total	計 Total	原 油 Crude Oil	重 油 Heavy Oil	LPG LNG	その他 Others
28,312	12,813	166	143,721	135,488	4,599	1,661	1,974
46,046	17,163	821	197,917	187,595	4,292	3,552	2,478
56,331	23,389	1,054	193,470	176,246	6,709	6,579	3,936
76,217	20,387	1,975	162,348	139,089	4,928	12,602	5,729
89,827	36,002	3,474	196,091	164,787	5,710	14,905	10,689
118,558	34,229	6,045	214,220	184,886	1,973	15,966	11,396
143,857	28,447	4,146	190,324	161,537	1,495	16,211	11,082
151,966	38,704	7,371	173,863	132,019	2,119	15,986	23,739
133,440	46,654	6,862	141,860	91,898	415	20,099	29,448
157,656	38,138	8,558	181,089	145,888	0	21,425	13,776
162,317	39,537	5,394	175,759	147,291	0	19,869	8,599
169,141	44,701	7,717	162,102	131,448	1,848	20,837	7,969
159,313	50,913	8,017	155,559	127,291	348	18,381	9,539
177,456	42,374	5,881	155,849	129,813	125	22,311	3,600
167,070	43,267	9,425	142,451	89,069	55	24,158	29,169

海事局外航課

3. 昭和60年までは年度実績、平成2年以降は暦年実績。
4. 油送船の輸出は貨物船の輸出「その他」の内数である。

貿易貨物船舶積取比率
Loading Shares of the Shipping Trade

単位：千トン（％）(Unit : 1000 Ton(%))

暦 年 Calender Year (注3)	輸 出 (Exports)				輸 入 (Imports)			
	我が国商船隊 Japanese Merchant Fleet			外国船 Foreign Registered Vessels	我が国商船隊 Japanese Merchant Fleet			外国船 Foreign Registered Vessels
	計 Total	邦 船 Japanese Vessels	外国用船 Chartered Foreign Vessels		計 Total	邦 船 Japanese Vessels	外国用船 Chartered Foreign Vessels	
45 (1970)	22,367	15,682	6,685	19,547	310,013	216,212	93,801	173,551
	(53.4)	(37.4)	(15.9)	(46.6)	(64.1)	(44.7)	(19.4)	(35.9)
50 (1975)	34,074	14,408	19,666	28,148	415,566	256,461	159,105	139,331
	(54.8)	(23.2)	(31.6)	(45.2)	(74.9)	(46.2)	(28.7)	(25.1)
55 (1980)	40,884	15,400	25,484	35,156	425,138	225,118	200,020	177,128
	(53.8)	(20.3)	(33.5)	(46.2)	(70.6)	(37.4)	(33.2)	(29.4)
60 (1985)	42,842	14,328	28,514	37,166	400,697	244,242	156,455	194,641
	(53.5)	(17.9)	(35.6)	(46.5)	(67.3)	(41.0)	(26.3)	(32.7)
2 (1990)	32,970	4,848	28,122	37,449	469,612	199,944	269,668	229,695
	(46.8)	(6.9)	(39.9)	(53.2)	(67.2)	(28.6)	(38.6)	(32.8)
7 (1995)	38,761	2,980	35,781	58,621	529,929	152,735	377,194	226,907
	(43.4)	(1.7)	(41.7)	(56.6)	(71.8)	(16.4)	(55.4)	(28.2)
12 (2000)	34,960	1,514	33,445	66,767	538,875	98,148	440,727	249,112
	(34.4)	(1.5)	(32.9)	(65.6)	(68.4)	(12.5)	(55.9)	(31.6)
17 (2005)	45,404	1,803	43,601	88,962	529,239	53,463	475,776	286,389
	(33.8)	(1.3)	(32.4)	(66.2)	(64.9)	(6.6)	(58.3)	(35.1)
22 (2010)	44,758	1,188	43,570	111,650	465,898	41,961	423,937	293,143
	(28.6)	(0.8)	(27.9)	(71.4)	(61.4)	(5.5)	(55.9)	(38.6)
23 (2011)	51,863	1,302	50,561	97,939	535,977	75,356	460,621	216,737
	(34.6)	(0.9)	(33.8)	(65.4)	(71.2)	(10.0)	(61.2)	(28.8)
24 (2012)	50,414	1,222	49,192	110,657	530,855	81,986	448,869	268,185
	(31.3)	(0.8)	(30.5)	(68.7)	(66.4)	(10.3)	(56.2)	(33.6)
25 (2013)	52,001	1,345	50,656	115,314	540,872	87,172	453,700	265,203
	(31.1)	(0.8)	(30.3)	(68.9)	(67.1)	(10.8)	(56.3)	(32.9)
26 (2014)	58,431	1,440	56,991	104,784	535,245	91,293	443,952	260,128
	(35.8)	(0.9)	(34.9)	(64.2)	(67.3)	(11.5)	(55.8)	(32.7)
27 (2015)	60,802	1,421	59,381	108,175	544,702	104,138	440,564	233,034
	(36.0)	(0.8)	(35.1)	(64.0)	(70.0)	(13.4)	(56.6)	(30.0)
28 (2016)	65,911	1,732	64,179	101,750	513,114	112,192	400,922	254,445
	(39.3)	(1.0)	(38.3)	(60.7)	(66.9)	(14.6)	(52.2)	(33.1)

資 料　国土交通省海事局外航課

(注)1. 邦船輸送量は国土交通省資料による。
　　 2. 外国船輸送量は輸出入総量から邦船、外国用船の輸送量を差し引いたものである。
　　 3. 昭和60年までは年度実績、平成2年以降は暦年実績。

国際戦略港湾・国際拠点港湾入港船舶数（平成25年）
Number of Vessels Arriving at Specially Designated Major Ports (CY 2013)

単位：隻、千総トン (Unit : 1000 Tons)

港名 Port and Harbor	合計 Sum Total		外航商船 Oceangoing Merchant		内航商船 Domestic Merchant		その他 Others	
	隻数 No	総トン Ton	隻数 No	総トン Ton	隻数 No	総トン Ton	隻数 No	総トン Ton
苫小牧 Tomakomai	14,106	81,642	973	16,236	10,015	65,154	3,118	252
室蘭 Muroran	6,592	27,867	578	18,754	4,794	8,816	1,220	297
仙台塩釜 Sendaishiogama	17,735	47,200	848	14,871	16,340	31,761	547	567
千葉 Chiba	49,677	135,106	4,390	90,140	41,454	43,969	3,833	996
☆東京 Tokyo	26,095	165,370	5,725	125,319	18,334	37,696	2,026	2,355
☆川崎 Kawasaki	25,447	106,902	2,931	83,325	21,603	20,621	913	2,957
☆横浜 Yokohama	37,706	271,277	9,901	227,667	24,535	37,561	3,270	6,049
新潟 Niigata	13,552	45,621	1,149	18,342	7,456	26,663	4,947	616
伏木富山 Fushikitoyama	13,455	11,747	1,190	9,219	983	2,410	11,282	118
清水 Shimizu	8,657	38,576	1,666	31,852	5,803	5,921	1,188	804
名古屋 Nagoya	32,619	233,194	8,422	194,357	22,628	38,506	1,569	331
四日市 Yokkaichi	17,735	62,485	1,888	49,280	14,772	13,077	1,075	127
堺泉北 Sakaisenboku	32,286	79,762	2,189	51,180	28,012	28,069	2,085	514
☆大阪 Osaka	23,858	111,137	5,494	73,676	17,937	37,234	427	228
☆神戸 Kobe	36,338	183,485	7,154	140,282	25,827	42,226	3,357	977
姫路 Himeji	28,953	29,494	898	19,983	27,506	9,416	549	95
和歌山下津 Wakayamashimotsu	13,029	45,779	1,122	29,472	11,552	16,214	355	93
水島 Mizushima	33,096	87,739	3,671	63,426	26,632	23,008	2,793	1,306
広島 Hiroshima	54,605	37,680	1,331	19,599	53,141	18,004	133	77
下関 Shimonoseki	34,931	10,564	1,470	7,103	27,517	2,573	5,944	888
徳山下松 Tokuyamakudamatsu	24,316	39,300	1,512	19,199	22,391	18,764	413	1,336
博多 Hakata	30,505	57,708	4,940	39,618	22,007	17,615	3,558	475
北九州 Kitakyushu	57,814	98,545	4,591	52,423	48,050	43,810	5,173	2,311
☆国際戦略港湾 計 Specially Major I Ports	149,444	838,172	31,205	650,269	108,246	175,338	9,993	12,565
国際拠点港湾 計 Specially Major II Ports	483,663	1,170,010	42,828	745,056	391,053	413,750	49,782	11,204
全国 計 General Total	3,761,023	3,722,593	107,908	1,943,300	2,409,625	1,690,808	1,243,490	88,485
資料	国土交通省総合政策局情報政策本部情報政策課交通経済統計調査室　　（港湾統計年報）							

（注）外航商船、内航商船には自動車航送船を含む
　　　平成24年度より、港湾区分が見直されて特定重要港湾が国際戦略港湾及び国際拠点港湾に改正された。
　　　対象港湾は従前のとおり。
　　　☆は、国際戦略拠点港湾、無印は国際拠点港湾を示す。

国際戦略港湾・国際拠点港湾入港船舶数（平成26年）
Number of Vessels Arriving at Specially Designated Major Ports (CY 2014)

単位：隻、千総トン (Unit : 1000 Tons)

港名 Port and Harbor	合計 Sum Total		外航商船 Oceangoing Merchant		内航商船 Domestic Merchant		その他 Others	
	隻数 No	総トン Ton	隻数 No	総トン Ton	隻数 No	総トン Ton	隻数 No	総トン Ton
苫小牧 Tomakomai	14,289	83,984	1,011	16,620	10,208	67,263	3,070	101
室蘭 Muroran	5,760	22,294	551	14,433	4,110	7,562	1,099	299
仙台塩釜 Sendaishiogama	17,427	47,336	915	15,289	16,200	31,705	312	341
千葉 Chiba	51,674	144,039	4,610	96,621	43,215	46,684	3,849	734
☆東京 Tokyo	25,259	159,380	5,339	118,854	17,804	38,399	2,116	2,127
☆川崎 Kawasaki	24,102	99,546	2,800	76,615	20,436	19,926	866	3,005
☆横浜 Yokohama	36,187	276,721	9,774	234,081	23,021	35,732	3,392	6,909
新潟 Niigata	13,614	45,066	1,160	18,483	7,529	26,234	4,925	349
伏木富山 Fushikitoyama	11,840	11,300	1,107	8,781	946	2,415	9,787	104
清水 Shimizu	8,461	38,691	1,662	31,524	5,443	6,021	1,356	1,146
名古屋 Nagoya	33,229	231,879	8,129	192,470	23,394	38,894	1,706	516
四日市 Yokkaichi	17,518	61,656	1,914	48,214	14,592	13,329	1,012	113
堺泉北 Sakaisenboku	31,363	80,988	2,047	51,088	27,499	29,245	1,817	656
☆大阪 Osaka	23,501	107,036	5,219	67,229	17,682	35,504	387	205
☆神戸 Kobe	35,831	185,096	6,950	142,520	25,491	41,636	3,390	939
姫路 Himeji	30,174	28,544	889	18,279	28,800	10,174	485	91
和歌山下津 Wakayamashimotsu	12,559	44,154	1,148	28,212	11,104	15,857	307	85
水島 Mizushima	33,707	88,054	3,753	60,303	27,928	26,495	2,026	1,255
広島 Hiroshima	53,789	39,814	1,418	22,166	52,240	17,568	131	80
下関 Shimonoseki	36,949	10,962	1,383	7,205	28,892	2,741	6,674	1,015
徳山下松 Tokuyamakudamatsu	22,302	35,447	1,475	17,120	20,475	17,365	352	962
博多 Hakata	30,043	60,698	4,645	42,463	22,071	17,911	3,327	324
北九州 Kitakyushu	58,746	97,439	4,456	51,090	48,989	43,957	5,301	2,391
☆国際戦略港湾 計 Specially Major I Ports	144,880	827,780	30,295	643,397	104,434	171,197	10,151	13,185
国際拠点港湾 計 Specially Major II Ports	483,444	1,172,346	42,273	740,363	393,635	421,419	47,536	10,563
全国 計 General Total	3,718,667	3,710,557	106,293	1,935,952	2,389,778	1,687,719	1,222,596	86,886

資料　国土交通省総合政策局情報政策本部情報政策課交通経済統計調査室　（港湾統計年報）

(注) 外航商船、内航商船には自動車航送船を含む
　　 平成24年度より、港湾区分が見直されて特定重要港湾が国際戦略港湾及び国際拠点港湾に改正された。
　　 対象港湾は従前のとおり。
　　 ☆は、国際戦略拠点港湾、無印は国際拠点港湾を示す。

国際戦略港湾・国際拠点港湾入港船舶数（平成27年）
Number of Vessels Arriving at Specially Designated Major Ports (CY 2015)

単位：隻、千総トン (Unit : 1000 Tons)

港名 Port and Harbor	合計 Sum Total 隻数 No	総トン Ton	外航商船 Oceangoing Merchant 隻数 No	総トン Ton	内航商船 Domestic Merchant 隻数 No	総トン Ton	その他 Others 隻数 No	総トン Ton
苫小牧 Tomakomai	14,327	85,183	1,004	17,190	10,147	67,961	3,176	31,808
室蘭 Muroran	5,567	20,600	596	12,590	3,834	7,689	1,137	320,613
仙台塩釜 Sendaishiogama	30,096	51,749	1,093	17,127	28,613	34,226	390	396
千葉 Chiba	50,414	143,467	4,358	95,811	42,389	46,964	3,667	691
☆東京 Tokyo	23,997	161,236	5,236	119,854	16,666	39,489	2,095	1,892
☆川崎 Kawasaki	23,838	99,207	2,823	74,341	20,215	21,332	800	3,533
☆横浜 Yokohama	35,979	284,555	9,780	241,194	22,717	35,688	3,482	7,673
新潟 Niigata	12,912	49,774	1,159	17,788	7,435	31,519	4,318	467
伏木富山 Fushikitoyama	11,574	10,602	930	8,339	961	2,098	9,683	164
清水 Shimizu	8,271	39,942	1,729	33,336	5,517	5,949	1,025	657
名古屋 Nagoya	33,310	234,663	7,989	195,170	23,651	39,212	1,670	281
四日市 Yokkaichi	17,956	63,055	1,991	49,014	14,684	13,812	1,281	229
堺泉北 Sakaisenboku	30,134	78,263	2,004	46,937	26,172	30,685	1,958	641
☆大阪 Osaka	22,583	103,702	5,234	70,845	17,002	32,637	347	220
☆神戸 Kobe	35,074	189,746	6,893	144,351	25,069	44,602	3,112	793
姫路 Himeji	29,272	27,885	753	17,536	27,901	10,224	618	126
和歌山下津 Wakayamashimotsu	11,917	39,919	921	24,435	10,701	15,405	295	79
水島 Mizushima	32,011	84,630	3,564	59,218	26,723	24,449	1,724	964
広島 Hiroshima	52,269	42,058	1,396	24,049	50,603	17,869	270	140
下関 Shimonoseki	36,750	11,194	1,317	7,493	28,791	2,764	6,642	936
徳山下松 Tokuyamakudamatsu	22,957	38,581	1,647	19,222	20,955	18,248	355	1,111
博多 Hakata	30,070	74,734	4,642	56,034	21,796	18,358	3,632	342
北九州 Kitakyushu	57,372	100,010	4,410	53,186	48,230	44,571	249	1,989
☆国際戦略港湾 計 Specially Major I Ports	141,471	838,446	29,966	650,585	101,669	173,749	9,836	14,112
国際拠点港湾 計 Specially Major II Ports	487,179	1,196,308	41,503	754,476	399,103	432,003	46,573	9,829
全国 計 General Total	3,596,351	3,754,693	103,967	1,974,100	2,322,356	1,693,598	1,170,028	86,996

資料　国土交通省総合政策局情報政策本部情報政策課交通経済統計調査室　　（港湾統計年報）

（注）　外航商船、内航商船には自動車航送船を含む。
　　　平成24年度より、港湾区分が見直されて特定重要港湾が国際戦略港湾及び国際拠点港湾に改正された。
　　　対象港湾は従前のとおり。
　　　☆は、国際戦略拠点港湾、無印は国際拠点港湾を示す。

全 国 港 湾
Volume of Cargo

暦 年 Calender Year	港湾数 Harbors	合 計 (Sum Total)			輸 計 Total
		計 Total	外国貿易 International Trade	内国貿易 Domestic Trade	
25 (1950)	570	118,554	17,828	100,726	52,923
30 (1955)	772	257,320	50,028	207,293	114,310
35 (1960)	799	455,369	107,031	348,337	193,441
40 (1965)	904	827,122	241,715	585,407	324,846
45 (1970)	927	1,875,740	552,916	1,322,824	717,104
50 (1975)	939	2,552,552	703,313	1,849,239	1,023,777
55 (1980)	946	2,925,228	828,365	2,096,863	1,195,152
60 (1985)	889	2,840,133	859,301	1,980,832	1,180,239
2 (1990)	889	3,252,616	968,976	2,283,640	1,313,075
7 (1995)	889	3,418,410	1,071,084	2,347,326	1,358,275
12 (2000)	819	3,177,771	1,137,401	2,040,370	1,239,163
15 (2003)	814	3,117,578	1,179,039	1,938,539	1,210,194
16 (2004)	814	3,167,860	1,212,034	1,955,826	1,236,402
17 (2005)	814	3,174,267	1,226,323	1,947,944	1,243,789
18 (2006)	814	3,201,375	1,256,467	1,944,908	1,264,674
19 (2007)	814	3,215,326	1,291,064	1,923,771	1,280,705
20 (2008)	814	3,143,446	1,297,157	1,846,289	1,297,157
21 (2009)	814	2,476,113	1,091,175	1,384,939	950,667
22 (2010)	717	2,801,507	1,232,301	1,569,206	1,074,013
23 (2011)	717	2,782,600	1,226,232	1,556,368	1,053,218
24 (2012)	717	2,851,801	1,269,020	1,582,781	1,077,129
25 (2013)	717	2,900,134	1,290,805	1,609,329	1,100,945
26 (2014)	717	2,878,469	1,276,160	1,602,309	1,094,153
27 (2015)	694	2,810,355	1,253,432	1,556,924	1,073,857
資 料				国土交通省総合政策局情報政策本部	

(注) 自動車航送船を含む。

取 扱 貨 物 量
Handled at Ports

単位：千トン (Unit : 1000 Gross Tons)

移 出			輸 移 入		
輸 出 Exports	移 出 Outward	計 Total	輸 入 Imports	移 入 Inward	
4,169	48,754	65,631	13,659	51,972	
9,294	105,016	143,010	40,733	102,277	
14,819	178,622	261,927	92,212	169,715	
29,949	294,897	502,276	211,766	290,510	
59,901	657,203	1,158,636	493,015	665,621	
95,625	928,152	1,528,775	607,688	921,087	
152,551	1,042,601	1,730,076	675,814	1,054,261	
187,570	992,669	1,659,894	671,731	988,163	
171,143	1,141,932	1,939,541	797,833	1,141,708	
187,806	1,170,469	2,060,135	883,278	1,176,858	
203,244	1,035,919	1,938,608	934,157	1,004,451	
229,747	980,447	1,907,384	949,292	958,092	
249,360	987,042	1,931,458	962,674	968,783	
260,664	983,125	1,930,478	965,659	964,819	
284,812	979,862	1,946,700	971,655	965,045	
303,832	976,873	1,934,621	987,723	946,898	
309,776	987,382	1,846,289	939,575	906,714	
244,492	706,176	1,525,446	846,683	678,763	
282,348	791,665	1,727,494	949,953	777,541	
270,997	782,221	1,729,382	955,235	774,147	
280,917	796,212	1,774,671	988,103	786,568	
289,690	811,255	1,799,189	1,001,115	798,074	
287,292	806,861	1,784,316	988,868	795,448	
293,602	780,255	1,736,498	959,829	776,669	

情報政策課交通経済統計調査室（港湾統計年報）

全 国 港 湾 主 要
Volume of Cargo Handled by

		暦 年 Calendar Year		合計 Sum Total	米穀類 Rice Grain	飲食物 Food & Drink	水産品 Marine	木材 Wood	石炭 Coal	鉄鉱石 Ironore	砂利・砂石材等 Gvavel, Sand & Stones
合計 Sum Total		55	(1980)	2,066,605	47,316	29,787	10,166	77,893	106,568	145,861	130,719
		2	(1990)	2,247,717	45,240	30,881	9,886	73,689	147,134	143,166	157,719
		12	(2000)	2,338,352	42,894	34,722	8,683	61,554	164,187	140,796	167,178
		17	(2005)	2,372,329	41,187	37,010	8,319	50,761	198,720	140,308	117,656
		22	(2010)	2,209,453	38,763	35,673	7,046	42,509	209,879	137,610	81,923
		25	(2013)	2,312,449	39,053	36,955	6,217	38,775	213,723	141,441	96,234
		26	(2014)	2,295,666	36,778	36,965	6,017	37,925	213,038	143,023	97,109
		27	(2015)	2,248,952	36,372	37,379	5,944	37,384	216,468	135,137	93,456
輸出 Exports		55	(1980)	152,550	736	2,110	262	184	71	0	101
		2	(1990)	171,037	68	1,815	448	113	32	10	494
		12	(2000)	203,046	438	1,847	542	192	314	709	1,135
		17	(2005)	260,406	416	2,021	982	304	56	0	2,022
		22	(2010)	285,613	283	1,721	1,075	681	38	59	3,161
		25	(2013)	289,486	172	1,583	845	428	80	7	6,040
		26	(2014)	287,084	147	1,695	656	632	127	18	6,531
		27	(2015)	293,368	286	2,004	752	706	4	221	6,494
輸入 Imports		55	(1980)	675,814	30,000	8,383	1,193	64,286	70,953	133,959	1,104
		2	(1990)	797,729	32,579	11,251	3,161	64,307	110,245	126,263	3,376
		12	(2000)	934,034	33,081	18,054	4,263	55,674	139,048	128,596	7,318
		17	(2005)	965,376	32,014	19,531	4,111	45,151	171,744	132,977	6,463
		22	(2010)	949,247	29,529	19,506	3,463	35,806	178,176	131,695	2,045
		25	(2013)	1,000,892	28,200	21,003	3,060	32,107	182,723	135,593	2,286
		26	(2014)	988,643	27,374	20,908	2,986	31,404	179,014	137,048	1,953
		27	(2015)	959,572	27,158	20,378	2,949	31,049	181,664	128,803	1,713
移出 Outward		55	(1980)	613,675	8,322	15,005	1,421	5,802	18,136	8,315	45,016
		2	(1990)	639,185	6,208	13,474	819	4,517	19,681	11,047	61,054
		12	(2000)	615,949	4,972	10,065	963	2,471	12,841	6,471	76,098
		17	(2005)	582,039	4,496	10,354	582	2,458	13,934	3,273	43,689
		22	(2010)	496,171	4,569	9,513	492	2,751	16,829	2,665	31,970
		25	(2013)	518,598	5,541	9,131	489	3,082	15,745	2,600	36,484
		26	(2014)	516,034	4,902	9,225	484	2,903	17,319	2,670	35,993
		27	(2015)	499,727	4,606	9,539	503	2,699	18,170	2,823	33,535
移入 Inward		55	(1980)	624,566	8,258	4,289	7,290	7,621	17,408	3,587	84,498
		2	(1990)	639,766	6,385	4,341	5,458	4,752	17,176	5,846	92,795
		12	(2000)	585,323	4,403	4,756	2,915	3,217	11,984	5,020	82,627
		17	(2005)	564,508	4,261	5,103	2,644	2,848	12,986	4,058	65,483
		22	(2010)	478,422	4,382	4,933	2,015	3,270	14,836	3,191	44,747
		25	(2013)	503,473	5,140	5,238	1,823	3,158	15,175	3,241	51,424
		26	(2014)	503,905	4,355	5,137	1,891	2,986	16,578	3,287	52,632
		27	(2015)	496,285	4,322	5,458	1,740	2,930	16,630	3,290	51,714

資 料　　　　　　　　　　　　　　　　　　　　　　　　国土交通省総合政策局情報政策本部
(注) 1. 自動車航送船及び鉄道連絡船による取扱量を除く。
    2.「米穀類」は麦、米、とうもろこし、豆類、その他雑穀の合計である。
    3.「飲食物」は野菜・果物、砂糖、製造食品、飲料、水、たばこ、その他食料工業品の合計である。

品 目 別 取 扱 量
Commodity at All Ports in Japan

単位：千トン（Unit : 1000 Gross Ton)

原油 Crude Oil	石灰石 Lime Stone	鉄・くず鉄 非鉄金属 Iron, Non-ferrous metals	金属製品 Metal Goods	セメント Cement	石油製品 Oil Products	化学薬品 Chemicals	化学肥料 Fertilizers	その他 Others
351,139	80,799	188,147	5,750	98,104	201,904	43,837	8,434	540,181
280,298	88,800	191,322	4,546	114,318	314,864	65,363	7,618	572,873
295,407	95,630	170,452	5,512	108,619	350,942	71,878	6,785	613,113
291,486	86,453	183,323	6,611	95,347	342,927	77,706	6,379	688,144
252,406	72,947	177,607	9,799	68,900	410,816	73,357	5,483	584,734
256,090	79,094	169,497	11,408	80,123	378,411	71,103	5,213	689,112
240,022	80,219	173,665	12,274	79,786	378,509	69,914	4,744	685,678
233,044	77,056	164,233	12,738	75,273	376,025	72,305	4,503	671,635
1	1,392	30,439	2,728	5,774	774	3,837	2,096	102,045
78	1,845	17,744	1,860	4,872	4,124	6,557	789	130,188
6	2,551	32,206	1,563	5,094	4,961	11,452	1,050	138,986
165	2,672	40,750	1,582	7,425	5,450	15,775	949	179,837
757	3,089	49,258	2,733	6,446	18,881	17,497	880	179,054
1,076	3,808	50,801	3,195	6,093	14,902	19,214	735	180,507
690	3,729	48,886	3,233	6,061	15,791	18,728	691	179,469
1,168	3,725	51,049	3,291	6,692	17,143	20,081	599	179,153
246,606	16	8,155	338	54	38,054	2,656	1,480	69,577
205,114	257	18,122	929	2,499	115,496	6,961	1,980	95,189
224,268	356	14,776	2,001	1,427	160,859	7,846	2,098	134,369
216,146	330	13,711	3,624	927	160,275	8,771	2,806	146,863
194,452	409	12,657	5,086	471	178,110	10,020	1,909	145,913
187,719	632	12,298	5,780	653	211,306	10,164	1,800	165,568
176,814	730	14,301	6,194	634	211,489	10,589	1,606	165,599
169,343	882	12,697	6,355	413	204,832	10,943	1,518	158,875
55,365	38,133	74,535	1,232	47,491	82,686	18,684	2,277	191,255
36,813	44,913	78,546	803	54,567	99,509	24,980	2,342	179,912
35,488	47,081	62,744	860	52,931	93,877	25,861	1,803	181,423
38,381	41,775	65,348	619	44,754	88,874	26,870	1,170	195,461
30,733	32,849	58,663	921	31,279	112,573	24,179	1,380	134,806
35,726	36,279	54,961	1,259	37,605	75,408	21,631	1,400	181,257
32,828	36,789	56,950	1,461	37,384	75,029	20,970	1,275	179,852
33,717	34,802	50,360	1,667	34,750	76,459	21,016	1,302	173,779
50,167	41,258	75,018	1,452	44,785	80,390	18,660	2,581	177,304
38,293	41,785	76,910	954	52,380	95,735	26,865	2,507	167,584
35,645	45,642	60,726	1,088	49,167	91,245	26,719	1,834	158,335
36,794	41,676	63,521	786	42,241	88,328	26,344	1,453	165,983
26,464	36,600	57,029	1,060	30,704	101,252	21,662	1,314	124,961
31,569	38,375	51,437	1,174	35,772	76,795	20,094	1,278	160,326
29,690	38,971	53,528	1,386	35,707	76,200	19,627	1,172	160,758
28,816	37,647	50,127	1,425	33,418	77,591	20,265	1,084	159,828

情報政策課交通経済統計調査室　（港湾統計年報）
 4.「木材」は原木、製材、木材チップ、その他林産品の合計である。
 5.「鉄・くず鉄・非鉄金属」は鉄鋼、鋼材、非鉄金属、金属くずの合計である。
 6.「石油製品」は石油製品にLNG、LPG、その他石油製品を加えた合計である。

国際戦略港湾・国際拠点港湾取扱貨物量（平成25年）
Volume of Cargo Handled at Specially Designated Major Ports (CY 2013)

単位：千トン（Unit：1000 Gross Ton）

港名 Port and Harbor	合計 Sum Total	外国貿易 International Trade			内国貿易 Domestic Trade		
		計 Total	輸出 Exports	輸入 Imports	計 Total	移出 Outward	移入 Inward
苫小牧 Tomakomai	103,744	17,580	1,017	16,563	86,164	42,492	43,672
室蘭 Muroran	32,428	19,041	1,380	17,661	13,387	10,698	2,689
仙台塩釜 Sendaishiogama	40,973	10,615	1,820	8,795	30,358	13,414	16,944
千葉 Chiba	150,944	91,623	9,017	82,606	59,321	30,903	28,418
☆東京 Tokyo	86,032	48,495	13,147	35,348	37,538	14,247	23,291
☆川崎 Kawasaki	89,612	60,607	10,985	49,622	29,005	16,334	12,671
☆横浜 Yokohama	119,171	74,408	31,463	42,945	44,763	17,844	26,919
新潟 Niigata	33,480	17,783	1,339	16,444	15,698	6,775	8,923
伏木富山 Fushikitoyama	7,713	5,200	1,586	3,614	2,512	225	2,287
清水 Shimizu	14,810	9,640	3,702	5,938	5,170	1,414	3,756
名古屋 Nagoya	208,241	140,612	57,982	82,630	67,629	34,931	32,698
四日市 Yokkaichi	60,689	41,881	4,036	37,845	18,808	13,668	5,140
堺泉北 Sakaisenboku	71,791	29,803	3,636	26,167	41,987	18,565	23,422
☆大阪 Osaka	86,977	36,479	8,980	27,499	50,497	22,288	28,209
☆神戸 Kobe	88,353	48,936	21,618	27,318	39,417	16,472	22,945
姫路 Himeji	36,961	23,710	1,172	22,538	13,251	5,408	7,843
和歌山下津 Wakayamashimotsu	42,050	24,936	5,324	19,612	17,115	8,962	8,153
水島 Mizushima	84,517	53,705	9,157	44,548	30,813	20,056	10,757
広島 Hiroshima	14,020	5,956	4,045	1,911	8,064	3,291	4,773
下関 Shimonoseki	5,222	2,888	1,592	1,296	2,334	797	1,537
徳山下松 Tokuyamakudamatsu	51,398	20,969	2,648	18,321	30,429	17,853	12,576
博多 Hakata	34,049	17,910	6,504	11,406	16,139	4,599	11,540
北九州 Kitakyushu	100,527	33,716	7,526	26,190	66,811	32,348	34,463
☆国際戦略港湾計 Specially Major I Ports	470,145	268,925	86,192	182,733	201,221	87,185	114,036
国際拠点港湾計 Specially Major II Ports	1,093,558	567,565	123,482	444,083	525,993	266,399	259,594
全国計 General Total	2,900,134	1,290,805	289,690	1,001,115	1,609,329	811,255	798,074
資料	国土交通省総合政策局情報政策本部情報政策課交通経済統計調査室（港湾統計年報）						

（注）自動車航送船を含む。

　　　平成24年度より、港湾区分が見直されて特定重要港湾が国際戦略港湾及び国際拠点港湾に改正された。

　　　対象港湾は従前のとおり。

　　　☆は、国際戦略拠点港湾、無印は国際拠点港湾を示す。

国際戦略港湾・国際拠点港湾取扱貨物量（平成26年）
Volume of Cargo Handled at Specially Designated Major Ports (CY 2014)

単位：千トン (Unit : 1000 Gross Ton)

港名 Port and Harbor	合計 Sum Total	外国貿易 International Trade			内国貿易 Domestic Trade		
		計 Total	輸出 Exports	輸入 Imports	計 Total	移出 Outward	移入 Inward
苫小牧 Tomakomai	106,301	17,281	1,053	16,228	89,019	43,984	45,035
室蘭 Muroran	23,196	11,968	1,251	10,717	11,228	6,845	4,383
仙台塩釜 Sendaishiogama	42,581	11,666	1,920	9,746	30,914	14,072	16,842
千葉 Chiba	162,830	100,664	10,774	89,890	62,166	34,317	27,849
☆東京 Tokyo	87,189	48,867	13,222	35,645	38,321	14,216	24,105
☆川崎 Kawasaki	85,813	58,245	10,617	47,628	27,568	15,478	12,090
☆横浜 Yokohama	117,014	73,696	31,141	42,555	43,319	17,463	25,856
新潟 Niigata	32,949	17,923	1,190	16,733	15,026	6,473	8,553
伏木富山 Fushikitoyama	7,378	4,985	1,359	3,626	2,392	170	2,222
清水 Shimizu	14,971	10,008	3,825	6,183	4,963	1,372	3,591
名古屋 Nagoya	207,621	138,184	57,694	80,490	69,437	37,764	31,673
四日市 Yokkaichi	61,945	41,574	3,857	37,717	20,371	15,073	5,298
堺泉北 Sakaisenboku	74,258	31,434	4,430	27,004	42,825	18,981	23,844
☆大阪 Osaka	86,475	36,684	9,253	27,431	49,791	22,172	27,619
☆神戸 Kobe	92,387	50,294	22,607	27,687	42,093	17,639	24,454
姫路 Himeji	35,406	21,780	1,097	20,683	13,626	5,450	8,176
和歌山下津 Wakayamashimotsu	40,629	23,906	5,232	18,674	16,723	8,801	7,922
水島 Mizushima	89,908	56,399	8,842	47,557	33,509	21,913	11,596
広島 Hiroshima	13,943	6,097	4,232	1,865	7,846	3,087	4,759
下関 Shimonoseki	4,680	2,641	1,424	1,217	2,039	650	1,389
徳山下松 Tokuyamakudamatsu	45,904	17,039	2,563	14,476	28,866	14,817	14,049
博多 Hakata	35,874	18,493	7,233	11,260	17,380	5,114	12,266
北九州 Kitakyushu	100,098	32,685	6,967	25,718	67,413	32,397	35,016
☆国際戦略港湾 計 Specially Major I Ports	468,879	267,786	86,840	180,946	201,093	86,968	114,125
国際拠点港湾 計 Specially Major II Ports	1,100,472	564,727	124,943	439,784	535,745	271,281	264,464
全国計 General Total	2,878,469	1,276,160	287,292	988,868	1,602,309	806,861	795,448
資料	国土交通省総合政策局情報政策本部情報政策課交通経済統計調査室（港湾統計年報）						

(注) 自動車航送船を含む。

平成24年度より、港湾区分が見直されて特定重要港湾が国際戦略港湾及び国際拠点港湾に改正された。
対象港湾は従前のとおり。
☆は、国際戦略拠点港湾、無印は国際拠点港湾を示す。

国際戦略港湾・国際拠点港湾取扱貨物量（平成27年）
Volume of Cargo Handled at Specially Designated Major Ports (CY 2015)

単位：千トン (Unit : 1000 Gross Ton)

港 名 Port and Harbor	合 計 Sum Total	外国貿易 International Trade			内国貿易 Domestic Trade		
		計 Total	輸 出 Exports	輸 入 Imports	計 Total	移 出 Outward	移 入 Inward
苫小牧 Tomakomai	105,563	18,593	1,520	17,073	86,970	43,559	43,411
室 蘭 Muroran	23,212	11,864	1,583	10,281	11,348	6,414	4,934
仙台塩釜 Sendaishiogama	44,755	12,627	1,868	10,759	32,129	13,734	18,395
千 葉 Chiba	156,246	95,844	11,022	84,822	60,401	31,146	29,255
☆東 京 Tokyo	85,333	46,699	12,933	33,766	38,634	13,905	24,729
☆川 崎 Kawasaki	86,677	56,795	10,753	46,042	29,881	16,860	13,021
☆横 浜 Yokohama	114,741	74,488	31,591	42,897	40,253	16,308	23,945
新 潟 Niigata	32,202	17,037	1,151	15,886	15,165	6,816	8,349
伏木富山 Fushikitoyama	6,632	4,364	875	3,489	2,269	169	2,100
清 水 Shimizu	14,680	9,917	3,859	6,058	4,763	1,188	3,575
名古屋 Nagoya	197,980	130,994	55,236	75,758	66,986	35,228	31,758
四日市 Yokkaichi	62,963	42,247	4,768	37,479	20,717	15,217	5,500
堺泉北 Sakaisenboku	70,784	27,966	4,518	23,448	42,817	17,639	25,178
☆大 阪 Osaka	79,972	34,656	9,693	24,963	45,317	20,043	25,274
☆神 戸 Kobe	97,002	51,185	23,297	27,888	45,817	18,839	26,978
姫 路 Himeji	34,395	21,440	949	20,491	12,955	5,226	7,729
和歌山下津 Wakayamashimotsu	36,587	21,216	4,227	16,989	15,370	8,331	7,039
水 島 Mizushima	83,920	52,704	10,283	42,421	31,217	20,629	10,588
広 島 Hiroshima	14,419	6,196	4,354	1,842	8,223	3,681	4,542
下 関 Shimonoseki	4,547	2,603	1,376	1,227	1,944	622	1,322
徳山下松 Tokuyamakudamatsu	47,993	18,291	3,050	15,241	29,702	15,702	14,000
博 多 Hakata	33,570	16,971	6,812	10,159	16,598	4,635	11,963
北九州 Kitakyushu	99,331	33,302	7,280	26,022	66,029	31,993	34,036
☆国際戦略港湾 計 Specially Major I Ports	463,724	263,823	88,267	175,556	199,900	85,954	113,946
国際拠点港湾 計 Specially Major II Ports	1,069,781	544,179	124,733	419,446	525,602	261,928	263,674
全 国 計 General Total	2,810,355	1,253,431	293,602	959,829	1,556,924	780,255	776,669
資 料	国土交通省総合政策局情報政策本部情報政策課交通経済統計調査室（港湾統計年報）						

（注）　自動車航送船を含む。

平成24年度より、港湾区分が見直されて特定重要港湾が国際戦略港湾及び国際拠点港湾に改正された。

対象港湾は従前のとおり。

☆は、国際戦略拠点港湾、無印は国際拠点港湾を示す。

港湾運送事業者による船舶積卸し量
Volume of Cargo Unloaded by Port Transportation Business

単位：千トン（Unit : 1000 Gross Ton）

年 Year		指定港湾数 No. of Designated Ports	総量 Total	揚荷 Landing Cargo	積荷 Pile Cargo	移出入 Outward & Inward	輸出入 Export & Import	接岸 Wharf	沖取 Offshore
暦年 Calendar Year	40 (1965)	92	290,503	194,981	95,522	148,695	141,808	244,533	37,970
	45 (1970)	91	560,150	393,795	166,355	226,466	333,684	500,692	59,458
	50 (1975)	93	622,962	413,980	208,982	223,791	399,171	589,795	33,167
年度	55 (1980)	97	865,882	545,835	320,047	303,447	562,435	844,800	21,082
	60 (1985)	97	933,207	576,734	356,473	316,157	617,050	919,950	13,257
	2 (1990)	96	1,046,547	665,688	380,859	367,257	679,290	1,039,937	6,610
	7 (1995)	96	1,121,674	721,055	409,619	368,026	753,648	1,118,191	3,484
	12 (2000)	94	1,195,088	742,684	452,403	355,253	839,834	1,192,860	2,228
	17 (2005)	93	1,353,254	801,494	551,759	376,381	976,872	1,351,743	1,510
	22 (2010)	93	1,234,034	816,120	573,323	354,355	1,035,087	1,387,787	1,157
	23 (2011)	93	1,383,382	809,956	572,117	346,374	1,037,009	1,382,204	1,179
	24 (2012)	93	1,407,444	820,534	586,910	352,368	1,055,076	1,406,464	980
	25 (2013)	93	1,443,345	845,366	597,979	370,288	1,073,057	1,442,225	1,121
	26 (2014)	93	1,437,651	839,047	598,604	369,831	1,067,820	1,436,652	999
	27 (2015)	93	1,399,008	814,443	583,642	356,840	1,042,169	1,398,291	717
	28 (2016)	93	1,411,280	820,629	588,893	366,466	1,044,814	1,410,580	701

資料　国土交通省港湾局港湾経済課（港運要覧）

（注）1．船舶積卸し量とは、港湾運送事業法の適用港湾においてする船舶への貨物の積込み及び船舶からの貨物の取卸し量をいう。
　　　2．50年までは暦年実績、55年以降は年度実績。

営業倉庫貨物取扱量
Volume of Cargo Handled by Warehouse Business

Unit : Thousand Ton, m³

年 度 Fiscal Year	普通倉庫 Ordinary Warehouses		冷蔵倉庫 Refrigeration Warehouses		水面倉庫 Pond for Timber Storage	
	入庫量 Warehousing Volume	平均月末在庫量 Inventory	入庫量 Warehousing Volume	平均月末在庫量 Inventory	入庫量 Warehousing Volume	平均月末在庫量 Inventory
	千トン	千トン	千トン	千トン	千m²	千m²
35 (1960)	33,339	5,976	2,102	270	2,580	378
40 (1965)	53,638	8,335	3,479	511	3,830	496
45 (1970)	93,790	15,444	5,015	777	7,801	1,084
50 (1975)	113,073	19,948	7,123	1,264	7,439	1,556
55 (1980)	151,231	25,380	8,683	1,686	7,834	1,903
60 (1985)	183,993	35,503	11,083	2,026	5,342	1,202
2 (1990)	236,328	48,475	15,015	2,723	4,599	1,271
7 (1995)	247,158	63,420	18,207	3,097	2,565	818
12 (2000)	244,813	68,261	20,675	3,288	1,641	353
13 (2001)	236,802	69,516	20,981	3,312	1,229	316
14 (2002)	252,141	67,427	20,031	3,256	1,143	250
15 (2003)	238,349	59,618	19,650	3,102	998	261
16 (2004)	243,764	36,202	24,279	3,789	920	212
17 (2005)	282,020	39,349	20,662	3,227	691	166
18 (2006)	236,048	36,027	17,787	2,827	612	141
19 (2007)	228,375	32,205	19,006	2,973	690	198
20 (2008)	221,493	35,966	18,632	3,034	483	150
21 (2009)	204,356	34,240	18,327	3,002	292	96
22 (2010)	226,594	33,766	18,999	2,889	377	80
23 (2011)	206,118	28,523	19,897	3,142	208	50
24 (2012)	231,628	34,693	20,101	3,251	164	54
25 (2013)	227,798	35,145	21,234	3,294	141	27
26 (2014)	228,156	36,579	20,088	3,218	101	25
資 料	国土交通白書					

注 普通倉庫の数値は、1～3類倉庫、野積倉庫、貯蔵槽倉庫及び危険品倉庫の合計である。

146 輸送

船舶及び航空機
Passenger Departure and

区分	暦年 Calendar Year		計 Total			船
			計 Total	日本人 Japanese	外国人 Foreigner	計 Total
出国者数 (Departure)	35	(1960)	309,665	119,420	190,245	119,552
	45	(1970)	1,706,962	936,205	770,757	186,561
	55	(1980)	5,186,888	3,909,333	1,277,555	73,884
	2	(1990)	14,339,931	10,997,431	3,342,500	226,121
	12	(2000)	22,965,316	17,818,590	5,146,726	403,828
	17	(2005)	24,759,130	17,403,565	7,355,565	644,123
	18	(2006)	25,539,063	17,534,565	8,004,498	688,312
	19	(2007)	26,336,310	17,294,935	9,041,375	853,287
	20	(2008)	25,076,303	15,987,250	9,089,053	898,076
	21	(2009)	23,034,520	15,445,684	7,588,836	644,074
	22	(2010)	26,078,876	16,637,224	9,441,652	895,313
	23	(2011)	24,185,227	16,994,200	7,191,027	657,032
	24	(2012)	27,586,104	18,490,657	9,095,447	814,645
	25	(2013)	28,630,294	17,472,748	11,157,546	779,306
	26	(2014)	30,881,937	16,903,388	13,978,549	786,156
	27	(2015)	35,687,409	16,213,789	19,473,620	696,766
	28	(2016)	40,133,573	17,116,420	23,017,153	751,546
入国者数 (Arrivals)	35	(1960)	252,202	105,321	146,881	66,641
	45	(1970)	1,702,633	927,572	775,061	200,082
	55	(1980)	5,195,435	3,899,569	1,295,866	62,834
	2	(1990)	14,456,692	10,952,222	3,504,470	190,166
	12	(2000)	22,928,041	17,655,946	5,272,095	386,261
	17	(2005)	24,776,252	17,326,149	7,450,103	639,028
	18	(2006)	25,565,249	17,457,286	8,107,963	683,167
	19	(2007)	26,351,496	17,199,310	9,152,186	851,425
	20	(2008)	25,051,541	15,905,433	9,146,108	889,242
	21	(2009)	23,013,879	15,432,549	7,581,330	637,779
	22	(2010)	26,055,580	16,611,884	9,443,696	883,486
	23	(2011)	24,056,510	16,921,103	7,135,407	641,816
	24	(2012)	27,580,331	18,408,185	9,172,146	810,597
	25	(2013)	24,056,511	17,421,997	11,255,221	-3,838,868
	26	(2014)	31,065,982	16,915,797	14,150,185	794,587
	27	(2015)	24,056,512	16,258,889	19,688,247	701,382
	28	(2016)	40,307,164	17,088,252	23,218,912	752,179
資料						法務省

(注)1. 正規出入国者の数である。
　　2. 日米間の地位協定による軍人等の協定該当者は計に含まない。

別 出 入 国 者 数
Arrivals by Ship and Air

単位：人(Unit :Persons)

舶　Ship		航　空　機　Aircraft		
日本人 Japanese	外国人 Foreigner	計 Total	日本人 Japanese	外国人 Foreigner
56,112	63,440	190,113	63,308	126,805
157,928	28,633	1,520,401	778,277	742,124
37,565	36,319	5,113,004	3,871,768	1,241,236
106,038	120,083	14,113,810	10,891,393	3,222,417
197,653	206,175	22,561,488	17,620,937	4,940,551
216,158	427,965	24,115,007	17,187,407	6,927,600
187,118	501,194	24,850,751	17,347,447	7,503,304
187,961	665,326	25,483,023	17,106,974	8,376,049
195,842	702,234	24,178,227	15,791,408	8,386,819
205,459	438,615	22,390,446	15,240,225	7,150,221
187,219	708,094	25,183,563	16,450,005	8,733,558
196,650	460,382	23,528,195	16,797,550	6,730,645
210,491	604,154	26,771,459	18,280,166	8,491,293
164,617	614,689	27,850,988	17,308,131	10,542,857
157,577	628,579	30,095,781	16,745,811	13,349,970
132,397	564,369	34,990,643	16,081,392	18,909,251
154,283	597,263	39,382,027	16,962,137	22,419,890
48,664	17,977	185,561	56,657	128,904
174,909	25,173	1,502,551	752,663	749,888
34,047	28,787	5,132,601	3,865,522	1,267,079
84,552	105,614	14,266,526	10,867,670	3,398,856
186,013	200,248	22,541,780	17,469,933	5,071,847
211,363	427,665	24,137,224	17,114,786	7,022,438
181,891	501,276	24,882,082	17,275,395	7,606,687
185,159	666,266	25,500,071	17,014,151	8,485,920
190,906	698,336	24,162,299	15,714,527	8,447,772
203,121	434,658	22,376,100	15,229,428	7,146,672
180,594	702,892	25,172,094	16,431,290	8,740,804
188,442	453,374	23,414,694	16,732,661	6,682,033
205,734	604,863	26,769,734	18,202,451	8,567,283
163,436	618,403	27,895,379	17,258,561	10,636,818
155,255	639,332	30,271,395	16,760,542	13,510,853
130,511	570,871	35,245,754	16,128,378	19,117,376
150,819	601,360	39,554,985	16,937,433	22,617,552

(出入国管理統計年報)

目 的 別 入

Number of Foreign

暦 年 Calendar Year	合 計 Sum Total	滞 在 客			
		計 Total	小 計 Sub Total	観 光 客	
				観光客 Tourist	短期滞在者 Sojourner
35 (1960)	212,314	159,416	97,776	73,520	...
40 (1965)	366,649	299,346	204,252	157,464	...
45 (1970)	854,419	770,573	565,346	484,638	...
50 (1975)	811,672	707,790	447,073	373,126	...
55 (1980)	1,316,632	1,165,010	728,371	597,722	...
60 (1985)	2,327,047	2,102,296	1,328,782	...	1,324,546
2 (1990)	3,235,860	3,117,592	1,879,497	...	1,878,495
7 (1995)	3,345,274	3,241,650	1,731,439	...	1,730,682
12 (2000)	4,757,146	4,614,193	2,693,357	...	2,692,522
17 (2005)	6,727,926	6,653,039	4,368,573	4,368,570	...
18 (2006)	7,334,077	7,282,544	4,981,035	4,981,035	...
19 (2007)	8,346,969	8,346,969	5,954,180	5,954,180	...
20 (2008)	8,350,835	8,350,835	6,048,681	6,048,681	...
21 (2009)	6,789,658	6,789,658	4,759,833	4,759,833	...
22 (2010)	8,611,175	8,611,175	6,361,974	6,361,974	...
23 (2011)	6,218,752	6,218,752	r 4,057,235	r 4,057,235	...
24 (2012)	r 8,358,105	r 8,358,105	r 6,041,645	r 6,041,645	...
25 (2013)	10,363,904	10,363,904	7,962,517	7,962,517	...
26 (2014)	13,413,467	13,413,467	10,880,604	10,880,604	...
27 (2015)	19,737,409	19,737,409	16,969,126	16,969,126	...
28 (2016)	24,039,700	24,039,700	21,049,676	21,049,676	...
資 料					法務省及び

(注) 永久滞在者、軍要員及び乗員を含まない。
　　09'から、「一時上陸客」は、観光客に含む

国 外 客 数
Entries by Purpose

単位：人(Unit :Persons)

Sojourner				一時上陸客
Tourist		商用客	その他	
通過観光客	通過客			Shore Excursionist
Transit Passenger	Transit Passenger	Business	Other	
12,398	11,858	14,929	46,711	52,898
17,746	29,042	29,184	65,910	67,303
28,814	51,894	75,286	129,941	83,846
10,138	63,809	83,923	176,794	103,882
3,715	126,934	115,843	320,796	151,622
4,236	...	555,685	217,829	224,751
1,002	...	870,738	367,357	118,268
757	...	1,047,536	462,675	103,624
5	...	1,292,889	627,947	142,953
...	...	1,477,162	807,304	74,887
...	...	1,523,013	778,496	51,533
...	...	1,575,858	816,931	...
...	...	1,455,284	846,870	...
...	...	1,192,622	837,203	...
...	...	1,394,586	854,615	...
...	...	r 1,243,484	r 918,033	...
...	...	r 1,442,946	r 873,514	...
...	...	1,464,850	936,537	...
...	...	1,537,114	995,749	...
...	...	1,641,300	1,126,983	...
...	...	1,701,902	1,288,122	...

日本政府観光局(JNTO)

150　輸　送

国　籍　別　入
Number of Foreign

暦　年 Calendar Year	計 Total	アメリカ U.S.A	カナダ Canada	イギリス U.K.	フランス France	ドイツ Germany	ロシア C.I.S
30　(1955)	55,592	28,194	1,269	4,610	1,229	957	43
40　(1965)	299,274	155,533	8,831	16,988	6,135	7,706	1,659
45　(1970)	770,573	320,654	43,442	38,720	21,172	23,774	4,641
50　(1975)	707,790	241,065	24,103	46,637	15,977	25,340	5,441
55　(1980)	1,192	279	41	90	26	40	6
60　(1985)	2,102	484	61	183	40	49	9
2　(1990)	3,118	554	64	209	51	66	24
7　(1995)	3,242	540	75	199	54	68	24
12　(2000)	4,616	726	119	384	79	88	29
17　(2005)	6,653	822	150	222	111	118	60
18　(2006)	7,283	817	157	216	118	115	57
19　(2007)	8,347	816	166	222	138	125	64
20　(2008)	8,350	768	168	207	148	126	66
21　(2009)	6,790	700	153	181	141	111	47
22　(2010)	8,611	727	153	184	151	124	51
23　(2011)	6,219	566	101	140	95	81	34
24　(2012)	8,368	717	135	174	130	109	50
25　(2013)	10,364	799	153	192	155	122	61
26　(2014)	13,413	892	183	220	179	140	64
27　(2015)	19,737	1,033	231	258	214	163	54
28　(2016)	24,040	1,243	273	292	253	183	55
資　料						法務省及び	

(注)1. 昭和30年の数字には通過観光客の数を含まない。
　　2. 中国は、中華人民共和国、台湾及び香港の合計値である。
　　3. イギリスには英国籍の香港人を含む。

国 外 客 数
Entries by Nationality

単位：人(昭和55年より千人)(Unit :Persons(～1975), 1000 Persons(1980～))

オーストラリア Australia	インド India	タイ Thailand	フィリピン Philippines	中国 China	韓国 Korea	その他 Other
541	1,300	1,168	2,497	6,083	867	6,879
15,194	3,719	3,408	9,078	18,790	9,572	42,661
31,815	15,427	10,185	21,559	56,711	41,818	140,665
27,850	7,276	11,801	12,578	96,689	52,189	140,844
52	14	18	28	264	88	246
55	24	43	63	491	174	426
53	19	66	88	722	719	483
61	22	48	69	783	858	440
147	36	59	105	1,249	1,031	562
206	53	119	135	2,197	1,732	728
195	59	124	91	2 447	2 117	769
223	68	167	90	2 760	2 601	908
242	67	192	82	1 000	2 382	2,902
212	59	178	71	1,006	1,587	2,345
226	67	215	77	1,413	2,440	2,783
163	59	145	63	1,043	1,658	2,071
206	69	261	85	1,430	2,044	2,958
245	75	454	108	1,314	2,456	4,230
303	88	658	184	2,409	2,755	5,338
376	103	797	268	4,994	4,002	7,244
445	123	902	348	6,374	5,090	8,459

日本政府観光局(JNTO)

国民一人当たり平均宿泊旅行回数及び宿泊数
Times of Overnight Trips per Capitation by the Japanese Public and Number of Overnight Stay

単位：回

年　度 Fiscal Year	一人当たり 回数 Times of trips	一人当たり 宿泊数 No of Overnight Stayed
平成 17 (2005)	1.78	2.92
18 (2006)	1.71	2.74
19 (2007)	1.52	2.48
20 (2008)	1.52	2.37
21 (2009)	1.46	2.38
22 (2010)	1.32	2.09
23 (2011)	1.30	2.08
24 (2012)	1.35	2.14
25 (2013)	1.39	2.26
26 (2014)	1.26	2.06
27 (2015)	1.35	2.27
28 (2016)	1.39	2.28
資　料	平成28年版 観光庁観光白書	

注1. 観光庁「旅行・観光消費動向調査」による。
注2. 平成20年までは、20歳から79歳までが調査対象。

商品別観光消費
Tourism consumption,

区分 項目		宿泊旅行 Tourists travelling only within Japan	日帰り旅行 Same-day visitors travelling only within Japan
		a	b
合計	Total	15,323	4,444
旅行前後支出額	Expenditure for the trip	2,245	775
旅行前支出	Expenditure before the trip	2,119	727
旅行後支出	Expenditure after the trip	126	48
旅行中支出計	Expenditure during trips	12,672	3,669
旅行会社収入	Travel agent fee	234	33
交通費	Passenger transport services	4,978	1,856
宿泊費	Accommodation services	3,257	0
飲食費	Food and beverage serving services	1,622	501
土産代・買物代	Souvenirs and other goods	1,876	867
入場料・娯楽費・その他	Cultural services,Recreation and other services	705	412
別荘の帰属家賃	Imputed rent of second home	406	0
資料			観光庁

商品別観光消費
Tourism consumption,

区分 項目		宿泊旅行 Tourists travelling only within Japan	日帰り旅行 Same-day visitors travelling only within Japan
		a	b
合計	Total	15,751	4,771
旅行前後支出額	Expenditure for the trip	2,347	797
旅行前支出	Expenditure before the trip	2,226	747
旅行後支出	Expenditure after the trip	121	50
旅行中支出計	Expenditure during trips	12,999	3,973
旅行会社収入	Travel agent fee	246	34
交通費	Passenger transport services	5,065	2,024
宿泊費	Accommodation services	3,328	0
飲食費	Food and beverage serving services	1,748	540
土産代・買物代	Souvenirs and other goods	1,890	921
入場料・娯楽費・その他	Cultural services,Recreation and other services	723	453
別荘の帰属家賃	Imputed rent of second home	404	0
資料			観光庁

注1．平成21年より、調査単位を年度から暦年に変更している。
注2．入場料・施設使用料には、その他を含む。

（平成24年）

by products　　（2012）

単位：10億円（Unit：Billions of yen）

海外旅行 （国内分） Visitors travelling abroad	国内観光消費 Domestic tourism consumption	訪日観光消費 Inbound tourism consumption	内部観光消費 （訪日＋国内） Internal tourism consumption	海外観光消費 Outbound tourism consumption	国民観光消費 （国内＋海外） National tourism cosumption
c	d=a+b+c	e	f=d+e	g	h=d+g
1,424	21,192	1,293	22,484	3,274	24,465
403	3,423	0	3,423	8	3,431
387	3,232	0	3,232	8	3,240
16	191	0	191	0	191
1,022	17,363	1293	18,656	3,266	20,629
163	429	7	437	28	457
740	7,574	256	7,830	1,487	9,061
26	3,283	398	3,681	735	4,018
19	2,142	239	2,381	352	2,495
55	2,798	365	3,164	525	3,323
19	1,136	27	1,163	139	1,275
0	406	0	406	0	406

（旅行・観光産業の経済効果に関する調査研究　2012年版）

（平成25年）

by products　　（2013）

単位：10億円（Unit：Billions of yen）

海外旅行 （国内分） Visitors travelling abroad	国内観光消費 Domestic tourism consumption	訪日観光消費 Inbound tourism consumption	内部観光消費 （訪日＋国内） Internal tourism consumption	海外観光消費 Outbound tourism consumption	国民観光消費 （国内＋海外） National tourism cosumption
c	d=a+b+c	e	f=d+e	g	h=d+g
1,388	21,909	1,650	23,559	3,153	25,062
349	3,493	0	3,493	8	3,501
330	3,303	0	3,303	8	3,311
18	190	0	190	0	190
1,039	18,012	1,650	19,662	3,145	21,157
170	451	8	458	22	473
749	7,838	328	8,166	1,512	9,351
20	3,348	496	3,844	795	4,143
21	2,309	303	2,611	329	2,638
70	2,882	483	3,364	390	3,272
8	1,184	33	1,217	97	1,281
0	404	0	404	0	404

（旅行・観光産業の経済効果に関する調査研究　2013年版）

商品別観光消費
Tourism consumption,

項目		宿泊旅行 Tourrists travelling only within Japan	日帰り旅行 Same-day visitors travelling only within Japan
		a	b
合計	Total	14,321	4,528
旅行前後支出額	Expenditure for the trip	1,962	672
旅行前支出	Expenditure before the trip	1,866	638
旅行後支出	Expenditure after the trip	96	34
旅行中支出計	Expenditure during trips	11,923	3,856
旅行会社収入	Travel agent fee	213	33
交通費	Passenger transport services	4,738	2,003
宿泊費	Accommodation services	2,994	0
飲食費	Food and beverage serving services	1,556	549
土産代・買物代	Souvenirs and other goods	1,731	831
入場料・娯楽費・その他	Cultural services, Recreation and other services	691	440
別荘の帰属家賃	Imputed rent of second home	437	0
資料			観光庁

商品別観光消費
Tourism consumption,

項目		宿泊旅行 Tourrists travelling only within Japan	日帰り旅行 Same-day visitors travelling only within Japan
		a	b
合計	Total	16,235	4,594
旅行前後支出額	Expenditure for the trip	2,174	753
旅行前支出	Expenditure before the trip	2,073	712
旅行後支出	Expenditure after the trip	102	42
旅行中支出計	Expenditure during trips	13,619	3,841
旅行会社収入	Travel agent fee	251	33
交通費	Passenger transport services	5,356	1,978
宿泊費	Accommodation services	3,506	0
飲食費	Food and beverage serving services	1,888	565
土産代・買物代	Souvenirs and other goods	1,863	851
入場料・娯楽費・その他	Cultural services, Recreation and other services	755	414
別荘の帰属家賃	Imputed rent of second home	442	0
資料			観光庁

注1. 平成21年より、調査単位を年度から暦年に変更している。
注2. 入場料・施設使用料には、その他を含む。

（平成26年）
by products　(2014)

単位：10億円（Unit：Billions of yen）

海外旅行 （国内分） Visitors travelling abroad	国内観光消費 Domestic tourism consumption	訪日観光消費 Inbound tourism consumption	内部観光消費 （訪日＋国内） Internal tourism consumption	海外観光消費 Outbound tourism consumption	国民観光消費 （国内＋海外） National tourism cosumption
c	d=a+b+c	e	f=d+e	g	h=d+g
1,420	20,269	2,207	22,475	3,031	23,299
334	2,967	0	2,967	7	2,974
320	2,824	0	2,824	7	2,831
14	144	0	144	0	144
1,086	16,864	2,207	19,071	3,024	19,888
170	416	8	424	21	437
797	7,537	424	7,961	1,363	8,900
25	3,019	601	3,620	778	3,797
24	2,130	425	2,554	379	2,509
63	2,625	704	3,329	335	2,960
7	1,138	45	1,183	147	1,285
0	437	0	437	0	437

（旅行・観光産業の経済効果に関する調査研究　2014年版）

（平成27年）
by products　(2015)

単位：10億円（Unit：Billions of yen）

海外旅行 （国内分） Visitors travelling abroad	国内観光消費 Domestic tourism consumption	訪日観光消費 Inbound tourism consumption	内部観光消費 （訪日＋国内） Internal tourism consumption	海外観光消費 Outbound tourism consumption	国民観光消費 （国内＋海外） National tourism cosumption
c	d=a+b+c	e	f=d+e	g	h=d+g
1,347	22,177	3,305	25,481	2,810	24,987
299	3,227	0	3,227	6	3,233
289	3,073	0	3,073	6	3,079
11	154	0	154	0	154
1,048	18,508	3,305	21,813	2,804	21,312
149	434	20	454	23	457
803	8,137	601	8,738	1,031	9,168
19	3,525	780	4,306	868	4,393
20	2,473	558	3,031	369	2,842
52	2,766	1,264	4,030	347	3,113
4	1,173	81	1,254	167	1,339
0	442	0	442	0	442

（旅行・観光産業の経済効果に関する調査研究　2015年版）

日本国内における旅行消費額の
Economic Effect of Travel

	旅行消費額 Travel consumption	生産波及効果 Production diffusion effect		
	(最終需要) (Final demand)	直接効果 Direct effect	波及効果 Diffusion effect (直接＋1次効果) (direct＋1st effect)	波及効果 Diffusion effect (直接＋1次効果 ＋2次効果) (direct＋1st ＋ 2nd effect)
				10億円
平成24年 日本国内における旅行・観光消費の経済効果 Contributiion to Japan's economy CY2012	22,493	21,516	37,293	46,741
産業全体に占める割合シェア※ Share of all Japanese industry		2.4 %	4.1 %	5.1 %
乗数(波及効果／直接効果) Multiplier(Diffusion effect / Direct effect)			1.7	2.2
前年の推計値 Estimate value CY 2011	22,384	21,389	37,009	46,420
対前年増加率(平成24年／平成23年) Year on year growth rate (CY 2012/2011)	0.5 %	0.6 %	0.8 %	0.7 %
※産業全体に相当する数値 All Japanese industry		国民経済計算における 産出額　　　　　908.0 兆円 Total domestic production　　trillion yen		

	税収効果＜試算＞ Tax generation effect		
	直接効果 Direct effect	波及効果 Diffusion effect (直接＋1次効果) (direct＋1st effect)	波及効果 Diffusion effect (直接＋1次効果 ＋2次効果) (direct＋1st ＋ 2nd effect)
	10億円(Thousand million yen)		
平成24年 日本国内における旅行・観光消費の経済効果 Contributiion to Japan's economy CY2012	1,776	3,123	4,059
税収全体に占める割合シェア※ Share of tax revenues	2.2 %	3.9 %	5.0 %
前年の推計値 Estimate value CY 2011	1,733	3,032	3,938
対前年増加率(平成24年／平成23年) Year on year growth rate (CY 2012/2011)	2.5 %	3.0 %	3.1 %
※税収全体の数値(国税＋地方税) All tax revenues in Japan	平成24年度 (2012FY)　　　80.8 兆円		

注1. 観光庁「旅行・観光産業の経済効果に関する調査研究」
  2. 平成21年より、調査単位を年度から暦年に変更している。
  3. 税収は、国税収入(決算額)と地方税収入(見込額)を足し合わせたもの。

経済効果（平成24歴年）
Consumption on Japan (CY 2012)

付加価値効果 Added value generation effect			雇用効果 Employment generation effect		
直接効果 Direct effect	波及効果 Diffusion effect (直接＋1次効果) (direct＋1st effect)	波及効果 Diffusion effect (直接＋1次効果＋2次効果) (direct＋1st＋2nd effect)	直接効果 Direct effect	波及効果 Diffusion effect (直接＋1次効果) (direct＋1st effect)	波及効果 Diffusion effect (直接＋1次効果＋2次効果) (direct＋1st＋2nd effect)
(Thousand million yen)			千人 (Thousand Persons)		
10,879	18,586	23,827	2,131	3,246	3,986
2.3 %	3.9 %	5.0 %	3.3 %	5.0 %	6.2 %
	1.7	2.2		1.5	1.9
10,831	18,458	23,678	2,131	3,232	3,969
0.4 %	0.7 %	0.6 %	-	0.4 %	0.4 %

国民経済計算における
GDP（名目）　　　　475.3 兆円
(at current prices)　　trillion yen

国民経済計算における就業者数
6436.8 万人(Ten tousand persons)
Corresponding to number of employed persons in the national economy compulation

日本国内における旅行消費額の
Economic Effect of Travel

	旅行消費額 Travel consumption (最終需要) (Final demand)	生産波及効果 Production diffusion effect		
		直接効果 Direct effect	波及効果 Diffusion effect (直接+1次効果) (direct+1st effect)	波及効果 Diffusion effect (直接+1次効果+2次効果) (direct+1st+2nd effect)
				10億円
平成25年 日本国内における旅行・観光消費の経済効果 Contributiion to Japan's economy CY2013	23,559	22,361	38,813	48,713
産業全体に占める割合シェア※ Share of all Japanese industry		2.4 %	4.2 %	5.3 %
乗数(波及効果／直接効果) Multiplier(Diffusion effect / Direct effect)			1.7	2.2
前年の推計値 Estimate value CY 2012	22,493	21,516	37,293	46,741
対前年増加率(平成25年／平成24年) Year on year growth rate (CY 2013/2012)	4.7 %	3.9 %	4.1 %	4.2 %
※産業全体に相当する数値 All Japanese industry		国民経済計算における 産出額　　　　925.2 兆円 Total domestic production　trillion yen		

	税収効果＜試算＞ Tax generation effect		
	直接効果 Direct effect	波及効果 Diffusion effect (直接+1次効果) (direct+1st effect)	波及効果 Diffusion effect (直接+1次効果+2次効果) (direct+1st+2nd effect)
	10億円(Thousand million yen)		
平成25年 日本国内における旅行・観光消費の経済効果 Contributiion to Japan's economy CY2013	1,908	3,364	4,377
税収全体に占める割合シェア※ Share of tax revenues	2.2 %	3.9 %	5.1 %
前年の推計値 Estimate value CY 2012	1,776	3,123	4,059
対前年増加率(平成25年／平成24年) Year on year growth rate (CY 2013/2012)	7.4 %	7.7 %	7.8 %
※税収全体の数値(国税＋地方税) All tax revenues in Japan	平成25年度 (2013FY)　　　85.3 兆円		

注1. 観光庁「旅行・観光産業の経済効果に関する調査研究」
　2. 平成21年より、調査単位を年度から暦年に変更している。
　3. 税収は、国税収入(決算額)と地方税収入(見込額)を足し合わせたもの。

経済効果 (平成25歴年)
Consumption on Japan (CY 2013)

付加価値効果 Added value generation effect			雇用効果 Employment generation effect		
直接効果 Direct effect	波及効果 Diffusion effect (直接＋1次効果) (direct＋1st effect)	波及効果 Diffusion effect (直接＋1次効果＋2次効果) (direct＋1st＋2nd effect)	直接効果 Direct effect	波及効果 Diffusion effect (直接＋1次効果) (direct＋1st effect)	波及効果 Diffusion effect (直接＋1次効果＋2次効果) (direct＋1st＋2nd effect)
(Thousand million yen)			千人 (Thousand Persons)		
11,296	19,337	24,829	2,227	3,394	4,169
2.4 %	4.0 %	5.2 %	3.4 %	5.2 %	6.4 %
	1.7	2.2		1.5	1.9
10,879	18,586	23,827	2,131	3,246	3,986
3.8 %	4.0 %	4.2 %	4.5 %	4.6 %	4.6 %

国民経済計算における GDP(名目)　　479.1 兆円 (at current prices)　　trillion yen	国民経済計算における就業者数 6474.3 万人(Ten tousand persons) Corresponding to number of employed persons in the national economy compulation

日本国内における旅行消費額の
Economic Effect of Travel

	旅行消費額 Travel consumption	生産波及効果 Production diffusion effect		
	(最終需要) (Final demand)	直接効果 Direct effect	波及効果 Diffusion effect (直接＋1次効果) (direct＋1st effect)	波及効果 Diffusion effect (直接＋1次効果＋2次効果) (direct＋1st＋2nd effect)
				10億円
平成26年 日本国内における旅行・観光消費の経済効果 Contributiion to Japan's economy CY2014	22,501	21,477	37,074	46,159
産業全体に占める割合シェア※ Share of all Japanese industry		2.2 %	3.7 %	4.6 %
乗数(波及効果／直接効果) Multiplier(Diffusion effect / Direct effect)			1.7	2.1
前年の推計値 Estimate value CY 2013	23,559	22,361	38,813	48,713
対前年増加率(平成26年／平成25年) Year on year growth rate (CY 2014/2013)	△ 4.5 %	△ 4.0 %	△ 4.5 %	△ 5.2 %
※産業全体に相当する数値 All Japanese industry	国民経済計算における 産出額　　　　　　995.8 兆円 Total domestic production　　trillion yen			

	税収効果＜試算＞ Tax generation effect		
	直接効果 Direct effect	波及効果 Diffusion effect (直接＋1次効果) (direct＋1st effect)	波及効果 Diffusion effect (直接＋1次効果＋2次効果) (direct＋1st＋2nd effect)
	10億円(Thousand million yen)		
平成26年 日本国内における旅行・観光消費の経済効果 Contributiion to Japan's economy CY2014	1,776	3,123	4,059
税収全体に占める割合シェア※ Share of tax revenues	2.2 %	3.9 %	5.1 %
前年の推計値 Estimate value CY 2013	1,908	3,364	4,377
対前年増加率(平成26年／平成25年) Year on year growth rate (CY 2014/2013)	△ 6.9 %	△ 7.2 %	△ 7.3 %
※税収全体の数値(国税＋地方税) All tax revenues in Japan	平成26年度　(2014FY)　　　　85.3 兆円		

注1. 観光庁「旅行・観光産業の経済効果に関する調査研究」
　2. 平成21年より、調査単位を年度から暦年に変更している。
　3. 税収は、国税収入(決算額)と地方税収入(見込額)を足し合わせたもの。

経済効果 (平成26歴年)
Consumption on Japan (CY 2014)

付加価値効果 Added value generation effect			雇用効果 Employment generation effect		
直接効果 Direct effect	波及効果 Diffusion effect (直接＋1次効果) (direct＋1st effect)	波及効果 Diffusion effect (直接＋1次効果＋2次効果) (direct＋1st＋2nd effect)	直接効果 Direct effect	波及効果 Diffusion effect (直接＋1次効果) (direct＋1st effect)	波及効果 Diffusion effect (直接＋1次効果＋2次効果) (direct＋1st＋2nd effect)
(Thousand million yen)			千人 (Thousand Persons)		
10,732	17,991	22,860	2,025	3,162	3,880
2.1 %	3.5 %	4.5 %	3.1 %	4.8 %	5.9 %
	1.7	2.1		1.6	1.9
11,296	19,337	24,829	2,227	3,394	4,169
△ 5.0 %	△ 7.0 %	△ 7.9 %	△ 9.1 %	△ 6.8 %	△ 6.9 %

国民経済計算における GDP(名目)　　513.7 兆円 (at current prices)　　trillion yen	国民経済計算における就業者数 6593.4 万人(Ten tousand persons) Corresponding to number of employed persons in the national economy compulation

日本国内における旅行消費額の
Economic Effect of Travel

	旅行消費額 Travel consumption	生産波及効果 Production diffusion effect		
	(最終需要) (Final demand)	直接効果 Direct effect	波及効果 Diffusion effect (直接＋1次効果) (direct＋1st effect)	波及効果 Diffusion effect (直接＋1次効果 ＋2次効果) (direct＋1st＋2nd effect)
				10億円
平成27年 日本国内における旅行・観光消費の経済効果 Contributiion to Japan's economy CY2015	25,481	24,239	41,987	52,094
産業全体に占める割合シェア※ Share of all Japanese industry		2.4 %	4.2 %	5.2 %
乗数(波及効果／直接効果) Multiplier(Diffusion effect / Direct effect)			1.7	2.1
前年の推計値 Estimate value CY 2014	22,501	21,477	37,074	46,159
対前年増加率(平成27年／平成26年) Year on year growth rate (CY 2015/2014)	13.2 %	12.9 %	13.3 %	12.9 %
※産業全体に相当する数値 All Japanese industry		国民経済計算における 産出額　　　　　　998.5　兆円 Total domestic production　　trillion yen		

	税収効果＜試算＞ Tax generation effect		
	直接効果 Direct effect	波及効果 Diffusion effect (直接＋1次効果) (direct＋1st effect)	波及効果 Diffusion effect (直接＋1次効果 ＋2次効果) (direct＋1st＋2nd effect)
	10億円(Thousand million yen)		
平成27年 日本国内における旅行・観光消費の経済効果 Contributiion to Japan's economy CY2015	2,091	3,582	4,604
税収全体に占める割合シェア※ Share of tax revenues	2.2 %	3.9 %	5.1 %
前年の推計値 Estimate value CY 2014	1,817	3,101	4,007
対前年増加率(平成27年／平成26年) Year on year growth rate (CY 2015/2014)	15.1 %	15.5 %	14.9 %
※税収全体の数値(国税＋地方税) All tax revenues in Japan	平成27年度　(2015FY)	97.5 兆円	

注1. 観光庁「旅行・観光産業の経済効果に関する調査研究」
　2. 平成21年より、調査単位を年度から暦年に変更している。
　3. 税収は、国税収入(決算額)と地方税収入(見込額)を足し合わせたもの。

経済効果（平成27歴年）
Consumption on Japan (CY 2015)

付加価値効果 Added value generation effect			雇用効果 Employment generation effect		
直接効果 Direct effect	波及効果 Diffusion effect （直接＋1次効果） (direct＋1st effect)	波及効果 Diffusion effect （直接＋1次効果＋2次効果） (direct＋1st＋2nd effect)	直接効果 Direct effect	波及効果 Diffusion effect （直接＋1次効果） (direct＋1st effect)	波及効果 Diffusion effect （直接＋1次効果＋2次効果） (direct＋1st＋2nd effect)
(Thousand million yen)			千人 (Thousand Persons)		
12,121	20,381	23,798	2,305	3,604	4,404
2.3 %	3.8 %	4.9 %	3.5 %	5.4 %	6.7 %
	1.7	2.1		1.6	1.9
10,732	17,991	22,860	2,025	3,162	3,880
12.9 %	13.3 %	4.1 %	13.8 %	14.0 %	13.5 %

国民経済計算における
GDP（名目）　　　530.5 兆円
(at current prices)　　trillion yen

国民経済計算における就業者数
6616.5 万人(Ten tousand persons)
Corresponding to number of employed persons in the national economy compulation

鉄 道 車 両
Number of Rolling

区 分 Section			昭和35(1960)	45(1970)	55(1980)	平成2(1990)	12(2000)
合計	Sum Total	電 気 機 関 車	70	77	24	19	7
		ディーゼル機関車	149	310	59	2	4
		その他の機関車	...	2	2	...	...
		電 車	897	1,272	1,514	2,051	1,456
		ディーゼル車	582	214	245	248	34
		客 車	238	425	391	73	11
		その他の旅客車	104	29	12	20	2
		貨 物 車	8,946	4,797	1,515	786	197
		特 殊 車 両	...	60	6	9	25
JR向け	JR	電 気 機 関 車	47	77	18	16	7
		ディーゼル機関車	32	198	8	...	3
		その他の機関車	...	...	...	...	...
		電 車	400	499	783	1,098	830
		ディーゼル車	443	99	217	91	21
		客 車	49	253	307	...	...
		その他の旅客車	...	...	...	...	...
		貨 物 車	7,082	3,147	1,096	651	145
		特 殊 車 両	...	56	...	...	25
民鉄等向け	Private Railways	電 気 機 関 車	6	...	4	1	...
		ディーゼル機関車	85	88	4	...	1
		その他の機関車	...	1	...	...	...
		電 車	497	733	613	942	393
		ディーゼル車	18	4	4	11	13
		客 車	6	...	...	7	...
		その他の旅客車	104	29	12	20	2
		貨 物 車	1,330	1,350	336	135	52
		特 殊 車 両	...	3	...	...	...
公的企業向け	Public Corporations	電 気 機 関 車	...	...	...	...	...
		ディーゼル機関車	...	...	...	...	...
		その他の機関車	...	...	...	...	...
		電 車	...	...	...	...	...
		ディーゼル車	...	...	...	...	...
		客 車	...	...	...	...	...
		その他の旅客車	...	...	...	...	...
		貨 物 車	...	...	...	...	...
		特 殊 車 両	...	...	...	...	...
輸出	Exports	電 気 機 関 車	17	...	2	2	...
		ディーゼル機関車	32	24	47	2	...
		その他の機関車	...	1	2	...	...
		電 車	...	40	118	11	233
		ディーゼル車	121	111	24	146	...
		客 車	183	172	84	66	11
		その他の旅客車	...	...	...	...	...
		貨 物 車	534	300	83	...	...
		特 殊 車 両	...	1	...	9	...

資 料　国土交通省総合政策局情報政策本部

(注) 1. 平成26年度において調査対象範囲の見直しを行い、平成27年3月分以前と平成27年4月分以降は調査対象事業所数が異なるため、公表値の連続性は担保されない。
2. 平成27年4月分より、『JR』、『民需』の需要先について、『JR』、『民鉄等』と名称変更している。
3. 昭和35年の特殊車両は、貨物車に含まれている。

生 産　167

生 産 実 績
Stock Produced

単位：両 (Unit：Vehicles)

17(2005)	22(2010)	23(2011)	24(2012)	25(2013)	26(2014)	27(2015)	28(2016)
42	29	3	12	3	10	14	14
4	3	3	3	12	5	10	10
...	...	...	...	...	...	...	...
1,747	1,781	1,585	1,255	1,453	1,376	1,436	1,436
13	51	8	20	12	46	42	42
65	...	6	6	...	6	4	4
...	...	...	...	...	...	...	...
130	77	198	291	205	197	223	223
11	15	4	2	7	5	8	8
24	29	3	10	3	8	14	3
4	2	3	3	12	...	4	5
...	...	...	...	...	...	...	...
735	1,184	1,028	768	815	868	659	335
...	44	2	12	2	4	36	15
...	...	...	...	...	...	...	...
...	...	...	...	...	...	...	...
100	76	161	261	178	178	209	443
7	15	4	2	6	5	4	6
...	...	...	2	...	2	...	...
...	1	...	...	...	1	...	6
...	...	...	...	...	...	...	...
670	435	513	379	444	440	595	665
13	7	6	8	...	13	6	7
3	...	6	6	...	6	4	4
...	...	...	...	...	...	...	...
30	1	37	30	27	19	14	16
4	...	...	...	...	...	4	1
...	...	...	...	...	...	14	3
...	...	...	...	...	...	4	5
...	...	...	...	...	...	493	371
...	...	...	...	...	...	42	...
...	...	...	...	...	...	...	...
...	...	...	...	...	...	...	...
...	...	...	...	...	...	209	443
...	...	...	...	...	...	2	...
18	...	...	...	...	...	...	...
...	...	...	...	...	...	...	1
...	...	...	...	...	...	...	...
342	162	44	108	194	87	182	73
...	...	...	...	...	...	...	...
62	...	...	...	...	...	...	...
...	...	...	...	...	...	...	...
...	...	...	...	...	...	...	...
...	...	...	...	...	...	...	...

情報政策課交通経済統計調査室（鉄道車両等生産動態統計年報）

4．公的企業とは特殊法人及び独立行政法人等であって、政府による監督・所有関係（政府による出資比率50%以上であること等）が存在するものである。

5．「公的企業向け」の数値は、国内向けの「JR向け」「民鉄等向け」の内数である。

鋼船建造
Number of Steel

用途別 Use Division

年度 Fiscal Year	合計 Sum Total		貨物船 Cargo Vessel		貨客船 Cargo-Passenger Boat		客船 Passenger Ship	
	隻数 Ships	総トン Ton	隻数 Ships	総トン Ton	隻数 Ships	総トン Ton	隻数 Ships	総トン Ton
35 (1960)	1,148	1,759,885	379	944,079	13	28,285	24	5,135
45 (1970)	2,200	9,917,345	585	2,065,645	17	56,117	48	5,613
55 (1980)	1,529	6,886,970	247	1,287,528	4	514	24	3,178
2 (1990)	1,012	6,696,033	182	470,932	3	209	44	98,530
7 (1995)	832	8,739,889	168	398,797	…	…	19	1,908
12 (2000)	573	11,610,579	33	58,770	…	…	10	665
13 (2001)	587	11,896,803	40	100,728	…	…	13	360
14 (2002)	481	11,474,016	27	262,882	1	85	13	1,345
15 (2003)	481	12,392,061	28	136,748	1	199	10	1,549
16 (2004)	526	14,833,096	32	36,960	2	1,578	11	34,625
17 (2005)	594	16,507,637	40	84,444	1	145	6	1,096
18 (2006)	585	17,330,126	42	140,666	1	61	6	606
19 (2007)	634	17,725,019	61	384,006	2	3,374	5	945
20 (2008)	629	17,652,635	53	336,559	1	5,910	4	3,797
21 (2009)	667	19,345,089	43	550,316	…	…	3	137
22 (2010)	612	18,969,006	49	738,336	…	…	8	242
23 (2011)	622	19,047,679	58	728,278	…	…	3	1,230
24 (2012)	620	16,512,159	48	773,728	1	160	5	733
25 (2013)	579	13,812,219	73	630,925	1	460	7	5,924
26 (2014)	587	13,249,075	74	490,096	1	5,681	3	198
27 (2015)	573	13,308,309	69	685,732	…	…	3	222
28 (2016)	561	12,506,989	68	394,485	…	…	15	39,466

資料　国土交通省総合政策局情報政策本部情報政策課

（竣工）実績（その１）
Vessels Produced (No.1)

単位：総トン（Unit：Ton）

油送船 Oil Tanker		漁船 Fishing Boat		その他（自動車航送船含）Other		輸出船 Ship Exports	
隻数 Ships	総トン Ton	隻数 Ships	総トン Ton	隻数 Ships	総トン Ton	隻数 Ships	総トン Ton
239	693,195	363	72,521	130	16,670	...	...
240	1,614,878	592	95,462	503	94,769	215	5,984,861
219	1,655,524	451	66,103	301	49,866	283	3,824,257
105	812,171	227	39,804	225	180,778	226	5,093,609
88	65,939	79	12,747	195	103,877	283	8,156,621
34	313,040	70	7,353	113	33,608	313	11,197,143
29	192,436	60	8,053	123	45,471	322	11,549,755
34	103,375	47	6,171	65	48,706	294	11,051,452
21	195,538	50	6,277	50	31,065	321	12,020,685
25	463,720	37	5,681	53	59,174	366	14,231,358
35	96,980	29	2,578	68	68,828	415	16,253,566
29	24,462	27	2,798	68	52,995	412	17,108,538
39	60,702	29	4,229	54	19,767	444	17,251,996
35	167,409	27	3,085	70	27,488	439	17,108,387
42	807,876	32	5,230	73	16,092	474	17,962,438
27	27,243	26	1,860	44	8,064	458	18,193,261
31	338,106	20	5,169	60	19,567	450	17,955,329
39	274,925	61	8,790	65	76,824	401	15,376,999
50	278,320	54	12,776	70	25,490	324	12,858,324
35	345,349	40	7,615	86	40,414	348	12,359,722
22	67,575	31	3,558	87	87,510	361	12,463,712
23	218,531	31	5,063	88	65,924	336	11,783,530

交通経済統計調査室（造船造機統計月報、平成21年4月より造船統計月報）

鋼 船 建 造
Number of Steel

トン数別　Tonnage Division

年度 Fiscal Year		合計 Sum Total		100総トン未満		100総トン以上		1000総トン以上	
		隻数 Ships	総トン Ton	隻数 Ships	総トン Ton	隻数 Ships	総トン Ton	隻数 Ships	総トン Ton
35	(1960)	1,148	1,759,885	434	24,616	539	178,269	46	65,263
45	(1970)	2,200	9,917,345	808	31,360	950	284,724	46	74,748
55	(1980)	1,529	6,886,970	539	19,560	621	225,296	28	43,086
2	(1990)	1,012	6,696,033	294	7,929	456	165,480	6	9,730
7	(1995)	832	8,739,889	202	4,773	315	120,762	11	18,097
12	(2000)	573	11,610,579	130	3,262	114	42,209	4	6,712
13	(2001)	587	11,896,803	133	2,881	109	36,418	3	4,431
14	(2002)	481	11,474,016	77	2,108	86	32,027	6	9,157
15	(2003)	481	12,392,061	57	1,772	89	32,322	4	6,044
16	(2004)	526	14,833,096	46	1,114	98	36,844	4	6,009
17	(2005)	594	16,507,637	63	1,261	103	40,252	2	3,004
18	(2006)	585	17,330,126	65	1,613	92	40,249	3	4,991
19	(2007)	634	17,725,019	57	1,526	107	49,230	4	6,769
20	(2008)	629	17,652,635	49	964	107	46,364	7	10,077
21	(2009)	667	19,342,089	54	1,067	r 117	r 47,633	6	8,132
22	(2010)	612	18,931,597	47	888	91	37,996	3	4,225
23	(2011)	r 622	r 19,047,679	r 35	r 943	r 118	r 50,906	3	4,059
24	(2012)	620	16,511,709	57	1,537	124	47,293	10	16,533
25	(2013)	588	14,422,948	72	1,392	142	58,667	7	10,717
26	(2014)	584	13,293,748	68	1,631	133	58,808	15	24,935
27	(2015)	570	12,519,182	84	1,809	104	46,225	8	11,404
28	(2016)	564	12,988,027	73	1,983	120	51,002	11	17,271

資料　国土交通省総合政策局情報政策本部情報政策課

生 産 171

（竣　工）　実　績　（その２）
Vessels Produced (No.2)

単位：総トン （Unit：Ton）

2,000総トン以上		4,000総トン以上		6,000総トン以上		8,000総トン以上		10,000総トン以上 (うち50,000総トン以上)	
隻数 Ships	総トン Ton	隻数 Ships	総トン Ton	隻数 Ships	総トン Ton	隻数 Ships	総トン Ton	隻数 Ships	総トン Ton
27	79,121	13	59,464	13	89,329	29	263,647	47	1,000,176
117	358,762	41	203,786	11	74,424	23	207,498	204	8,682,043
86	276,989	31	151,478	8	54,823	17	155,626	199	5,960,112
73	212,807	27	124,811	12	87,140	7	63,178	137	6,024,958
46	145,233	40	205,654	9	66,031	2	18,775	207	8,160,564
19	60,790	31	150,110	10	71,304	9	86,328	256	11,189,864
22	68,903	25	126,323	8	54,847	17	154,032	270	11,448,968
20	65,857	24	121,911	11	72,274	7	65,818	250	11,104,846
20	63,708	26	127,404	10	70,031	12	111,952	263	11,978,828
16	47,739	18	91,305	11	77,405	15	138,003	318	14,434,677
27	84,368	20	104,097	8	55,944	20	182,471	352	16,036,240
19	59,945	23	113,552	10	71,894	21	194,898	352	16,842,984
24	78,863	16	73,734	16	114,785	26	247,454	384	17,152,658
23	70,892	23	116,208	19	138,632	29	264,223	372	17,005,475
33	106,534	12	60,958	19	139,108	26	241,243	400	18,737,414
18	57,550	18	90,548	16	114,063	23	213,744	396	18,412,583
10	34,094	20	100,341	15	108,920	18	173,194	403	18,575,222
26	82,454	8	39,597	12	88,091	20	193,161	(122) 363	(10,473,199) 16,043,043
21	68,583	12	60,296	8	57,543	17	159,857	(102) 309	(8,541,201) 14,005,893
30	100,238	28	137,880	11	78,033	11	104,455	(87) 288	(7,330,098) 12,787,768
17	58,353	17	81,845	11	81,678	20	87,296	(59) 309 (48)	(5,554,731) 12,150,572 (44,413,334)
8	24,036	14	69,616	11	77,938	18	170,249	309 (48)	12,575,932 (4,680,004)

交通経済統計調査室(造船造機統計月報、平成21年4月より造船統計月報)

船舶用機器
Number of Ship

年度 Fiscal Year		蒸気タービン Steam Turbine		焼玉機関 Semi-Diesel-Engine		火花点火機関 Spark-Ignition-Engine	
		数量(No)	出力(PS)	数量(No)	出力(PS)	数量(No)	出力(PS)
45	(1970)	395	1,696,835	10	100	…	…
55	(1980)	428	466,358	…	…	1,638	21,510
2	(1990)	259	333,321	…	…	28,197	1,304,997
12	(2000)	247	683,300	…	…	70,845	8,040,778
17	(2005)	545	2,057,509	…	…	71,958	13,813,120
20	(2008)	783	1,865,253	…	…	95,595	14,749,523
21	(2009)	583	1,195,025	…	…	29,124	4,225,275
22	(2010)	512	1,462,325	…	…	37,360	6,134,275
23	(2011)	431	1,101,061	…	…	47,317	7,332,230
24	(2012)	215	651,393	…	…	46,040	7,227,312
25	(2013)	187	682,988	…	…	53,668	8,701,722
26	(2014)	195	710,896	…	…	79,081	12,115,523
27	(2015)	436	1,293,404	…	…	95,472	15,709,340

年度 Fiscal Year		船外機 Out Board Engine		ボイラ Boiler		補助機器(除発電機・電動機) Auxiliary machine (exclude dynamo・eiectric motor)	
		数量(No)	出力(PS)	数量(No)	重量(トン)tons	数量(No)	重量(トン)tons
45	(1970)	72,656	511,136	918	20,175	147,378	…
55	(1980)	370,953	6,628,913	842	12,398	256,185	…
2	(1990)	370,789	11,742,492	506	9,415	295,772	…
12	(2000)	457,800	20,573,270	538	8,250	303,156	41,636
17	(2005)	646,921	35,260,055	717	15,129	374,820	155,124
20	(2008)	480,624	22,458,234	968	16,486	276,616	70,624
21	(2009)	379,435	14,623,665	789	11,558	218,023	670,157
22	(2010)	548,494	24,291,365	698	10,799	181,393	953,687
23	(2011)	624,863	27,625,264	759	9,353	152,526	63,380
24	(2012)	574,267	26,456,305	647	6,653	170,662	138,790
25	(2013)	585,239	28,846,495	586	24,239	177,387	225,553
26	(2014)	528,500	30,277,719	636	6,434	184,741	117,255
27	(2015)	509,321	32,501,714	668	6,542	172,895	406,535

資料 国土交通省総合政策局情報政策本部情報政策課

(注) 平成11年1月より甲板機械は、係船・荷役機械となり、補助機械の電気機器は発電機・電動機・配電盤・起器に分割したため前年度の数値と一致しない。造機統計は平成21年度より公表項目の分類を見直した。

製 造 実 績
Components Constructed

ディーゼル機関 (Diesel Engine)					
Up to 1000PS未満		Up to 10000PS未満		10000PS以上 or above	
数量(No)	出力(PS)	数量(No)	出力(PS)	数量(No)	出力(PS)
47,293	2,198,116	1,031	2,414,295	106	1,754,200
49,661	3,463,956	1,318	2,981,826	256	4,111,490
29,296	3,979,217	1,067	2,134,069	165	3,171,260
30,661	4,355,438	852	1,882,501	215	3,922,945
22,347	3,500,324	1,328	2,792,864	352	7,200,445
19,381	3,284,843	2,812	6,003,557	391	8,405,262
15,236	2,283,217	2,634	5,395,471	382	7,639,187
20,672	3,736,423	2,070	4,289,981	417	8,036,905
16,129	3,896,851	2,004	4,053,078	398	6,897,085
14,019	3,460,210	1,782	3,883,137	317	5,872,717
15,355	3,351,772	1,941	4,082,928	291	6,076,524
12,225	3,144,849	2,213	4,557,159	295	5,076,968
10,832	2,887,963	1,710	3,491,867	335	5,816,025

補助機器(発電機・電動機) Auxiliary machine (dynamo・electric motor)		甲板機械 Deck machine		軸系及びプロペラ Propeller system	
数量(No)	出力(PS)	数量(No)	重量(トン)tons	数量(No)	重量(トン)tons
…	…	10,878	48,254	86,745	12,170
…	…	9,502	81,591	69,563	14,178
…	…	7,317	56,792	278,624	9,374
52,737	2,303,984	7,646	102,847	271,825	10,179
59,333	3,774,614	9,609	124,596	429,672	53,233
59,734	4,739,557	13,372	152,273	315,863	86,170
51,878	3,629,622	10,941	165,201	14,600	95,026
63,105	3,654,123	9,797	172,528	37,160	54,971
62,441	3,412,086	31,568	160,845	175,170	3,070,990
53,798	3,142,133	24,076	147,750	256,535	2,869,756
51,959	2,923,174	26,196	406,529	183,664	3,439,412
59,197	3,692,574	34,034	130,095	117,310	178,556
54,639	3,554,895	36,756	141,850	145,853	227,971

交通経済統計調査室(造船造機統計月報、平成21年4月より造機統計四半期報)

自　動　車

Number of Motor

年度 Fiscal Year		合計 Sum Total	乗用車 (Automobile)			
			計 Total	普通車 Ordinary	小型四輪車 Small	軽四輪車 Light motor
35	(1960)	560,815	196,605	…	146,818	49,787
45	(1970)	5,454,524	3,354,327	52,126	2,527,916	774,285
55	(1980)	11,175,628	7,100,659	391,295	6,505,678	203,686
2	(1990)	13,591,709	9,988,517	1,829,701	7,254,942	903,874
7	(1995)	10,085,650	7,562,698	2,513,827	4,100,035	948,836
12	(2000)	10,044,293	8,297,117	3,353,591	3,660,495	1,283,031
13	(2001)	9,807,492	8,162,063	3,510,647	3,355,863	1,295,553
14	(2002)	10,323,105	8,662,767	3,696,090	3,682,413	1,284,264
15	(2003)	10,356,377	8,534,645	3,860,469	3,336,862	1,337,314
16	(2004)	10,617,038	8,817,949	4,069,074	3,379,489	1,369,386
17	(2005)	10,893,529	9,154,147	4,341,874	3,395,315	1,416,958
18	(2006)	11,501,208	9,787,234	5,113,775	3,109,817	1,563,642
19	(2007)	11,790,059	10,104,399	6,088,209	2,633,706	1,382,484
20	(2008)	10,005,637	8,554,399	4,698,610	2,443,843	1,411,946
21	(2009)	8,864,905	7,708,731	4,140,564	2,304,576	1,263,591
22	(2010)	8,993,839	7,741,063	4,585,888	1,956,228	1,198,947
23	(2011)	9,266,957	7,911,073	4,519,486	2,107,442	1,284,145
24	(2012)	9,550,883	8,188,904	4,508,926	2,068,080	1,611,898
25	(2013)	9,912,403	8,443,378	4,718,155	1,917,691	1,807,532
26	(2014)	9,590,733	8,087,895	4,613,278	1,662,282	1,812,335
27	(2015)	9,187,599	7,773,128	4,803,694	1,538,911	1,430,523
資料						日本自動車工業会

(注)　二輪及びノックダウンセットは含まれていない。

生 産 台 数
Vehicles Produced

単位：台 (Unit : Cars)

	トラック (Track)			バス
計 Total	普通車 Ordinary	小型四輪車 Small	軽四輪車 Light motor	Bus
355,009	90,751	201,849	62,409	9,201
2,055,813	259,639	1,248,094	548,080	44,384
3,973,543	897,061	2,100,317	976,165	101,426
3,562,385	1,262,697	1,255,999	1,043,689	40,807
2,472,459	783,442	905,008	784,009	50,493
1,692,596	620,356	491,488	580,752	54,580
1,585,911	611,106	416,067	558,738	59,518
1,591,767	698,128	386,970	506,669	68,571
1,761,874	780,962	464,219	516,693	59,858
1,736,269	771,692	440,398	524,179	62,820
1,660,865	694,276	433,659	532,930	78,517
1,621,093	707,680	408,840	504,573	92,881
1,559,205	741,413	358,507	459,285	126,455
1,329,877	615,420	288,345	426,112	121,361
1,062,595	422,013	226,115	414,467	93,579
1,146,804	500,831	228,808	417,165	105,972
1,244,733	562,518	253,656	428,559	111,151
1,237,262	573,227	278,546	385,489	124,717
1,333,945	583,923	312,319	437,703	135,080
1,364,318	612,362	331,222	420,734	138,520
1,279,403	567,075	325,892	386,436	135,068

（自動車統計月報）

鉄 道 施 設
Railway Infrastructure

年度末 At the End of Fiscal Year	JR 旅客営業キロ Wagonkm (km)	複線以上区間 Section double lines (km)	電化区間営業キロ Electrified Section (km)	停車場数 Stations (箇所)	踏切道数 Level Crossings (箇所)
25 (1950)	19,786	...	1,659	4,272	43,184
35 (1960)	20,482	2,607	2,699	4,934	42,439
45 (1970)	20,890	4,919	6,021	5,224	32,996
55 (1980)	21,322	5,641	8,414	5,296	29,865
2 (1990)	20,252	5,953	9,601	5,032	23,975
12 (2000)	20,051	5,964	9,886	5,022	22,618
17 (2005)	19,999	5,846	9,861	4,913	21,527
22 (2010)	20,124	5,766	9,744	4,906	21,439
23 (2011)	20,124	5,766	9,744	4,902	21,390
24 (2012)	20,127	5,767	9,744	4,902	21,328
25 (2013)	20,127	5,767	9,774	4,643	20,938
26 (2014)	20,022	5,584	9,710	4,584	20,582
27 (2015)	20,132	5,606	9,516	4,582	20,478
資 料	国土交通省総合政策局情報政策本部情報政策課交通経済統計調査室					

(注)1. 営業キロとは、旅客又は貨物の営業を行う駅間の距離をいう。
  2. 民鉄の複数以上区間のキロ数は、営業キロではなく、本線路延長である。
  3. 停車場には、停留場を含む。

の 推 移
Development

民　鉄　(Private)				
旅客営業キロ Wagonkm (km)	複線以上区間 Section double lines (km)	電化区間営業キロ Electrified Section (km)	停車場数 Stations (箇所)	踏切道数 Level Crossings (箇所)
7,615	2,512	5,796	3,748	24,200
7,420	2,717	6,034	6,913	27,608
6,214	2,637	5,383	5,082	18,744
5,594	2,711	4,907	4,223	15,548
7,156	2,988	5,189	4,815	15,034
7,387	3,388	5,502	5,092	14,342
7,637	3,674	5,811	5,155	13,703
7,527	3,849	5,480	5,095	12,872
7,519	3,850	5,476	5,128	12,949
7,480	3,851	5,466	5,121	12,739
7,369	3,848	5,439	5,136	12,717
7,472	4,041	5,689	5,171	12,946
7,367	4,055	5,739	5,200	12,954

2004年まで（陸運統計要覧）、2005年から（交通関係統計資料集HP）

鉄道車両
Current Inventory

年度末 At the End of Fiscal Year	合計 Sum Total		機関車 (Locomotives)					
			計 Total		電気 Electric Locomotives		ディーゼル Diesel Locomotives	
	計 Total	うちJR Part of JR	計 Total	うちJR Part of JR	計 Total	うちJR Part of JR	計 Total	うちJR Part of JR
25 (1950)	...	125,371	6,221	5,458	578	356	26	...
35 (1960)	...	140,774	5,607	4,974	1,071	782	385	218
45 (1970)	201,702	180,537	5,218	4,677	2,118	1,810	1,464	1,266
55 (1980)	173,080	132,442	4,387	3,970	2,058	1,856	2,310	2,109
2 (1990)	71,739	47,959	2,234	1,921	1,185	1,035	1,034	878
12 (2000)	65,071	37,010	1,722	1,458	943	819	759	629
17 (2005)	69,020	41,546	1,517	1,285	856	747	640	528
22 (2010)	66,452	38,141	1,224	1,018	675	578	527	429
23 (2011)	66,004	37,776	1,147	951	642	546	483	394
24 (2012)	65,443	37,282	1,148	939	639	542	487	386
25 (2013)	65,201	36,896	1,097	904	608	514	466	378
26 (2014)	64,811	36,421	1,017	820	610	514	384	294
27 (2015)	64,212	35,984	1,034	828	573	480	438	336

年度 Fiscal Year	旅客車 その他 Others		貨物車 計 Total		有がい貨車 Covered Freight Car		無がい貨車 Open Freight Car	
	計 Total	うちJR Part of JR	計 Total	うちJR Part of JR	計 Total	うちJR Part of JR	計 Total	うちJR Part of JR
25 (1950)	...	...	...	105,939	...	47,176	...	57,077
35 (1960)	162	...	...	118,003	...	62,498	...	42,061
45 (1970)	96	...	154,390	149,591	92,583	91,082	47,024	44,726
55 (1980)	74	...	101,815	99,693	63,014	62,552	29,042	28,017
2 (1990)	94	94	21,067	20,102	8,076	8,030	10,186	9,677
12 (2000)	57	47	11,752	11,039	1,492	1,459	9,105	8,748
17 (2005)	49	37	15,909	15,359	705	679	867	613
22 (2010)	32	22	12,159	11,625	424	406	763	485
23 (2011)	32	22	11,725	11,255	102	90	697	473
24 (2012)	33	23	11,090	10,626	32	18	683	461
25 (2013)	241	23	10,938	10,470	24	12	669	443
26 (2014)	241	23	10,587	10,116	23	11	622	396
27 (2015)	19	9	10,350	9,881	14	2	641	415

資料　国土交通省総合政策局情報政策本部情報政策課

(注) 1. 貨車のみ、私有車は含まない。
　　 2. 昭和62年度から集計区分が変更になったので前年度までとつながらない車種がある。
　　　 (1) 昭和61年度まで旅客車のその他に含まれていた鋼索客車と無軌条電車は、昭和62年度よりそれぞれ客車、電車に編入した。

保 有 数
of Rolling Stocks

単位；両 (Unit ; Vehicles)

蒸気・その他 Steam・Others		旅　客　車 (Car for Passennger Transportation)							
		計 Total		電　車 Electric Passenger Car		ディーゼル車 Diesel Car		客　車 Passenger Car	
計 Total	うちJR Part of JR	計 Total	うちJR Part of JR	計 Total	うちJR Part of JR	計 Total	うちJR Part of JR	計 Total	うちJR Part of JR
5,617	5,102	...	13,974	10,383	2,580	343	123	13,893	11,271
4,151	3,974	31,039	17,797	16,447	4,376	2,366	2,059	12,064	11,362
1,636	1,601	42,094	26,334	27,591	12,377	5,599	5,346	8,808	8,611
18	5	46,878	28,809	35,215	17,595	5,244	5,038	6,345	6,176
15	8	48,438	25,936	41,998	20,213	3,616	3,148	2,730	2,481
20	10	51,597	25,313	47,084	21,686	3,220	2,629	1,236	951
21	10	51,594	24,902	47,728	21,921	2,928	2,349	889	595
22	11	52,946	25,378	49,563	22,776	2,814	2,306	537	274
22	11	52,982	25,461	49,654	22,913	2,767	2,260	529	266
22	11	53,059	25,620	49,801	23,122	2,706	2,216	519	259
21	12	53,020	25,425	49,536	22,947	2,718	2,209	531	246
21	12	53,050	25,373	49,558	22,891	2,726	2,219	525	240
21	12	52,693	25,192	49,548	22,866	2,688	2,165	438	152

(Freight Car)							
タンク車 Tank Car		ホッパ車 Hopper Car		貨物電車 Freight Electric Car		その他 Others	
計 Total	うちJR Part of JR	計 Total	うちJR Part of JR	計 Total	うちJR Part of JR	計 Total	うちJR Part of JR
...	409	...	...	...	77	...	1,200
...	300	...	10,917	...	74	...	2,153
201	161	11,174	10,458	216	106	3,192	3,058
32	20	5,403	4,989	218	101	4,106	4,014
21	...	2,087	1,817	70	12	627	566
3	2	748	516	50	8	350	306
4,722	4,721	1,250	1,026	87	48	8,278	8,272
2,098	2,097	875	676	78	44	8,080	8,037
2,043	2,042	876	677	74	44	8,083	8,038
1,657	1,656	744	548	71	44	8,049	7,996
1,655	1,654	746	549	72	44	7,763	7,759
1,612	1,611	682	483	73	44	7,566	7,562
1,592	1,591	676	477	71	44	7,347	7,343

2005まで(陸運統計要覧)、2006から(交通関係統計資料集)
　　(2) 昭和61年度まで旅客車の電車・客車に含まれていた電源車・合造車は、旅客車のその他に編入した。
　　3. 貨物車のその他にはラッセル車・事業用車両等を含む。

自　動　車　保
Number of Motor

区　分				Section	45(1970)	55(1980)	2(1990)
合　計				Sum Total	18,919,020	38,992,023	60,498,850
登録車両 Registration-car		計		Total	12,779,069	31,249,932	42,730,451
	貨物車 Truck	普通車 Ordinary	計	Total	813,845	1,502,408	2,206,081
			自家用	Private use	555,218	1,051,653	1,474,161
			営業用	Business use	258,627	450,755	731,920
		小型車 Small	四輪 計	Total	4,511,700	7,109,706	6,537,630
			自家用	Private use	4,428,843	7,023,713	6,444,029
			営業用	Business use	82,857	85,993	93,601
			三輪 計	Total	111,080	13,551	2,065
			自家用	Private use	101,655	12,922	1,929
			営業用	Business use	9,425	629	136
		被けん引車 Trailer	計	Total	23,768	57,313	88,765
			自家用	Private use	9,141	8,564	6,491
			営業用	Business use	14,627	48,749	82,274
	バス Bus	普通車 Ordinary	計	Total	103,762	106,655	115,103
			自家用	Private use	20,524	21,736	28,137
			営業用	Business use	83,238	84,919	86,966
		小型車 Small	計	Total	86,304	122,774	130,741
			自家用	Private use	84,614	119,225	122,877
			営業用	Business use	1,690	3,549	7,864
	乗用車 Passenger Car	普通車 Ordinary	計	Total	76,759	479,843	1,933,533
			自家用	Private use	73,877	478,204	1,926,169
			営業用	Business use	2,882	1,639	7,364
		小型車 Small	計	Total	6,700,190	21,063,657	30,502,964
			自家用	Private use	6,485,298	20,814,702	30,250,739
			営業用	Business use	214,892	248,955	252,225
	特種用途車 Special purpose vehicle	普通車 Ordinary	計	Total	157,498	385,192	630,742
			自家用	Private use	121,643	309,933	494,476
			営業用	Business use	35,855	75,259	136,266
		小型車 Small	計	Total	72,525	119,438	160,020
			自家用	Private use	66,908	115,411	152,982
			営業用	Business use	5,617	4,027	7,038
	大型特殊車			Large-special	121,638	289,395	422,807
その他 Others	計			Total	6,139,951	7,742,091	17,768,399
	小型二輪車			Small	171,533	444,975	999,854
	軽自動車 Light motor	計		Total	5,968,418	7,297,116	16,768,545
		四輪	計		5,298,271	6,721,513	15,025,762
			乗用		2,327,644	2,102,619	2,715,334
			貨物＋特殊		2,970,627	4,618,894	12,310,428
		二輪			558,807	574,271	1,741,548
		三輪			111,304	1,332	1,235
資　料						国土交通省自動車局	

(注)1. 車種の定義は、道路運送車両法施行規則参照。

有 車 両 数
Vehicles Owned

単位：両 (Unit : Vehicles)

12(2000)	17(2005)	22(2010)	25(2013)	26(2014)	27(2015)
75,524,973	78,992,060	78,660,773	80,272,571	80,670,393	80,900,730
52,461,216	51,757,370	49,610,327	47,602,255	47,273,096	47,144,660
2,581,592	2,468,440	2,271,951	2,278,136	2,299,643	2,317,131
1,680,488	1,558,569	1,415,352	1,418,602	1,435,643	1,444,268
901,104	909,871	856,599	859,534	864,000	872,863
5,389,436	4,541,542	3,788,837	3,604,152	3,568,181	3,537,663
5,310,039	4,464,763	3,713,291	3,530,873	3,495,432	3,465,179
79,397	76,779	75,546	73,279	72,749	72,484
1,216	1,083	1,049	1,026	1,018	1,019
1,117	985	949	929	921	922
99	98	100	97	97	97
134,042	148,631	153,010	157,771	160,314	163,018
9,306	9,416	9,287	10,239	10,790	11,430
124,736	139,215	143,723	147,532	149,524	151,588
110,285	109,842	107,850	108,224	108,992	110,839
27,458	24,722	22,704	21,890	21,727	21,704
82,827	85,120	107,850	86,334	87,265	89,135
125,265	121,854	118,989	118,318	118,587	119,764
109,544	101,204	95,907	94,444	94,508	95,157
15,721	20,650	23,082	23,874	24,079	24,607
14,163,357	16,636,696	16,838,550	17,586,128	17,717,203	18,000,955
14,132,311	16,596,514	16,790,700	17,533,167	17,662,272	17,944,156
31,046	40,182	47,850	52,961	54,931	56,799
28,201,712	26,110,584	23,296,582	22,234,915	21,773,914	21,353,690
29,976,415	25,877,585	23,094,498	22,048,985	21,592,320	21,176,179
225,297	232,999	202,084	185,930	181,594	177,511
1,214,603	1,120,056	1,024,990	1,035,195	1,043,330	1,054,328
992,452	863,195	76,067	760,308	765,272	771,104
222,151	256,961	264,923	274,887	278,058	283,224
216,559	173,180	150,686	146,947	146,392	147,089
204,147	159,798	137,025	133,050	132,417	133,034
12,412	13,382	13,661	13,897	13,975	14,055
323,149	325,462	322,652	331,443	335,522	339,164
23,063,757	27,234,690	30,437,937	32,670,316	33,397,297	33,756,070
1,308,417	1,428,149	1,535,181	1,595,335	1,611,089	1,628,461
21,755,340	25,806,541	28,902,756	31,074,981	31,786,208	32,127,609
20,041,396	23,896,947	26,925,889	29,093,337	29,806,512	30,155,913
10,084,285	14,350,390	18,004,339	20,230,295	21,026,132	21,477,247
9,957,111	9,546,557	8,921,550	8,863,042	8,780,380	8,678,666
1,712,597	1,908,402	1,975,623	1,980,411	1,978,462	1,970,471
1,347	1,192	1,244	1,233	1,234	1,225

（自動車保有車両数）

都道府県別自動

Number of Motor Vehicles

(平成26(2014)年3月31日現在)

運輸局別 運輸支局別		合計 Sum Total	貨物車 Truck					バス Bus
			計 Total	普通 Ordinary	小型 Small	被牽引車 Trailer	軽 Light	
合　計		80,116,477	14,749,266	2,278,136	3,605,178	157,771	8,708,181	226,542
北海道	計	3,697,965	658,359	184,082	182,288	25,415	266,574	13,728
	札　幌	1,664,239	243,464	68,670	80,700	5,504	88,590	6,277
	函　館	318,509	57,047	12,875	14,152	365	29,655	1,127
	旭　川	496,735	96,179	24,713	27,708	1,238	42,520	2,059
	室　蘭	375,524	78,021	18,831	17,256	12,338	29,596	1,516
	釧　路	271,733	56,584	16,890	13,149	3,342	23,203	873
	帯　広	315,208	69,817	24,266	16,065	1,705	27,781	960
	北　見	256,017	57,247	17,837	13,258	923	25,229	916
東北	計	7,041,313	1,482,103	222,409	325,417	7,266	927,011	22,968
	青　森	999,382	221,810	32,855	50,490	860	137,605	3,864
	岩　手	1,013,975	234,254	35,825	47,625	799	150,005	3,726
	宮　城	1,658,617	308,618	57,569	80,056	3,051	167,942	5,096
	秋　田	819,484	184,778	20,982	31,805	614	131,377	2,470
	山　形	929,042	197,950	24,609	39,744	429	133,168	2,582
	福　島	1,620,813	334,693	50,569	75,697	1,513	206,914	5,230
関東	計	22,327,122	3,727,579	652,635	1,084,927	42,832	1,947,185	64,921
	茨　城	2,538,407	496,063	85,149	126,272	7,231	277,411	6,938
	栃　木	1,690,474	296,250	52,732	74,494	2,350	166,674	4,651
	群　馬	1,764,743	329,831	54,147	73,678	2,821	199,185	3,950
	埼　玉	4,004,881	612,438	121,136	176,205	3,483	311,614	9,864
	千　葉	3,548,222	599,544	102,606	172,604	6,576	317,758	10,835
	東　京	4,407,283	685,693	123,875	259,681	8,257	293,880	15,169
	神奈川	3,978,157	550,073	95,298	173,632	11,598	269,545	11,406
	山　梨	743,238	157,687	17,692	28,361	516	111,118	2,108
北陸信越	計	5,493,180	1,101,465	144,656	240,430	4,994	711,385	16,816
	新　潟	1,834,151	365,504	50,686	86,958	2,508	225,352	6,311
	富　山	892,446	155,694	25,788	39,066	964	89,876	2,088
	石　川	888,618	150,778	22,738	40,175	592	87,273	2,715
	長　野	1,877,965	429,489	45,444	74,231	930	308,884	5,702
中部	計	11,748,142	2,005,431	321,836	566,300	22,721	1,094,574	26,517
	福　井	654,789	126,966	16,929	27,187	973	81,877	1,887
	岐　阜	1,667,377	309,203	50,242	80,428	1,315	177,218	4,681
	静　岡	2,846,425	508,522	79,851	138,580	3,611	286,480	6,505
	愛　知	5,088,008	773,930	135,897	262,065	14,112	361,856	10,022
	三　重	1,491,543	286,810	38,917	58,040	2,710	187,143	3,422

資　料　　　　　　　　　　　　　　　　　　　　　国土交通省自動車局

(注) 車種の定義は、道路運送車両法施行規則参照。

車保有車両数 （その１）

Registered by Prefecture (No.1)

単位：両 (Unit : Vehicles)

乗用車 Passenger car				特種(殊)用途車 Special Purpose Vehicle	二輪車 Two-wheeled motor		
計 Total	普通 Ordinary	小型 Small	軽 Light		計 Total	小型 Small	軽 Light
60,051,338	17,586,128	22,234,915	20,230,295	1,513,585	3,575,746	1,595,335	1,980,411
2,759,363	799,348	1,137,067	822,948	131,546	134,969	53,267	81,702
1,292,805	399,462	547,893	345,450	54,170	67,523	25,904	41,619
242,046	58,949	94,960	88,137	9,328	8,961	3,801	5,160
360,460	101,850	145,872	112,738	18,750	19,287	8,026	11,261
271,497	73,850	112,666	84,981	11,572	12,918	4,508	8,410
195,137	54,119	78,390	62,628	11,469	7,670	3,262	4,408
219,953	60,625	89,092	70,236	14,970	9,508	3,913	5,595
177,465	50,493	68,194	58,778	11,287	9,102	3,853	5,249
5,157,293	1,276,504	1,942,350	1,938,439	155,241	223,708	106,786	116,922
719,017	161,467	255,041	302,509	28,776	25,915	11,201	14,714
722,843	168,601	262,056	292,186	23,028	30,124	14,052	16,072
1,250,261	339,485	489,179	421,597	30,802	63,840	31,141	32,699
590,373	133,101	225,594	231,678	20,558	21,305	10,173	11,132
683,111	152,138	262,469	268,504	20,736	24,663	12,511	12,152
1,191,688	321,712	448,011	421,965	31,341	57,861	27,708	30,153
17,105,491	6,064,562	6,764,864	4,276,065	64,659	1,364,472	593,891	770,581
1,906,479	577,959	750,554	577,966	43,719	85,208	47,989	37,219
1,293,048	389,901	512,438	390,709	27,524	69,001	36,268	32,733
1,338,541	382,711	507,989	447,841	28,001	64,420	33,900	30,520
3,118,505	1,011,564	1,239,060	867,881	70,072	194,002	92,798	101,204
2,727,967	901,713	1,096,548	729,706	69,068	140,808	75,772	65,036
3,138,315	1,472,960	1,214,633	450,722	89,242	478,864	170,101	308,763
3,042,800	1,180,603	1,254,947	607,250	71,313	302,565	123,699	178,866
539,836	147,151	188,695	203,990	14,003	29,604	13,364	16,240
4,099,772	991,340	1,513,200	1,595,232	107,923	167,204	84,987	82,217
1,363,948	298,869	497,668	567,411	41,385	57,003	28,696	28,307
694,920	165,596	270,730	258,594	18,313	21,431	11,819	9,612
697,593	180,345	269,426	247,822	16,529	21,003	11,527	9,476
1,343,311	346,530	475,376	521,405	31,696	67,767	32,945	34,822
9,086,973	2,769,980	3,313,474	3,003,519	187,159	442,062	217,845	224,217
497,218	128,048	178,375	190,795	13,779	14,939	7,673	7,266
1,274,558	361,293	458,383	454,882	29,470	49,465	24,970	24,495
2,160,512	593,771	772,484	794,257	42,453	128,433	57,283	71,150
4,027,969	1,386,911	1,501,370	1,139,688	77,184	198,903	103,017	95,886
1,126,716	299,957	402,862	423,897	24,273	50,322	24,902	25,420

（自動車保有車両数）

都道府県別自動

Number of Motor Vehicles

（平成26(2014)年3月31日現在）

運輸局別 運輸支局別		合計 Sum Total	貨物車 Truck					バス Bus
			計 Total	普通 Ordinary	小型 Small	被牽引車 Trailer	軽 Light	
近畿	計	12,038,346	3,319,232	275,536	456,168	22,385	2,565,143	28,419
	滋賀	1,193,866	368,016	25,900	34,206	671	307,239	2,683
	京都	1,511,635	419,916	32,163	57,263	743	329,747	4,669
	大阪	4,100,660	1,054,060	111,503	195,334	10,564	736,659	9,473
	奈良	972,660	283,890	19,365	28,452	497	235,576	2,165
	和歌山	867,811	293,063	16,061	28,392	817	247,793	1,711
	兵庫	3,391,714	900,287	70,544	112,521	9,093	708,129	7,718
中国	計	6,439,908	2,062,693	137,173	196,993	6,312	1,722,215	13,817
	鳥取	534,714	178,624	10,512	13,973	306	153,833	1,268
	島根	638,269	215,134	12,813	17,824	272	184,225	1,747
	岡山	1,780,565	577,325	41,339	55,279	1,825	478,882	3,047
	広島	2,218,495	684,128	48,332	70,838	2,154	562,804	5,190
	山口	1,267,865	407,482	24,177	39,079	1,755	342,471	2,565
四国	計	3,436,472	1,147,425	73,002	116,415	5,056	952,952	6,924
	徳島	708,074	230,628	14,981	25,766	719	189,162	1,610
	香川	913,493	299,917	20,231	31,198	820	247,668	1,677
	愛媛	1,177,707	399,726	25,254	39,765	3,124	331,583	2,268
	高知	637,198	217,154	12,536	19,686	393	184,539	1,369
九州	計	11,059,287	3,601,654	241,054	398,509	18,790	2,943,301	29,148
	福岡	3,876,202	1,169,870	88,058	149,309	9,628	922,875	10,092
	佐賀	795,329	274,939	17,697	28,739	1,202	227,301	2,064
	長崎	1,127,971	385,194	18,056	30,010	503	336,625	4,270
	熊本	1,591,808	532,704	33,704	63,827	1,478	433,695	3,825
	大分	1,068,048	350,769	22,079	35,662	1,612	291,416	2,530
	宮崎	1,075,419	366,286	25,809	36,097	1,504	302,876	2,141
	鹿児島	1,524,510	521,892	35,651	54,865	2,863	428,513	4,226
沖縄	沖縄	1,319,099	475,965	25,753	37,731	2,000	410,481	3,284
資料							国土交通省自動車局	

（注）車種の定義は、道路運送車両法施行規則参照。

車保有車両数 (その2)
Registered by Prefecture (No.2)

単位：両 (Unit : Vehicles)

乗用車 Passenger car				特種(殊)用途車 Special Purpose Vehicle	二輪車 Two-wheeled motor		
計 Total	普通 Ordinary	小型 Small	軽 Light		計 Total	小型 Small	軽 Light
7,950,649	2,492,126	2,893,380	2,565,143	185,040	555,006	226,898	328,108
772,471	213,258	251,974	307,239	15,544	35,152	16,938	18,214
994,296	306,508	358,041	329,747	23,895	68,859	31,125	37,734
2,736,071	930,681	1,068,731	736,659	67,359	233,697	90,064	143,633
644,271	180,296	228,399	235,576	12,042	30,292	13,929	16,363
529,170	115,355	166,022	247,793	13,193	30,674	10,821	19,853
2,274,370	746,028	820,213	708,129	53,007	156,332	64,021	92,311
4,086,483	987,067	1,377,201	1,722,215	97,414	179,501	84,825	94,676
336,650	69,589	113,228	153,833	8,389	9,783	5,058	4,725
398,916	76,735	137,956	184,225	10,539	11,933	5,437	6,496
1,123,479	269,278	375,319	478,882	26,706	50,008	25,406	24,602
1,419,258	380,877	475,577	562,804	34,410	75,509	33,897	41,612
808,180	190,588	275,121	342,471	17,370	32,268	15,027	17,241
2,128,863	482,175	693,736	952,952	53,298	99,962	44,520	55,442
446,457	106,349	150,946	189,162	10,423	18,956	8,545	10,411
572,526	135,376	189,482	247,668	13,421	25,952	11,707	14,245
722,925	160,870	230,472	331,583	18,408	34,380	15,005	19,375
386,955	79,580	122,836	184,539	11,046	20,674	9,263	11,411
6,905,986	1,612,272	2,350,413	2,943,301	167,004	355,495	165,431	190,064
2,497,911	684,766	890,270	922,875	54,166	144,163	68,220	75,943
485,901	104,359	154,241	227,301	11,272	21,153	11,893	9,260
678,705	130,432	211,648	336,625	16,510	43,292	15,565	27,727
993,576	224,044	335,837	433,695	23,396	38,307	21,463	16,844
673,474	151,734	230,324	291,416	14,805	26,470	13,015	13,455
655,033	138,300	213,857	302,876	16,995	34,964	15,180	19,784
921,386	178,637	314,236	428,513	29,860	47,146	20,095	27,051
770,465	110,754	249,230	410,481	16,018	53,367	16,885	36,482

(自動車保有車両数)

186 施 設

都道府県別自動
Number of Motor Vehicles

(平成27(2015)年3月31日現在)

運輸局別 運輸支局別		合計 Sum Total	貨物車 Truck					バス Bus
			計 Total	普通 Ordinary	小型 Small	被牽引車 Trailer	軽 Light	
合計		91,288,397	14,260,570	2,114,585	3,387,848	134,592	8,623,545	227,579
北海道	計	4,046,476	656,220	185,058	181,351	25,722	264,089	13,788
	札幌	1,800,731	244,067	69,568	80,871	5,569	88,059	6,362
	函館	352,172	56,301	12,892	13,827	387	29,195	1,111
	旭川	550,392	95,691	24,790	27,405	1,248	42,248	2,055
	室蘭	413,748	77,522	18,742	17,188	12,526	29,066	1,541
	釧路	294,081	56,323	16,990	13,008	3,353	22,972	861
	帯広	349,183	69,340	24,220	15,985	1,706	27,429	945
	北見	286,169	56,976	17,856	13,067	933	25,120	913
東北	計	8,113,980	1,477,288	225,795	324,807	7,413	919,273	23,081
	青森	1,143,706	219,624	32,809	49,401	879	136,535	3,820
	岩手	1,184,658	233,288	36,352	47,265	821	148,850	3,705
	宮城	1,873,685	308,293	58,597	80,504	3,076	166,116	5,075
	秋田	958,443	181,868	20,994	31,177	620	129,077	2,431
	山形	1,074,634	195,263	24,538	39,075	456	131,194	2,580
	福島	1,878,854	338,952	52,505	77,385	1,561	207,501	5,470
関東	計	25,420,183	3,721,759	662,106	1,076,111	43,595	1,939,947	65,594
	茨城	2,870,208	492,967	85,573	124,374	7,363	275,657	6,949
	栃木	1,898,940	294,462	53,214	73,418	2,362	165,468	4,601
	群馬	2,003,540	327,250	54,585	72,830	2,927	196,908	3,967
	埼玉	4,436,624	615,786	124,551	176,040	3,666	311,529	9,937
	千葉	3,945,530	600,407	104,695	171,917	6,730	317,065	11,001
	東京	4,969,890	683,398	124,733	257,083	8,436	293,146	15,484
	神奈川	4,420,367	550,315	96,968	172,458	11,542	269,347	11,530
	山梨	875,084	157,174	17,787	27,991	569	110,827	2,125
北陸信越	計	6,299,408	1,089,520	144,765	236,162	5,031	703,562	16,640
	新潟	2,088,435	359,906	50,666	84,963	2,496	221,781	6,257
	富山	993,582	153,697	25,814	38,440	990	88,453	2,078
	石川	988,549	148,854	22,845	39,782	595	85,632	2,729
	長野	2,228,842	427,063	45,440	72,977	950	307,696	5,576
中部	計	13,788,456	1,988,320	323,507	559,169	22,912	1,082,732	26,526
	福井	747,513	125,675	16,994	26,655	998	81,028	1,885
	岐阜	1,871,816	305,560	49,772	78,936	1,268	175,584	4,594
	静岡	3,207,038	501,202	79,466	135,743	3,690	282,303	6,503
	愛知	5,581,193	772,246	138,212	260,444	14,212	359,378	10,143
	三重	2,380,896	283,637	39,063	57,391	2,744	184,439	3,401

資料　　　　　　　　　　　　　　　　　　　国土交通省自動車局

(注) 車種の定義は、道路運送車両法施行規則参照。

自動車保有車両数（その１）
Registered by Prefecture (No.1)

単位：両 (Unit : Vehicles)

乗用車 Passenger car				特種(殊)用途車 Special Purpose Vehicle	二輪車 Two-wheeled motor		
計 Total	普通 Ordinary	小型 Small	軽 Light		計 Total	小型 Small	軽 Light
71,041,790	17,717,203	21,773,914	31,550,673	2,168,907	3,589,551	1,611,089	1,978,462
3,112,482	806,205	1,111,509	1,194,768	127,572	136,414	54,024	82,390
1,427,073	403,870	535,787	487,416	54,668	68,561	26,303	42,258
276,466	59,244	92,306	124,916	9,335	8,959	3,797	5,162
414,304	102,396	142,229	169,679	19,012	19,330	8,057	11,273
310,033	74,391	110,665	124,977	11,620	13,032	4,614	8,418
222,883	54,604	76,509	91,770	6,287	7,727	3,322	4,405
254,152	61,201	87,611	105,340	15,193	9,553	3,985	5,568
207,571	50,499	66,402	90,670	11,457	9,252	3,946	5,306
6,238,726	1,296,437	1,905,616	3,036,673	147,837	227,048	109,825	117,223
874,186	162,326	249,691	462,169	19,938	26,138	11,432	14,706
893,898	171,045	257,110	465,743	23,319	30,448	14,308	16,140
1,464,204	345,458	483,185	635,561	31,194	64,919	32,139	32,780
732,128	134,077	218,828	379,223	20,620	21,396	10,306	11,090
831,026	154,561	256,685	419,780	20,843	24,922	12,736	12,186
1,443,284	328,970	440,117	674,197	31,923	59,225	28,904	30,321
19,868,319	6,088,598	6,623,715	7,156,006	403,433	1,361,078	596,137	764,941
2,240,186	581,820	738,962	919,404	44,030	86,076	48,581	37,495
1,503,102	392,157	503,060	607,885	27,635	69,140	36,855	32,285
1,579,317	387,222	495,835	696,260	28,138	64,868	34,275	30,593
3,545,628	1,015,057	1,211,593	1,318,978	71,266	194,007	93,041	100,966
3,123,494	906,146	1,075,142	1,142,206	70,073	140,555	76,447	64,108
3,720,046	1,476,290	1,188,058	1,055,358	75,990	474,972	169,497	305,475
3,484,714	1,181,406	1,226,210	1,077,098	72,224	301,584	123,891	177,693
671,832	148,160	184,855	338,817	14,077	29,876	13,550	16,326
4,917,563	1,005,248	1,479,096	2,433,219	108,183	167,502	85,484	82,018
1,624,136	303,193	486,198	834,745	41,446	56,690	28,635	28,055
797,756	168,260	264,387	365,109	18,328	21,723	12,065	9,658
799,226	183,460	264,586	351,180	16,606	21,134	11,649	9,485
1,696,445	350,335	463,925	882,185	31,803	67,955	33,135	34,820
10,467,892	2,787,592	3,252,010	4,428,290	859,467	446,251	220,262	225,989
591,090	129,838	174,452	286,800	13,804	15,059	7,779	7,280
1,482,396	362,615	448,828	670,953	29,398	49,868	25,354	24,514
2,528,579	596,052	755,787	1,176,740	42,181	128,573	57,648	70,925
4,518,609	1,396,788	1,479,288	1,642,533	78,130	202,065	104,343	97,722
1,347,218	302,299	393,655	651,264	695,954	50,686	25,138	25,548

（自動車保有車両数）

都 道 府 県 別 自 動

Number of Motor Vehicles

(平成27(2015)年3月31日現在)

運輸局別 運輸支局別		合計 Sum Total	貨物車 Truck					バス Bus
			計 Total	普通 Ordinary	小型 Small	被牽引車 Trailer	軽 Light	
近畿	計	12,079,665	1,876,758	279,239	452,067	22,561	1,122,891	28,764
	滋賀	1,149,765	178,462	26,102	33,815	712	117,833	2,675
	京都	1,517,900	238,330	32,518	56,429	747	148,636	4,724
	大阪	4,193,557	659,989	113,459	194,030	10,578	341,922	9,682
	奈良	933,759	136,587	19,424	28,003	534	88,626	2,173
	和歌山	894,502	169,685	16,280	27,891	838	124,676	1,694
	兵庫	3,390,182	493,705	71,456	111,899	9,152	301,198	7,816
中国	計	6,287,804	1,059,613	137,884	194,718	6,400	720,611	13,832
	鳥取	545,297	102,894	10,589	13,716	316	78,273	1,261
	島根	649,528	123,389	12,808	17,441	276	92,864	1,742
	岡山	1,744,137	302,090	41,593	54,659	1,853	203,985	3,047
	広島	2,123,029	327,815	48,529	69,986	2,177	207,123	5,211
	山口	1,225,813	203,425	24,365	38,916	1,778	138,366	2,571
四国	計	3,480,260	654,778	73,045	114,320	5,264	462,149	6,907
	徳島	723,933	136,583	14,908	25,211	711	95,753	1,599
	香川	896,126	157,062	20,304	30,723	855	105,180	1,685
	愛媛	1,186,307	225,276	25,208	38,946	3,288	157,834	2,265
	高知	673,894	135,857	12,625	19,440	410	103,382	1,358
九州	計	10,921,610	1,925,852	242,249	393,216	19,204	1,271,183	29,098
	福岡	3,714,729	576,053	88,770	148,072	9,827	329,384	10,128
	佐賀	773,611	142,106	17,842	28,278	1,196	94,790	2,059
	長崎	1,111,019	190,708	18,060	29,686	499	142,463	4,248
	熊本	1,556,976	283,859	33,704	62,513	1,531	186,111	3,808
	大分	1,054,917	188,048	22,108	35,206	1,650	129,084	2,500
	宮崎	1,111,848	218,715	26,132	35,695	1,555	155,333	2,146
	鹿児島	1,598,510	326,363	35,633	53,766	2,946	234,018	4,209
沖縄	沖縄	1,242,686	202,593	25,995	37,278	2,212	137,108	3,349
資料							国土交通省自動車局	

(注) 車種の定義は、道路運送車両法施行規則参照。

車保有車両数（その２）
Registered by Prefecture（No.2）

単位：両（Unit：Vehicles）

乗用車 Passenger car				特種(殊)用途車 Special Purpose Vehicle	二輪車 Two-wheeled motor		
計 Total	普通 Ordinary	小型 Small	軽 Light		計 Total	小型 Small	軽 Light
9,431,291	2,502,769	2,825,531	4,102,991	186,565	556,287	228,984	327,303
917,524	214,472	246,445	456,607	15,509	35,595	17,302	18,293
1,182,574	307,228	348,440	526,906	23,991	68,281	31,351	36,930
3,221,474	933,515	1,045,170	1,242,789	68,515	233,897	90,546	143,351
752,264	180,317	222,791	349,156	12,033	30,702	14,192	16,510
679,051	116,076	161,545	401,430	13,225	30,847	10,826	20,021
2,678,404	751,161	801,140	1,126,103	53,292	156,965	64,767	92,198
4,935,560	996,719	1,348,905	2,589,936	97,646	181,153	86,265	94,888
422,788	70,651	110,665	241,472	8,421	9,933	5,164	4,769
501,891	77,872	134,786	289,233	10,489	12,017	5,521	6,496
1,361,659	272,556	367,047	722,056	26,915	50,426	25,736	24,690
1,679,155	383,566	467,108	828,481	34,432	76,416	34,679	41,737
970,067	192,074	269,299	508,694	17,389	32,361	15,165	17,196
2,664,799	485,357	677,387	1,502,055	53,414	100,362	45,121	55,241
556,239	106,996	147,454	301,789	10,468	19,044	8,608	10,436
697,685	136,650	185,090	375,945	13,528	26,166	11,966	14,200
905,918	161,695	225,225	518,998	18,441	34,407	15,173	19,234
504,957	80,016	119,618	305,323	10,977	20,745	9,374	11,371
8,439,319	1,633,285	2,300,380	4,505,654	168,401	358,940	167,564	191,376
2,928,239	694,838	871,780	1,361,621	54,477	145,832	68,894	76,938
596,478	106,113	151,061	339,304	11,532	21,436	12,151	9,285
855,533	131,831	206,846	516,856	16,656	43,874	15,785	28,089
1,207,357	226,842	327,814	652,701	23,627	38,325	21,678	16,647
822,799	153,695	225,163	443,941	14,973	26,597	13,125	13,472
837,943	139,993	209,248	488,702	17,207	35,837	15,532	20,305
1,190,970	179,973	308,468	702,529	29,929	47,039	20,399	26,640
965,839	114,993	249,765	601,081	16,389	54,516	17,423	37,093

（自動車保有車両数）

都 道 府 県 別 自 動

Number of Motor Vehicles

（平成28(2016)年3月31日現在）

運輸局別 運輸支局別		合 計 Sum Total	貨 物 車　Truck					バ ス Bus
			計 Total	普 通 Ordinary	小 型 Small	被牽引車 Trailer	軽 Light	
合 計		80,743,405	14,539,289	2,317,131	3,538,682	163,018	8,520,458	230,603
北海道	計	3,720,777	653,435	185,780	180,794	26,212	260,649	14,027
	札 幌	1,680,417	243,769	70,238	81,006	5,703	86,822	6,591
	函 館	317,769	55,739	12,789	13,683	396	28,871	1,133
	旭 川	497,306	94,899	24,839	27,213	1,282	41,565	2,023
	室 蘭	377,706	77,136	18,634	17,173	12,794	28,535	1,552
	釧 路	273,227	56,268	17,153	12,954	3,384	22,777	864
	帯 広	318,228	68,900	24,232	15,795	1,727	27,146	955
	北 見	256,124	56,724	17,895	12,970	926	24,933	909
東北	計	7,107,940	1,468,863	227,997	323,434	7,632	909,800	23,231
	青 森	1,000,864	217,772	32,943	48,415	918	135,496	3,830
	岩 手	1,022,395	231,204	36,560	46,627	817	147,200	3,657
	宮 城	1,684,488	306,500	59,028	80,442	3,168	163,862	5,076
	秋 田	816,071	179,283	20,806	30,692	613	127,172	2,393
	山 形	931,402	192,546	24,400	38,448	483	129,215	2,587
	福 島	1,652,720	341,558	54,260	78,810	1,633	206,855	5,688
関東	計	22,844,318	3,706,274	668,904	1,067,965	44,324	1,925,081	66,729
	茨 城	2,571,183	488,656	86,076	122,576	7,414	272,590	7,060
	栃 木	1,709,850	291,755	53,373	72,451	2,385	163,546	4,611
	群 馬	1,781,361	324,785	54,961	72,007	3,000	194,817	3,970
	埼 玉	4,053,483	616,185	127,038	176,157	3,817	309,173	10,043
	千 葉	3,586,752	598,574	106,245	170,954	7,005	314,370	11,428
	東 京	4,404,125	679,541	124,924	254,511	8,570	291,536	15,796
	神奈川	3,986,492	550,539	98,425	171,794	11,529	268,791	11,643
	山 梨	751,072	156,239	17,862	27,515	604	110,258	2,178
北陸信越	計	5,521,441	1,076,872	144,475	232,416	5,109	694,872	16,642
	新 潟	1,838,096	353,875	50,465	82,867	2,511	218,032	6,228
	富 山	897,037	151,581	25,696	37,768	1,021	87,096	2,090
	石 川	897,358	147,439	22,921	39,466	602	84,450	2,763
	長 野	1,888,950	423,977	45,393	72,315	975	305,294	5,561
中部	計	11,850,108	1,970,426	325,428	554,325	22,812	1,067,861	26,739
	福 井	660,308	124,277	17,081	26,272	1,031	79,893	1,875
	岐 阜	1,672,246	302,068	49,508	77,761	1,298	173,501	4,584
	静 岡	2,859,510	494,298	79,367	133,122	3,765	278,044	6,542
	愛 知	5,158,717	769,539	140,352	260,163	13,974	355,050	10,316
	三 重	1,499,327	280,244	39,120	57,007	2,744	181,373	3,422

資 料　国土交通省自動車局

（注）車種の定義は、道路運送車両法施行規則参照。

車 保 有 車 両 数 （その１）
Registered by Prefecture (No.1)

単位：両 (Unit : Vehicles)

乗　用　車 Passenger car				特種(殊)用途車 Special Purpose Vehicle	二　輪　車 Two-wheeled motor		
計 Total	普　通 Ordinary	小　型 Small	軽 Light		計 Total	小　型 Small	軽 Light
60,831,892	18,000,955	21,353,690	21,477,247	1,540,581	3,601,040	1,628,461	1,972,579
2,780,609	822,434	1,088,284	869,891	134,625	138,081	54,864	83,217
1,304,930	412,764	524,856	367,310	55,346	69,781	26,771	43,010
242,539	60,058	90,046	92,435	9,350	9,008	3,868	5,140
361,817	104,301	138,973	118,543	19,174	19,393	8,079	11,314
274,052	75,812	108,930	89,310	11,735	13,231	4,741	8,490
196,401	55,571	74,740	66,090	11,903	7,791	3,363	4,428
223,391	62,665	86,214	74,512	15,383	9,599	4,039	5,560
177,479	51,263	64,525	61,691	11,734	9,278	4,003	5,275
5,228,601	1,324,812	1,869,705	2,034,084	158,109	229,136	112,616	116,520
723,650	164,530	244,854	314,266	29,005	26,607	11,821	14,786
733,096	174,866	252,140	306,090	23,708	30,730	14,554	16,176
1,275,753	353,498	476,445	445,810	31,475	65,684	33,035	32,649
592,261	136,357	212,989	242,915	20,771	21,363	10,331	11,032
690,177	158,050	251,576	280,551	20,994	25,098	12,952	12,146
1,213,664	337,511	431,701	444,452	32,156	59,654	29,923	29,731
17,290,921	6,158,821	6,497,239	4,634,861	422,132	1,358,262	600,045	758,217
1,942,969	590,079	727,161	625,729	44,301	88,197	49,085	39,112
1,316,349	398,691	495,005	422,653	27,767	69,368	37,276	32,092
1,359,127	393,462	485,447	480,218	28,351	65,128	34,695	30,433
3,159,272	1,026,910	1,187,822	944,540	72,493	195,490	94,542	100,948
2,765,710	919,169	1,054,284	792,257	70,922	140,118	77,084	63,034
3,147,376	1,490,872	1,164,709	491,795	90,504	470,908	169,715	301,193
3,051,747	1,189,109	1,201,881	660,757	73,608	298,955	123,777	175,178
548,371	150,529	180,930	216,912	14,186	30,098	13,871	16,227
4,151,423	1,027,193	1,446,505	1,677,725	108,874	167,630	85,969	81,661
1,379,459	310,019	475,450	593,990	41,726	56,808	28,833	27,975
703,240	172,372	258,102	272,766	18,338	21,788	12,137	9,651
709,189	187,980	260,195	261,014	16,734	21,233	11,821	9,412
1,359,535	356,822	452,758	549,955	32,076	67,801	33,178	34,623
9,214,436	2,831,933	3,194,074	3,188,429	189,343	449,164	222,101	227,063
505,174	132,522	171,162	201,490	13,876	15,106	7,780	7,326
1,285,501	367,073	439,422	479,006	29,440	50,653	25,715	24,938
2,188,366	604,723	740,231	843,412	42,191	128,113	57,873	70,240
4,095,168	1,420,103	1,458,234	1,216,831	79,436	204,258	105,246	99,012
1,140,227	307,512	385,025	447,690	24,400	51,034	25,487	25,547

（自動車保有車両数）

都 道 府 県 別 自 動

Number of Motor Vehicles

（平成28(2016)年3月31日現在）

運輸局別 運輸支局別		合計 Sum Total	貨物車 Truck					バス Bus
			計 Total	普通 Ordinary	小型 Small	被牽引車 Trailer	軽 Light	
近畿	計	10,657,113	1,862,345	281,933	448,130	22,972	1,109,310	29,397
	滋賀	1,017,352	176,888	26,234	33,487	729	116,438	2,702
	京都	1,333,841	236,215	32,950	55,763	783	146,719	4,759
	大阪	3,723,650	656,988	115,203	192,960	10,796	338,029	10,125
	奈良	829,999	135,355	19,475	27,553	552	87,775	2,180
	和歌山	748,593	166,670	16,063	27,253	871	122,483	1,708
	兵庫	3,003,678	490,229	72,008	111,114	9,241	297,866	7,923
中国	計	5,486,357	1,047,892	138,984	192,525	6,537	709,846	13,944
	鳥取	462,216	101,469	10,677	13,498	329	76,965	1,263
	島根	549,572	121,528	12,874	17,045	281	91,328	1,760
	岡山	1,522,278	299,289	42,100	54,103	1,903	201,183	3,105
	広島	1,881,995	324,696	48,858	69,215	2,232	204,391	5,271
	山口	1,070,350	200,910	24,475	38,664	1,792	135,979	2,599
四国	計	2,967,393	646,676	73,524	112,827	5,401	454,924	6,940
	徳島	618,350	134,828	14,945	24,918	748	94,217	1,590
	香川	778,744	155,447	20,492	30,304	884	103,767	1,713
	愛媛	1,011,027	222,542	25,390	38,435	3,338	155,379	2,288
	高知	559,272	133,859	12,697	19,170	431	101,561	1,349
九州	計	9,499,657	1,904,471	243,711	389,054	19,724	1,251,982	29,430
	福岡	3,333,888	572,019	89,493	147,135	10,121	325,270	10,339
	佐賀	670,662	139,779	17,895	27,828	1,176	92,880	2,081
	長崎	942,868	188,369	18,185	29,331	501	140,352	4,337
	熊本	1,359,438	280,866	33,841	61,703	1,583	183,739	3,807
	大分	914,139	185,688	22,149	34,740	1,689	127,110	2,498
	宮崎	938,184	215,821	26,421	35,363	1,605	152,432	2,149
	鹿児島	1,340,478	321,929	35,727	52,954	3,049	230,199	4,219
沖縄	沖縄	1,086,193	202,035	26,395	37,212	2,295	136,133	3,524
資料							国土交通省自動車局	

（注）車種の定義は、道路運送車両法施行規則参照。

車 保 有 車 両 数 （その２）
Registered by Prefecture（No.2）

単位：両（Unit：Vehicles）

乗　用　車 Passenger car				特種(殊)用途車 Special Purpose Vehicle	二　輪　車 Two-wheeled motor		
計 Total	普　通 Ordinary	小　型 Small	軽 Light		計 Total	小　型 Small	軽 Light
8,021,523	2,534,975	2,763,974	2,722,574	188,632	555,216	231,308	323,908
786,021	217,510	241,816	326,695	15,574	36,167	17,785	18,382
1,000,983	310,792	340,012	350,179	24,107	67,777	31,751	36,026
2,754,197	945,078	1,023,506	785,613	69,760	232,580	91,458	141,122
649,497	181,869	217,821	249,807	12,065	30,902	14,279	16,623
535,877	118,173	157,300	260,404	13,256	31,082	10,893	20,189
2,294,948	761,553	783,519	749,876	53,870	156,708	65,142	91,566
4,143,939	1,015,686	1,322,140	1,806,113	98,079	182,503	87,755	94,748
341,000	72,022	108,363	160,615	8,469	10,015	5,222	4,793
403,822	79,458	132,044	192,320	10,389	12,073	5,608	6,465
1,141,994	278,893	358,487	504,614	27,186	50,704	26,096	24,608
1,440,295	390,279	458,963	591,053	34,499	77,234	35,527	41,707
816,828	195,034	264,283	357,511	17,536	32,477	15,302	17,175
2,159,056	493,473	662,280	1,003,303	53,824	100,897	45,938	54,959
452,267	108,573	144,224	199,470	10,512	19,153	8,802	10,351
581,408	139,597	180,602	261,209	13,733	26,443	12,219	14,224
733,248	164,238	220,469	348,541	18,574	34,375	15,326	19,049
392,133	81,065	116,985	194,083	11,005	20,926	9,591	11,335
7,033,027	1,670,139	2,259,254	3,103,634	170,162	362,567	170,023	192,544
2,548,160	710,248	857,421	980,491	55,227	148,143	70,089	78,054
495,533	108,938	148,317	238,278	11,705	21,564	12,367	9,197
688,883	135,075	202,480	351,328	16,813	44,466	16,115	28,351
1,012,967	232,363	322,054	458,550	23,780	38,018	21,950	16,068
684,391	157,394	220,340	306,657	15,082	26,480	13,133	13,347
666,255	143,140	205,275	317,840	17,385	36,574	15,848	20,726
936,838	182,981	303,367	450,490	30,170	47,322	20,521	26,801
808,357	121,489	250,235	436,633	16,801	55,476	17,842	37,634

（自動車保有車両数）

都 道 府 県 別 自 動

Number of Motor Vehicles

（平成29(2017)年3月31日現在）

運輸局別 運輸支局別		合　計 Sum Total	貨　物　車　Truck					バス Bus
			計 Total	普　通 Ordinary	小　型 Small	被牽引車 Trailer	軽 Light	
合　計		81,100,195	14,451,394	2,339,825	3,524,157	166,554	8,420,858	232,793
北海道	計	3,740,449	654,232	188,073	181,488	26,859	257,812	14,143
	札　幌	1,693,416	244,628	71,348	81,502	5,864	85,914	6,676
	函　館	318,005	55,059	12,661	13,561	405	28,432	1,167
	旭　川	498,387	94,990	25,067	27,306	1,321	41,296	2,037
	室　蘭	379,907	77,702	19,138	17,374	13,076	28,114	1,567
	釧　路	274,104	56,222	17,387	12,932	3,457	22,446	853
	帯　広	320,494	69,099	24,436	15,931	1,781	26,951	932
	北　見	256,136	56,532	18,036	12,882	955	24,659	911
東北	計	7,125,644	1,454,885	229,144	320,211	7,898	897,632	23,186
	青　森	1,003,370	216,430	33,206	47,939	969	134,316	3,827
	岩　手	1,025,550	229,800	36,820	46,413	850	145,717	3,646
	宮　城	1,694,482	303,808	59,246	79,584	3,224	161,754	5,055
	秋　田	814,271	176,652	20,813	30,302	619	124,918	2,367
	山　形	932,567	190,359	24,303	38,119	512	127,425	2,562
	福　島	1,655,404	337,836	54,756	77,854	1,724	203,502	5,729
関東	計	22,947,451	3,694,148	676,028	1,063,480	45,131	1,909,509	67,699
	茨　城	2,587,634	486,241	86,970	121,464	7,592	270,215	7,108
	栃　木	1,717,339	289,652	53,562	71,767	2,444	161,879	4,609
	群　馬	1,788,708	322,195	55,266	71,424	3,078	192,427	3,987
	埼　玉	4,081,474	616,805	129,350	176,498	3,980	306,977	10,178
	千　葉	3,608,616	597,650	108,002	170,756	7,143	311,749	11,662
	東　京	4,409,901	675,093	124,869	252,289	8,605	289,330	16,154
	神奈川	4,000,398	551,687	100,083	172,172	11,604	267,828	11,799
	山　梨	753,381	154,825	17,926	27,110	685	109,104	2,202
北陸信越	計	5,536,169	1,065,271	144,258	229,555	5,183	686,275	16,612
	新　潟	1,840,042	348,161	50,101	81,303	2,536	214,221	6,203
	富　山	899,433	149,765	25,664	37,475	1,022	85,604	2,098
	石　川	903,119	146,426	23,036	39,327	618	83,445	2,796
	長　野	1,893,575	420,919	45,457	71,450	1,007	303,005	5,515
中部	計	11,917,952	1,958,453	328,456	552,858	23,253	1,053,886	26,929
	福　井	662,381	123,174	17,106	25,960	1,063	79,045	1,913
	岐　阜	1,678,029	299,326	49,498	76,968	1,359	171,501	4,606
	静　岡	2,869,671	488,965	79,483	131,651	3,966	273,865	6,557
	愛　知	5,201,583	768,818	142,844	261,192	14,099	350,683	10,418
	三　重	1,506,288	278,170	39,525	57,087	2,766	178,792	3,435

資　料　　　　　　　　　　　　　　　　　　　国土交通省自動車局

（注）車種の定義は、道路運送車両法施行規則参照。

車 保 有 車 両 数 （その１）
Registered by Prefecture (No.1)

単位：両 (Unit: Vehicles)

乗　用　車 Passenger car				特種(殊)用途車 Special Purpose Vehicle	二 輪 車 Two-wheeled motor		
計 Total	普 通 Ordinary	小 型 Small	軽 Light		計 Total	小 型 Small	軽 Light
61,253,300	18,445,471	21,046,494	21,761,335	1,560,019	3,602,689	1,641,580	1,961,109
2,795,337	846,125	1,068,740	880,472	137,119	139,618	55,730	83,888
1,314,891	426,250	515,881	372,760	56,381	70,840	27,216	43,624
243,259	61,428	88,384	93,447	9,464	9,056	3,949	5,107
362,390	106,581	136,122	119,687	19,464	19,506	8,150	11,356
275,452	77,776	107,085	90,591	11,910	13,276	4,801	8,475
196,974	57,004	73,316	66,654	12,141	7,914	3,464	4,450
224,991	64,704	84,930	75,357	15,762	9,710	4,126	5,584
177,380	52,382	63,022	61,976	11,997	9,316	4,024	5,292
5,259,147	1,364,937	1,843,627	2,050,583	159,529	228,897	114,609	114,288
726,989	168,814	241,233	316,942	29,293	26,831	12,052	14,779
737,024	180,350	248,655	308,019	24,038	31,042	14,796	16,246
1,287,569	364,532	471,745	451,292	31,880	66,170	33,624	32,546
593,064	139,848	208,926	244,290	20,837	21,351	10,344	11,007
693,267	163,042	247,882	282,343	21,084	25,295	13,110	12,185
1,221,234	348,351	425,186	447,697	32,397	58,208	30,683	27,525
17,400,751	6,274,654	6,399,879	4,726,218	428,476	1,356,377	603,311	753,066
1,960,581	604,481	718,387	637,713	44,696	89,008	49,735	39,273
1,325,341	407,283	487,949	430,109	27,960	69,777	37,622	32,155
1,368,599	403,946	476,563	488,090	28,616	65,311	34,942	30,369
3,183,819	1,047,471	1,169,101	967,247	73,855	196,817	95,833	100,984
2,787,152	938,928	1,038,299	809,925	72,218	139,934	77,883	62,051
3,159,455	1,511,237	1,147,631	500,587	91,753	467,446	169,306	298,140
3,063,979	1,206,861	1,183,943	673,175	75,080	297,853	123,930	173,923
551,825	154,447	178,006	219,372	14,298	30,231	14,060	16,171
4,177,094	1,057,824	1,424,787	1,694,483	109,504	167,688	86,484	81,204
1,386,821	319,554	468,380	598,887	41,907	56,950	29,087	27,863
707,204	177,850	253,810	275,544	18,454	21,912	12,281	9,631
715,794	193,948	257,700	264,146	16,827	21,276	11,913	9,363
1,367,275	366,472	444,897	555,906	32,316	67,550	33,203	34,347
9,288,831	2,901,317	3,155,818	3,231,696	191,377	452,362	224,091	228,271
508,067	136,368	169,084	202,615	13,997	15,230	7,911	7,319
1,293,452	376,119	433,016	484,317	29,543	51,102	26,127	24,975
2,203,445	618,450	729,487	855,508	42,360	128,344	58,303	70,041
4,135,054	1,454,509	1,445,438	1,235,107	80,807	206,486	106,192	100,294
1,148,813	315,871	378,793	454,149	24,670	51,200	25,558	25,642

（自動車保有車両数）

都道府県別自動
Number of Motor Vehicles

(平成29(2017)年3月31日現在)

運輸局別 運輸支局別		合計 Sum Total	貨物車 Truck					バス Bus
			計 Total	普通 Ordinary	小型 Small	被牽引車 Trailer	軽 Light	
近畿	計	10,686,025	1,850,034	285,124	446,196	23,445	1,095,269	29,937
	滋賀	1,022,467	175,434	26,419	33,455	754	114,806	2,699
	京都	1,332,587	234,480	33,348	55,301	810	145,021	4,783
	大阪	3,737,458	653,961	116,936	192,596	11,073	333,356	10,562
	奈良	831,378	134,510	19,563	27,293	573	87,081	2,187
	和歌山	749,034	164,235	16,112	26,859	899	120,365	1,710
	兵庫	3,013,101	487,414	72,746	110,692	9,336	294,640	7,996
中国	計	5,506,285	1,038,617	140,097	192,003	6,654	699,863	13,965
	鳥取	463,329	100,550	10,812	13,389	336	76,013	1,254
	島根	550,844	119,953	12,827	16,823	280	90,023	1,760
	岡山	1,530,106	296,807	42,684	54,014	1,987	198,122	3,141
	広島	1,890,401	322,587	49,210	69,020	2,230	202,127	5,226
	山口	1,071,605	198,720	24,564	38,757	1,821	133,578	2,584
四国	計	2,975,180	639,564	74,105	111,675	5,504	448,280	6,995
	徳島	618,759	132,896	15,054	24,482	747	92,613	1,597
	香川	781,947	154,110	20,752	30,233	892	102,233	1,733
	愛媛	1,014,025	220,389	25,542	37,990	3,424	153,433	2,301
	高知	560,449	132,169	12,757	18,970	441	100,001	1,364
九州	計	9,559,063	1,893,933	247,516	389,106	20,250	1,237,061	29,674
	福岡	3,359,254	569,341	90,627	146,889	10,410	321,415	10,590
	佐賀	673,930	138,158	18,118	27,628	1,198	91,214	2,092
	長崎	947,504	186,975	18,495	29,224	509	138,747	4,354
	熊本	1,375,507	283,005	35,037	62,609	1,681	183,678	3,807
	大分	917,073	184,293	22,464	34,655	1,744	125,430	2,471
	宮崎	941,234	213,328	26,721	35,213	1,649	149,745	2,141
	鹿児島	1,344,561	318,833	36,054	52,888	3,059	226,832	4,219
沖縄	沖縄	1,105,977	202,257	27,024	37,585	2,377	135,271	3,653
資料							国土交通省自動車局	

(注) 車種の定義は、道路運送車両法施行規則参照。

車 保 有 車 両 数 （その２）
Registered by Prefecture (No.2)

単位：両 (Unit : Vehicles)

乗　用　車 Passenger car				特種(殊)用途車 Special Purpose Vehicle	二 輪 車 Two-wheeled motor		
計 Total	普 通 Ordinary	小 型 Small	軽 Light		計 Total	小 型 Small	軽 Light
8,061,244	2,589,368	2,713,963	2,757,913	191,016	553,794	232,879	320,915
792,394	222,746	238,204	331,444	15,599	36,341	18,033	18,308
1,003,776	316,448	333,759	353,569	24,300	65,248	31,869	33,379
2,768,886	965,502	1,005,177	798,207	71,171	232,878	92,126	140,752
651,544	185,049	213,122	253,373	12,073	31,064	14,476	16,588
538,188	121,138	154,006	263,044	13,300	31,601	10,989	20,612
2,306,456	778,485	769,695	758,276	54,573	156,662	65,386	91,276
4,172,057	1,043,601	1,306,011	1,822,445	99,158	182,488	88,244	94,244
343,024	74,344	106,844	161,836	8,539	9,962	5,226	4,736
406,612	81,910	130,514	194,188	10,394	12,125	5,651	6,474
1,151,606	287,967	353,080	510,559	27,679	50,873	26,205	24,668
1,450,434	399,502	453,946	596,986	34,880	77,274	35,835	41,439
820,381	199,878	261,627	358,876	17,666	32,254	15,327	16,927
2,173,140	506,707	651,883	1,014,550	54,191	101,290	46,793	54,497
454,498	111,142	141,831	201,525	10,539	19,229	8,954	10,275
585,548	143,637	177,490	264,421	13,924	26,632	12,495	14,137
738,243	168,462	217,295	352,486	18,769	34,323	15,544	18,779
394,851	83,466	115,267	196,118	10,959	21,106	9,800	11,306
7,098,998	1,730,006	2,228,724	3,140,268	172,307	364,151	171,228	192,923
2,574,999	734,346	846,199	994,454	55,912	148,412	70,288	78,124
500,228	113,120	146,108	241,000	11,856	21,596	12,464	9,132
694,198	139,824	199,420	354,954	17,086	44,891	16,225	28,666
1,025,759	243,341	317,649	464,769	24,353	38,583	22,465	16,118
688,805	162,499	217,154	309,152	15,175	26,329	13,164	13,165
671,047	148,120	202,389	320,538	17,574	37,144	15,995	21,149
943,962	188,756	299,805	455,401	30,351	47,196	20,627	26,569
826,701	130,932	253,062	442,707	17,342	56,024	18,211	37,813

（自動車保有車両数）

198 施設

使用燃料別自
Number of Motor

年度末 At the End of Fiscal Year		ガソリン Gasoline				軽油	
		貨物車 Truck	バス Bus	乗用車 Passenger Car	特種車 Special Purpose Vehicle	貨物車 Truck	バス Bus
60	(1985)	4,175,746	20,819	24,235,681	138,749	4,054,522	209,931
2	(1990)	2,861,420	7,600	29,239,819	140,516	5,875,304	238,226
7	(1995)	2,181,867	3,266	33,890,861	198,029	6,545,835	239,585
12	(2000)	1,940,000	2,242	37,794,496	393,132	6,014,672	232,883
17	(2005)	2,077,938	4,995	40,103,671	329,504	4,894,975	225,288
20	(2008)	2,016,685	7,205	38,742,746	305,537	4,347,766	220,691
21	(2009)	1,980,395	8,188	38,142,027	304,216	4,182,171	218,027
22	(2010)	1,954,448	9,039	37,593,625	300,163	4,059,731	215,695
23	(2011)	1,946,602	10,245	37,098,936	300,292	3,987,032	213,890
24	(2012)	1,926,249	11,442	36,178,154	302,504	3,938,603	212,402
25	(2013)	1,912,717	12,613	35,023,308	291,484	3,923,693	211,742
26	(2014)	1,906,096	13,526	33,793,348	293,384	3,916,933	211,866

資料　　　　　　　　　　　　　　　　　　　　　　　　　　　(一財)自動車検査登録情報協会

(注)1. 登録自動車(軽自動車及び小型二輪自動車を含まない。)のみを対象としている。
　　2. 貨物車の台数にはトレーラーを含まない。

車種別新車
Number of New Cars Sold

年度 Fiscal Year		合計 Total		乗用車 Passenger			
			増加率(%)	計 Sum Total	普通車 Ordinary Car	小型 Small Size	軽四輪車 Light Motor
45	(1970)	4,094,543	...	2,396,548	8,331	1,681,525	706,692
50	(1975)	4,204,437	2.7	2,629,419	49,309	2,436,389	143,721
55	(1980)	4,995,821	18.8	2,819,485	64,496	2,580,718	174,271
60	(1985)	5,573,545	11.6	3,091,722	74,201	2,864,086	153,435
2	(1990)	7,802,242	40.0	5,092,595	390,741	3,827,259	874,595
7	(1995)	6,895,680	-11.6	4,465,452	899,560	2,633,289	932,603
12	(2000)	5,973,439	-13.4	4,257,331	756,324	2,229,634	1,271,373
17	(2005)	5,861,545	-1.9	4,755,369	1,256,385	2,081,711	1,417,273
20	(2008)	4,700,779	-11.6	3,908,881	1,092,516	1,427,878	1,388,487
21	(2009)	4,880,264	3.8	4,175,456	1,340,498	1,558,374	1,276,584
22	(2010)	4,601,135	-5.7	3,880,266	1,276,280	1,396,312	1,207,674
23	(2011)	4,753,273	3.3	4,009,988	1,311,793	1,420,820	1,277,375
24	(2012)	5,210,290	9.6	4,439,092	1,345,357	1,522,536	1,571,199
25	(2013)	5,692,162	9.2	4,836,746	1,509,877	1,505,788	1,821,081
26	(2014)	5,297,111	-6.9	4,453,510	1,337,957	1,354,706	1,760,847
27	(2015)	4,937,734	-6.8	4,115,436	1,379,831	1,307,629	1,427,976

資料　　　　　　　　　　　　　　　　　　　　　　　　　　　(一社)日本自動車工業会

(注)1. 2003年1月から、シャーシーベースからナンバーベースに変更になった(但し、軽自動車を除く)。
　　2. 特種用途車の大型消防車、ミキサー車等は貨物車に、乗用タイプのパトロールカー等は乗用車で集計している。
　　3. トレーラー、特殊車等を含まない。

動 車 保 有 車 両 数
Vehicles by Type of Fuel

単位：台 (Unit：Cars)

Diesel Oil				L P G		ハイブリッド	
乗用車 Passenger Car	特種車 Special Purpose Vehicle	貨物車 Truck	バ ス Bus	乗用車 Passenger Car	特種車 Special Purpose Vehicle	Hybrid	うち乗用車 Passenger Car
1,311,044	447,560	7,749	8	300,434	7,868		
2,994,439	628,170	7,737	5	301,866	8,178		
4,923,782	804,376	7,272	3	287,661	8,501		
4,253,971	993,912	12,602	1	265,233	8,089		
2,125,545	903,063	21,868	117	262,425	10,510	256,668	(253,398)
1,275,942	843,717	22,608	170	253,011	11,477	535,964	(525,411)
1,059,672	829,540	21,812	171	243,974	11,266	983,401	(971,090)
905,357	819,910	20,764	172	225,148	10,963	1,417,995	(1,404,137)
795,761	814,493	19,892	174	216,934	10,830	2,032,790	(2,016,691)
743,626	813,727	18,957	181	210,039	10,270	2,869,098	(2,850,724)
730,367	817,529	17,884	184	203,578	9,999	3,843,372	(3,823,057)
760,828	821,841	16,436	188	197,420	9,678	4,706,427	(4,684,755)

（自動車保有車両数）

販 売 台 数
by Type of Vehicle

単位：台 (Unit：Cars)

	ト ラ ッ ク Truck				バ ス Bus		
計 Sum Total	普通車 Ordinary Car	小型 Small Size	軽四輪車 Light Motor	計 Sum Total	大型 Ordinary Car	小型 Small Size	
1,665,773	168,799	968,844	528,130	32,222	10,235	21,987	
1,553,096	121,209	1,010,020	421,867	21,922	9,044	12,878	
2,153,052	151,279	1,114,950	886,823	23,284	9,344	13,940	
2,460,243	110,509	952,080	1,397,654	21,580	9,144	12,436	
2,685,122	193,718	1,464,116	1,027,288	24,525	9,010	15,515	
2,412,620	171,494	1,448,904	792,222	17,608	6,458	11,150	
1,700,658	84,454	1,033,412	582,792	15,450	4,263	11,187	
1,088,316	199,975	357,252	531,089	17,860	6,100	11,760	
776,925	127,664	228,871	420,390	14,973	4,946	10,027	
692,034	89,968	180,459	421,607	12,774	4,575	8,199	
709,410	103,178	185,119	421,113	11,459	4,114	7,345	
732,158	118,570	202,026	411,562	11,127	3,510	7,617	
759,973	134,654	223,918	401,401	11,225	4,034	7,191	
843,644	153,949	248,942	440,753	11,772	4,443	7,329	
831,464	168,307	250,873	412,284	12,137	4,555	7,582	
808,164	167,498	255,324	385,352	14,124	5,538	8,586	

（自動車統計月報）

道 路 延 長
Road Length

単位:キロメートル (Unit : Kilometer)

年度 Fiscal Year	合　計 Total		高速自動車国道		一般道路 計	
	実延長	舗装済	実延長	舗装済	実延長	舗装済
45(末) (1970)	1,023,646	187,333	649	649	1,022,936	186,624
55(初) (1980)	1,113,388	510,904	2,579	2,579	1,110,808	508,325
2(初) (1990)	1,114,697	771,746	4,661	4,661	1,110,037	767,085
7(初) (1995)	1,142,308	840,777	5,677	5,677	1,136,631	835,100
12(初) (2000)	1,166,340	892,928	6,617	6,617	1,159,723	886,311
17(初) (2005)	1,192,972	942,407	7,383	7,383	1,185,590	935,023
22(初) (2010)	1,210,252	973,234	7,803	7,803	1,202,449	965,431
23(初) (2011)	1,212,664	978,093	7,920	7,920	1,204,744	970,173
24(初) (2012)	1,214,917	983,014	8,050	8,050	1,206,867	974,964
25(初) (2013)	1,217,128	988,536	8,358	8,358	1,208,769	980,177
26(初) (2014)	1,218,772	992,835	8,428	8,428	1,210,344	984,407
27(初) (2015)	1,220,724	997,750	8,652	8,652	1,212,071	989,098

年度 Fiscal Year	一般国道		都道府県道		市町村道	
	実延長	舗装済	実延長	舗装済	実延長	舗装済
45(末) (1970)	32,650	27,282	122,324	55,172	867,962	104,169
55(初) (1980)	40,212	38,408	130,836	104,523	939,760	365,394
2(初) (1990)	46,935	46,074	128,782	118,783	934,319	602,229
7(初) (1995)	53,327	52,545	125,512	117,836	957,792	664,719
12(初) (2000)	53,777	53,177	128,183	121,365	977,764	711,770
17(初) (2005)	54,265	53,878	129,139	124,090	1,002,185	757,055
22(初) (2010)	54,981	54,643	129,366	124,835	1,018,101	785,953
23(初) (2011)	55,114	54,785	129,343	124,895	1,020,286	790,493
24(初) (2012)	55,222	54,894	129,397	125,015	1,022,248	795,054
25(初) (2013)	55,432	55,105	129,375	125,062	1,023,962	800,010
26(初) (2014)	55,626	55,301	129,301	125,089	1,025,416	804,018
27(初) (2015)	55,645	55,324	129,446	125,279	1,026,980	808,495

資料　国土交通省道路局(道路統計年報)

(注)1.「舗装済」の値には簡易舗装を含む。
　　2. 東日本大震災の影響により、市町村道の一部に平成24年4月1日以前のデータを含む。

有料道路の現況
Toll Roads

高速道路 High Speed Highways
(各年4月1日現在)

事業者名	延長 (km)			
	24 (2012)	25 (2013)	26 (2014)	27 (2015)
東・中・西日本高速道路(株)	8,021.3	8,334.5	8,410.7	8,192.0
首都高速道路(株)	301.3	301.3	301.3	310.7
阪神高速道路(株)	245.7	254.8	259.1	259.1
本州四国連絡高速道路(株)	172.9	172.9	172.9	172.9
名古屋高速道路公社	77.3	77.3	81.2	81.2
広島高速道路公社	22.1	22.1	25.0	25.0
福岡北九州高速道路公社	105.4	106.3	106.3	106.3
資料	日本自動車会議所(数字でみる自動車)			

(注) 路線数欄の東・中・西日本高速道路(株)の値は道路数である。

一般自動車道及び有料道路 Others Toll Roads
(各年4月1日現在)

事業者名		路線数		延長 (km)	
		26 (2014)	27 (2015)	26 (2014)	27 (2015)
自動車道	一般自動車道	33	33	321.4	321.4
	専用自動車道	6	6	49.8	49.8
一般有料道路	東・中・西日本高速道路(株)	54	53	1,030.4	1,065.0
	地方公共団体及び道路管理者	1	...	0.9	...
	地方道路公社	86	86	698.3	698.3
資料		日本自動車会議所(数字でみる自動車)			

自動車ターミナル
Bus and Truck Terminals

(各年4月1日現在)

規模	26(2014)					27(2015)				
	合計 Total	バスターミナル Bus Terminals			トラックターミナル Truck Terminals	合計 Total	バスターミナル Bus Terminals			トラックターミナル Truck Terminals
		計	一般	専用	一般		計	一般	専用	一般
(バース数)berth										
2～5	92	92	4	88	...	92	91	5	86	...
6～10	45	45	11	34	...	46	44	11	33	...
11～20	14	14	6	8	...	14	12	6	6	...
21～50	8	3	3	...	5	8	3	3	...	5
51～100	6	...	...	...	6	6	...	...	...	6
100以上	11	...	...	...	11	11	...	...	...	11
合計 Total	176	154	24	130	22	177	150	25	125	22
資料	日本自動車会議所(数字でみる自動車)									

(注) 一般自動車ターミナルについては、免許したものであり未供用のターミナルを含む。

鋼　　　船
Tonnage of

年度末(年央) At the End of Fiscal Year		商　船（100トン以上） Merchant Ship					
		合　計 Sum Total		一般貨物船 Dry Cargo Vessels		客船・その他 Passenger Ships, other	
		隻数 No	総トン Ton	隻数 No	総トン Ton	隻数 No	総トン Ton
40	(1965)	5,074	10,302	3,251	6,453	257	207
45	(1970)	7,867	23,715	5,282	14,563	472	269
50	(1975)	8,112	38,026	5,503	19,580	716	1,032
55	(1980)	8,825	39,015	5,546	20,632	1,551	1,284
60	(1985)	8,225	38,141	5,215	23,155	1,618	1,376
2	(1990)	7,668	25,186	4,769	16,037	1,690	1,563
7	(1995)	6,950	19,030	3,388	9,147	1,672	1,779
12	(2000)	5,880	14,874	2,779	5,924	1,561	1,618
17	(2005)	4,848	11,836	2,161	4,633	1,393	1,467
22	(2010)	4,255	13,864	1,941	6,493	1,174	1,205
23	(2011)	4,164	15,366	1,898	7,790	1,155	1,160
24	(2012)	4,125	16,542	1,870	8,875	1,146	1,198
25	(2013)	4,029	17,428	1,817	9,922	1,128	1,204
26	(2014)	4,015	19,206	1,830	11,874	1,122	1,186
27	(2015)	4,006	20,166	1,850	12,450	1,105	1,166
28	(2016)	3,999	21,479	1,863	13,555	1,103	1,191
資　料							国土交通省

(注) 1. 商船船腹には、漁船、官庁船、捕鯨母船、その他特種船を含まない。ただし、内海定期交通船を含む。
　　 2. 商船船腹の昭和48年以降は、日本船主協会「日本商船船腹統計」（各年年央）によっているので、昭和47年以前の数字とは接続しない。
　　 3. 一般貨物船には、3000総トン以上の貨客船、3000総トン未満の貨客船を含む。
　　 4. 外航船の40年以前は、（3000総トン以上）の数字である。

船　腹　量
Steel Vessels

単位：千トン (Unit : 1000 Gross Ton)

				外　航　船　(2000総トン以上)（再掲）			
				Oceangoing Vessels			
油　送　船		合　　計		一般貨物船		油　送　船	
Oil Tanker		Sum Total		Dry Cargo Vessels		Oil Tanker	
隻数	総トン	隻数	総トン	隻数	総トン	隻数	総トン
No	Ton	No	Ton	No	Ton	No	Ton
1,566	3,642	876	10,316	738	6,099	138	4,217
2,113	8,883	1,508	21,185	1,319	13,025	189	8,160
1,893	17,414	1,317	33,486	1,059	16,635	258	16,851
1,728	17,099	1,176	34,240	941	17,644	235	16,596
1,392	13,610	1,028	33,470	836	19,368	192	14,102
1,209	7,586	449	20,406	346	12,054	103	8,352
1,890	8,104	218	13,849	145	6,961	73	6,888
1,540	7,332	134	10,098	75	3,787	59	6,311
1,294	5,763	95	7,460	48	2,652	47	4,808
1,140	6,166	123	9,739	74	4,503	49	5,237
1,111	6,416	143	11,320	93	5,815	50	5,505
1,109	6,469	153	12,398	105	6,910	48	5,489
1,084	6,302	164	13,306	117	7,951	47	5,355
1,063	6,146	184	15,004	140	9,841	44	5,163
1,051	6,549	197	15,932	149	10,366	48	5,566
1,033	6,733	215	17,206	165	11,437	50	5,769

海事局外航課

造船設備の現状
Shipbuilding Eqipment

単位：基

区分	建造設備（船台・建造ドック）Building dock					修繕設備（修繕ドック）Repairing dock				
	500～4999 総ト (Tons)	5000～29999 総ト (Tons)	30000～99999 総ト (Tons)	100000～総ト以上 (Tons)	合計 Sum Total	500～4999 総ト (Tons)	5000～29999 総ト (Tons)	30000～99999 総ト (Tons)	100000～総ト以上 (Tons)	合計 Sum Total
7(1995)年4月	166	29	19	9	223	105	55	24	12	196
12(2000)年4月	135	41	19	11	206	102	55	23	13	193
17(2005)年4月	99	36	27	15	177	93	48	24	14	179
18(2006)年4月	82	38	26	17	163	92	49	24	14	179
19(2007)年4月	96	42	28	17	183	88	48	25	14	175
20(2008)年4月	100	43	32	17	192	89	50	26	14	179
21(2009)年4月	102	43	32	17	194	86	47	23	14	170
22(2010)年4月	100	42	32	17	191	84	46	23	15	168
23(2011)年4月	103	43	32	17	195	83	47	21	15	166
24(2012)年4月	102	43	31	18	194	81	44	21	16	162
25(2013)年4月	103	44	33	18	198	80	46	21	16	163
26(2014)年4月	102	42	35	18	197	78	45	22	16	161
27(2015)年4月	98	42	35	18	193	75	45	22	16	158
28(2016)年4月	99	42	35	18	194	74	45	22	16	157
29(2017)年4月	98	42	33	20	193	73	45	22	15	155

資料　国土交通省海事局船舶産業課

(注) 1. 修繕用引揚船台を除く
2. 造船法に基づく許可ベース。

港湾の種類及び数
Classification of Ports and Harbors

(平成29(2017)年4月1日現在)

区分 Category	総数 Total Number	管理者 Port Management Bodies					その他 (56条) Others
		都道府県 Prefectures	市町村 Munici-palities	港務局 Port Authonity	一部事務組合 Cooperative System	計 Total	
国際戦略港湾 Strategic International Container Port	5	1	4	…	…	5	…
国際拠点港湾 International Major Ports	18	11	4	…	3	18	…
重要港湾 Major Ports	102	82	16	1	3	102	…
地方港湾 Local Ports	808	504	304	…	…	808	61
小計 Sub Total	994	598	328	1	6	933	61
漁港一種 Fishing Ports (Type Ⅰ)	2,128	284	1,844	…	…	2,128	…
漁港二種 Fishing Ports (Type Ⅱ)	519	327	192	…	…	519	…
漁港三種 Fishing Ports (Type Ⅲ)	101	96	5	…	…	101	…
漁港特定三種 Fishing Ports (Special Type Ⅲ)	13	12	1	…	…	13	…
漁港四種 Fishing Ports (Type Ⅳ)	99	99	0	…	…	99	…
小計 Sub Total	2,860	818	2,042	…	…	2,860	…
合計 Total	3,854	1,416	2,370	1	6	3,793	61
資料	港湾…国土交通省港湾局　　漁港…水産庁漁港漁場整備部計画課						

営業倉庫の倉庫面積及び倉庫容積
Space and Capacity of Warehouses

年度末 At the End of Fiscal Year	普通倉庫 (Ordinary Warehouses)					冷蔵倉庫 Refrigeration Warehouses	水面倉庫 Pond Warehouses
	1・2・3 類倉庫	野積倉庫 Open Storage	貯蔵槽倉庫 Storehouse	危険品倉庫 Dangerous Goods			
				建屋	タンク		
	1,000 m²	1,000 m²	1,000 m³	1,000 m²	1,000 m³	1,000 m³	1,000 m²
35 (1960)	5,725	...	...	...	...	2,191	...
45 (1970)	12,512	1,929	2,314	43	81	6,080	4,149
55 (1980)	20,229	3,471	6,291	165	543	14,183	6,518
2 (1990)	26,511	4,031	9,344	252	29,201	21,226	5,394
12 (2000)	37,419	4,184	10,496	362	47,876	28,478	3,616
13 (2001)	37,187	4,223	10,576	401	47,828	28,734	3,120
14 (2002)	37,444	4,021	10,664	406	47,748	28,532	2,762
15 (2003)	37,274	3,870	10,548	373	7,869	28,103	2,066
16 (2004)	35,737	3,890	10,615	367	8,737	27,379	2,066
17 (2005)	41,271	4,117	9,073	416	9,658	27,518	1,875
18 (2006)	37,976	4,084	9,259	409	5,871	25,144	1,796
19 (2007)	38,672	4,326	9,274	421	9,115	26,840	1,796
20 (2008)	37,923	4,131	8,985	394	9,254	26,948	1,836
21 (2009)	38,388	3,977	8,883	377	9,083	24,404	1,817
22 (2010)	40,425	4,096	9,616	477	9,765	29,338	829
23 (2011)	41,690	3,882	10,590	485	10,628	29,226	743
24 (2012)	41,171	3,609	10,539	466	9,960	30,647	476
25 (2013)	38,453	3,891	8,322	470	8,545	27,546	476
26 (2014)	38,792	3,269	8,037	464	9,365	27,244	372
資料	国土交通白書						

(注)1. 1・2・3類倉庫、野積倉庫、危険品倉庫(建屋)、水面倉庫は倉庫面積。貯蔵槽倉庫、危険品倉庫(タンク)、冷蔵倉庫は倉庫容積である。
2. 35年度の1・2・3類倉庫は、危険品倉庫(建屋)を含む。

登録航空機数
Number of Registered Aircraft

種類 (Section)		暦年末 At the End of Calendar year	45 (1970)	55 (1980)	2 (1990)	12 (2000)	17 (2005)	22 (2010)	24 (2012)	25 (2013)	26 (2014)	27 (2015)
単発	ピストン Recipro		361	515	614	584	543	546	505	504	491	489
	ターボ・プロップ Turboprop		...	1	21	13	18	24	26	28	28	30
双発	ピストン Recipro		93	114	102	63	51	54	52	53	51	55
	ターボ・プロップ Turboprop		106	119	130	110	110	113	96	101	102	103
	ターボ・ジェット Turbojet		10	49	145	290	368	474	511	545	566	586
多発	ピストン Recipro		2	1	...	...	...	...	...	...	...	...
	ターボ・プロップ Turboprop		...	...	...	...	...	...	...	...	...	...
	ターボ・ジェット Turbojet		60	134	133	160	117	36	17	17	15	15
	B-747		3	47	97	131	114	34	15	15	13	13
	その他		4	...	3	3	3	2	2	2	2	2
回転翼	ピストン Recipro		249	241	245	193	161	181	185	180	178	173
	タービン Turbine		46	260	867	764	630	600	606	623	631	628
飛行船 Airship			...	1	5	1	2	1	1	1	1	1
滑空機 Glider			233	352	471	624	659	667	667	663	661	654
総計 Sum Total			1,160	1,796	2,733	2,802	2,659	2,696	2,666	2,715	2,724	2,734
資料		国土交通省航空局監修(数字でみる航空)										

鉄道運転事故
Railway Accidents

年度 Fiscal Year		列車衝突 (Collision)		列車脱線 (Derailment)		列車火災 (Fire)		踏切事故 (Crossing)	
		計 Total	うちJR	計 Total	うちJR	計 Total	うちJR	計	うちJR
		件	件	件	件	件	件	件	件
55	(1980)	6	2	79	46	5	3	1,207	832
2	(1990)	3	1	32	12	9	6	744	494
12	(2000)	7	...	23	15	5	4	462	267
17	(2005)	6	2	22	7	...	...	414	229
19	(2007)	1	...	16	5	...	...	350	174
20	(2008)	4	...	11	2	2	1	312	146
21	(2009)	2	...	7	4	1	...	353	189
22	(2010)	1	...	13	7	...	...	301	126
23	(2011)	1	...	11	7	1	...	329	138
24	(2012)	2	...	18	7	2	2	294	137
25	(2013)	2	...	15	7	...	...	288	125
26	(2014)	...	1	11	6	...	...	246	123

年度 Fiscal Year		道路障害 (Road Obstacle)		人身障害 (Injury or Death)		物損 (Damage)		運転事故件数 (Total)	
		計	うちJR	計	うちJR	計	うちJR	合計	うちJR
		件	件	件	件	件	件	件	件
55	(1980)	418	...	548	413	...	...	2,263	1,296
2	(1990)	134	...	384	286	2	1	1,308	800
12	(2000)	96	...	332	199	6	4	931	489
17	(2005)	41	...	368	213	6	4	857	455
19	(2007)	98	...	424	219	3	1	892	399
20	(2008)	80	...	436	235	4	2	849	386
21	(2009)	91	...	396	199	1	...	851	392
22	(2010)	91	...	463	251	3	3	872	387
23	(2011)	89	...	432	223	3	2	866	370
24	(2012)	62	...	429	224	4	4	811	374
25	(2013)	55	...	421	248	9	3	790	383
26	(2014)	48	...	449	263	3	2	758	395

年度 Fiscal Year		死者数 (Deceased)		負傷者数 (Injured)	
		計	うち JR	計	うち JR
		人	人	人	人
55	(1980)	574	410	989	529
2	(1990)	423	282	606	403
12	(2000)	312	197	376	181
17	(2005)	444	313	953	761
19	(2007)	332	...	394	...
20	(2008)	315	...	392	...
21	(2009)	317	...	417	...
22	(2010)	353	...	357	...
23	(2011)	314	...	465	...
24	(2012)	295	...	451	...
25	(2013)	276	158	455	182
26	(2014)	287	186	421	226

資料　国土交通省鉄道局監修(鉄道統計年報)

道 路 交 通
Road Traffic

暦年 Calendar Year	道路交通事故総計 Number of Road Traffic Accidents			死亡事故の類型別発生割合 Fatal Accidents			
	事故件数 Number of Accidents	死者数 Persons Deceased	負傷者数 Persons Injured	車対人 Car / Pedestrian Collision	車対自転車 Car/ Bicycle	車対車 Car/ Collision	車単独 Car Only
	件	人	人	%	%	%	%
35 (1960)	449,917	12,055	289,156	…	…	…	…
45 (1970)	718,080	16,765	981,096	37.1	11.6	28.1	18.2
55 (1980)	476,677	8,760	598,719	31.7	41.1		24.7
2 (1990)	643,097	11,227	790,295	12.4	82.0		5.6
12 (2000)	931,950	9,073	1,155,707	28.4	47.0		24.0
17 (2005)	r 934,346	r 6,937	r 1,157,113	30.5	r 46.7		r 22.0
18 (2006)	r 887,267	r 6,415	r 1,098,564	32.3	r 45.4		r 21.6
19 (2007)	r 832,704	r 5,796	r 1,034,652	r 33.8	r 44.5		21.0
20 (2008)	r 766,394	r 5,209	945,703	33.7	r 45.5		r 19.9
21 (2009)	r 737,637	r 4,979	911,215	r 34.5	r 43.5		21.1
22 (2010)	r 725,924	r 4,948	896,297	35.2	r 42.7		r 21.4
23 (2011)	r 692,084	r 4,691	854,613	r 36.0	r 42.9		r 20.2
24 (2012)	r 665,157	r 4,438	r 825,392	r 36.5	r 41.7		r 20.7
25 (2013)	629,033	4,388	781,492	34.9	39.8		23.9
26 (2014)	573,842	4,113	711,374	36.0	39.2		25.6
27 (2015)	536,899	4,117	666,023	36.6	38.7		23.8
28 (2016)	499,201	3,904	618,853	34.4	38.1		26.0

資　料　　　　　　　　　　　　　　　　　　　　　　　　　警察庁交通局

(注) 1. 事故件数は、昭和41年以降の件数には物損事故を含まない。
　　 2. 業種別事故件数と車種別事故件数は対象範囲が異なるため、合計は合わない。

事　故　（その１）
Accidents (No.1)

		自動車が第一当事者となった事故（業種別）				
その他	自家用 (Private)		事業用 (Commercial)		特殊車	
	乗用車	貨物車	乗用車	貨物車	Special Purpose Vehicle	
Others	Passenger Car	Motor Lorry	Passenger Car	Motor Lorry		
%	件	件	件	件	件	
...	52,479	142,606	33,667	46,328	...	
5.0	262,583	232,351	47,935	38,053	1,587	
2.5	241,318	120,041	20,392	18,141	599	
0.0	344,426	154,532	18,931	26,097	596	
0.6	597,969	157,885	29,076	37,007	799	
0.8	r 613,829	r 141,749	31,635	36,794	r 740	
r 0.7	r 586,016	r 132,512	r 30,606	r 34,957	753	
r 0.7	r 550,766	r 121,753	29,871	32,012	604	
r 0.9	r 507,478	r 112,363	27,462	28,843	r 740	
r 0.8	r 498,099	r 104,571	26,547	r 24,997	496	
r 0.7	r 494,021	r 102,436	25,617	25,452	r 483	
r 0.9	r 471,536	r 98,083	24,222	24,865	r 477	
r 1.1	r 459,161	r 92,549	r 21,808	23,539	r 515	
1.4	437,299	86,640	19,963	22,462	523	
0.8	400,048	78,566	18,085	21,564	475	
0.9	379,064	71,940	16,674	19,825	424	
1.5	354,899	66,150	15,082	18,254	406	

（交通事故統計年報）

3. 四捨五入の関係により、末尾の数字が合わない場合がある。

道路交通
Road Traffic

暦年 Calendar Year	計 Total		バス Bus		乗用車 Passenger
	事故件数 Number of accidents	死亡件数 Persons deceased	事故件数 Number of accidents	死亡件数 Persons deceased	事故件数 Number of accidents
	件	件	件	件	件
35 (1960)	356,258	8,609	8,282	405	78,336
45 (1970)	599,747	12,549	7,845	168	272,196
55 (1980)	416,771	7,063	3,392	45	258,769
2 (1990)	601,464	9,524	3,050	48	343,356
12 (2000)	842,498	7,489	3,226	22	546,896
17 (2005)	844,678	5,773	3,378	20	515,304
18 (2006)	r 784,916	r 5,352	r 3,466	19	r 462,205
19 (2007)	r 753,661	r 4,913	3,343	23	r 443,015
20 (2008)	r 679,009	r 4,385	3,465	14	r 383,623
21 (2009)	r 670,982	r 4,195	3,158	18	r 383,623
22 (2010)	r 662,604	r 4,200	2,918	23	r 372,940
23 (2011)	r 632,829	3,955	2,590	10	r 350,871
24 (2012)	r 610,042	r 3,702	2,411	14	r 335,149
25 (2013)	578,491	3,665	2,145	17	313,221
26 (2014)	528,737	3,455	1,908	16	281,505
27 (2015)	496,837	3,429	1,764	17	262,452
28 (2015)	463,051	3,261	1,549	11	244,128

資料　　　　　　　　　　　　　　　　　　　　　　　　　警察庁交通局

(注) 1. 事故件数は、昭和41年以降の件数には物損事故を含まない。
　　 2. バス＝バスのみ、乗用車＝普通＋自動二輪、トラック＝大型＋中型＋普通＋トレーラー、
　　　　その他＝マイクロバス＋軽乗用＋軽貨物＋特殊＋ミニカー

事　故　（その２）
Accidents (Continued No.2)

(Mainly Caused by Car)					
(普通) Car	トラック Turck		その他 Others		
死亡件数 Persons deceased	事故件数 Number of accidents	死亡件数 Persons deceased	事故件数 Number of accidents	死亡件数 Persons deceased	
件	件	件	件	件	
1,056	191,980	5,484	77,660	1,664
5,499	220,093	5,274	99,613	1,608
4,307	108,151	2,130	46,459	581
4,438	180,629	2,944	74,429	2,094
4,182	117,889	1,503	174,487	1,782
2,943	105,446	1,146	220,550	1,664
r 2,728	98,333	r 1,039	r 220,912	r 1,566
r 2,331	89,185	r 1,005	r 218,118	r 1,554
r 2,113	r 79,537	r 830	r 212,384	r 1,428
r 2,034	r 70,532	r 733	r 213,669	r 1,410
r 1,959	r 69,796	r 781	r 216,950	r 1,437
r 1,798	r 67,394	r 725	r 211,974	r 1,422
r 1,706	r 63,452	r 681	r 209,030	r 1,301
1,651	59,663	629	203,462	1,368
1,487	55,303	651	190,021	1,301
1,570	50,875	560	181,746	1,282
1,431	46,797	523	170,577	1,296

（交通事故統計年報）

3. 業種別事故件数と車種別事故件数は対象範囲がないため、合計は合わない。
4. 四捨五入の関係により、末尾の数字が合わない場合がある。

海難事故
Maritime Accidents

暦年 Calendar Year	事故隻数				死亡・行方不明者数 Number of Missing and Deceased
	救助数 Number of Ships Salvaged	自力入港 Return by Own Power	全損行方不明 Missing	計 Total	
	隻	隻	隻	隻	人
45 (1970)	1,836	375	435	2,646	533
55 (1980)	1,628	264	494	2,386	444
2 (1990)	1,453	278	342	2,073	197
12 (2000)	1,646	279	276	2,201	163
17 (2005)	1,357	286	240	1,883	121
18 (2006)	1,404	307	297	2,008	108
19 (2007)	1,451	300	206	1,957	87
20 (2008)	1,399	230	188	1,817	124
21 (2009)	1,435	238	202	1,875	143
22 (2010)	1,335	230	184	1,749	99
23 (2011)	1,532	169	303	2,004	108
24 (2012)	1,372	215	217	1,804	78
25 (2013)	1,363	234	214	1,811	84
26 (2014)	1,247	228	215	1,690	100
27 (2015)	1,299	182	163	1,644	48
資料	海上保安庁（海上保安統計年報）				

（注）本表は、救助されたものおよび海難発生時救助を必要としたと認められるもののみ。

航　空　事　故
Aircraft Accidents

暦　年 Calendar Year	事　故　件　数				死者数 Persons Deceased	負傷者数 Persons Injured
	飛行機 Aircraft	回転翼機 Helicopters	滑空機 Glider	計 Total		
	件	件	件	件	人	人
45　(1970)	18	25	4	47	22	40
55　(1980)	16	22	3	41	11	25
2　(1990)	23	18	7	48	44	59
12　(2000)	11	12	5	28	9	27
17　(2005)	9	7	7	23	16	20
18　(2006)	10	3	5	18	4	10
19　(2007)	12	7	4	23	10	25
20　(2008)	11	3	3	17	5	r　10
21　(2009)	9	7	3	19	9	r　45
22　(2010)	6	4	2	12	r　17	r　3
23　(2011)	10	3	1	14	r　6	r　12
24　(2012)	13	4	1	18	1	r　25
25　(2013)	6	3	2	11	2	14
26　(2014)	11	1	5	17	2	29
27　(2015)	15	4	8	27	10	42
28　(2016)	7	2	4	13	8	5
資　料	運輸安全委員会(運輸安全委員会年報)					

(注)1. 本表は、日本国内で発生した事故である。
　　2. 事故には、航空機内の病死等を含む。

業種別月
Average Monthly

暦年 Calendar Year		全産業 All Industries		製造業 Manufacturing		運輸業		運輸業	
						運輸業 Transport		国鉄 JNR	
		従業員数 Number of employees	給与額 Earnings	従業員数 Number of employees	給与額 Earnings	従業員数 Number of employees	給与額 Earnings	従業員数 Number of employees	給与額 Earnings
		千人	円	千人	円	千人	円	千人	円
45	(1970)	15,599	75,670	8,151	71,447	1,811	83,319	403	95,385
55	(1980)	18,859	263,386	7,238	244,571	1,813	279,037	...	...
2	(1990)	39,478	329,443	11,538	321,802	2,637	374,217	...	...
12	(2000)	43,538	355,474	10,024	371,452	2,901	383,701	...	...
17	(2005)	43,266	334,910	8,595	380,885	2,638	355,908	...	...
18	(2006)	43,866	335,774	8,679	385,754	2,644	361,903	...	...
19	(2007)	r 44,722	330,313	r 8,769	374,484	r 2,658	336,548	...	...
20	(2008)	r 45,189	331,300	r 8,784	374,362	r 2,652	332,202	...	...
21	(2009)	44,085	315,294	8,282	349,603	r 2,603	329,787	...	...
22	(2010)	r 44,356	317,321	r 8,280	362,340	r 2,647	333,882	...	...
23	(2011)	r 44,611	316,792	r 8,244	368,340	r 2,658	332,539	...	...
24	(2012)	45,997	314,126	8,065	372,072	3,235	335,547	...	...
25	(2013)	46,460	314,048	7,993	372,459	3,217	342,763	...	...
26	(2014)	47,262	316,567	7,983	382,193	3,267	340,450	...	...
27	(2015)	48,322	313,801	8,032	376,331	3,362	340,644	...	...
資料									厚生労働省

(注)1.従業員数は、厚生労働省「毎月勤労統計調査」を掲載。
　　2.給与額は、厚生労働省「毎月勤労統計調査」第13表及び第16表の事業所規模5人以上から掲載。

平 均 給 与 額
Salary by Industry

Transport									
民営鉄道 Private Railways		公営鉄道 Municipality-operated Railways		道路旅客運送業 Road Passenger Transport		道路貨物運送業 Road Freight Transport		海運業 Shipping Business	
従業員数 Number of employees	給与額 Earnings	従業員数 Number of employees	給与額 Earnings	従業員数 Number of employees	給与額 Earnings	従業員数 Number of employees	給与額 Earnings	従業員数 Number of employees	給与額 Earnings
千人	円	千人	円	千人	円	千人	円	千人	円
87	86,637	25	111,661	597	76,423	452	76,497	130	95,839
462	293,555	...	...	554	258,307	461	256,457	102	318,715
324	461,385	...	...	627	352,369	1,151	332,650	66	414,068
248	574,938	...	...	590	306,502	1,515	335,997	44	488,614
227	552,655	...	...	537	267,702	1,440	304,781	36	474,245
227	550,357	...	...	532	266,792	1,440	313,108	35	481,596
229	552,119	...	...	524	264,947	1,451	299,701	35	484,939
234	579,039	...	...	516	265,825	1,463	292,867	...	493,504
209	558,940	...	...	535	240,130	1,375	293,785	...	483,805
208	550,572	...	...	528	240,784	1,365	296,424	...	488,328
211	544,415	...	...	510	236,974	1,381	300,214	...	495,308
...	547,371	...	...	...	247,621	...	297,311	...	484,990
...	560,659	...	...	...	249,006	...	297,232	...	484,793
...	553,904	...	...	...	255,413	...	293,920	...	503,047
...	552,562	...	...	...	267,569	...	304,246	...	502,523
(毎月勤労統計調査)								国土交通省海事局 (船員労働統計)	

3. 四捨五入の関係により末尾の数字が合わない場合がある。
4. 55年度以後の民営鉄道欄の数字は、「鉄道業」としての数字である。

船　員　給
Monthly Salary

暦年 Calendar Year		職員・部員平均 Average Salary of Officers and Ratings					職	
		現金給与額 Amount of Salary			航海日当 (1ヶ月平均) Daily Navigation Allowance	その他の手当 (1ヶ月平均)	現金給 Amount of	
		計 Total	きまって支給する給与 Basic Pay	特別に支払われた給与 Special Pay			計 Total	きまって支給する給与 Basic Pay
35	(1960)	30,950	23,034	7,916	6,338	…	41,895	31,368
45	(1970)	95,839	78,104	17,735	11,208	…	117,136	96,686
55	(1980)	318,715	285,563	33,152	15,475	…	365,726	328,297
2	(1990)	414,068	376,180	37,888	20,475	…	452,287	412,591
7	(1995)	478,369	447,539	30,830	22,590	25,686	524,373	487,596
12	(2000)	488,614	443,668	44,946	24,074	33,227	524,238	473,418
17	(2005)	474,245	428,893	45,352	22,260	34,922	503,543	448,827
18	(2006)	481,596	432,891	48,705	22,376	40,866	508,703	453,188
19	(2007)	484,939	431,484	53,455	21,738	27,440	523,316	458,168
20	(2008)	493,504	434,061	59,443	21,853	33,706	536,450	463,248
21	(2009)	483,805	426,129	57,676	21,234	32,876	525,286	454,987
22	(2010)	488,328	423,142	65,186	21,091	31,720	530,759	425,571
23	(2011)	495,308	420,257	75,051	20,765	32,034	538,494	450,796
24	(2012)	484,990	424,081	60,909	20,902	33,595	527,173	455,373
25	(2013)	484,793	433,220	51,573	20,664	38,504	522,581	460,792
26	(2014)	503,047	434,313	68,734	20,248	38,147	545,006	461,710
27	(2015)	502,523	432,226	70,297	20,149	40,195	551,406	467,156
28	(2016)	500,449	440,202	60,247	23,411	33,577	539,718	469,690
資料						国土交通省総合政策局情報政策本部		

(注) 1.「決まって支給する給与」とは、労働協約、就業規則等であらかじめ定められている支給条件、算定基準により乗船中支給される現金給与額。

2.「特別に支払われる給与」とは、賞与等のように支給条件、算定基準が協約、規則等に定められていないで現実に支払われた額、または定められていても非常にまれに支払われた現金給与額。

3.「航海日当」とは、乗船中旅費的な名目で支給される手当。

与　　月　　額
of Seamen

単位：円（Unit：Yen）

職員 Officer			部員 Rating				
与額 Salary 特別に支払われた給与 Special Pay	航海日当 (1ヶ月平均) Daily Navigation Allowance	その他の手当 (1ヶ月平均)	現金給与額 Amount of Salary 計 Total	きまって支給する給与 Basic Pay	特別に支払われた給与 Special Pay	航海日当 (1ヶ月平均) Daily Navigation Allowance	その他の手当 (1ヶ月平均)
10,527	8,114	…	25,230	18,682	6,548	5,559	…
20,450	12,387	…	82,245	66,293	15,952	10,591	…
37,429	16,675	…	278,952	249,271	29,681	14,688	…
39,696	22,582	…	366,400	330,904	35,496	18,058	…
36,777	25,370	29,474	409,147	387,266	21,881	18,859	21,265
50,820	26,042	36,601	418,269	384,928	33,341	20,700	28,182
54,716	24,035	39,874	401,318	379,288	22,030	18,370	24,886
55,515	24,333	43,820	408,900	378,473	30,427	18,061	34,734
65,148	23,471	29,092	385,831	362,618	23,213	17,688	24,196
73,202	23,687	37,477	382,297	358,508	23,789	17,564	25,858
70,299	23,687	35,727	375,131	350,567	24,564	18,060	27,473
78,188	22,436	35,340	379,222	347,525	31,697	17,786	24,662
87,698	22,482	34,814	382,235	340,351	41,884	16,536	26,075
71,800	22,643	37,580	377,239	344,188	33,051	16,704	25,831
61,789	22,397	41,757	381,552	357,950	23,602	16,300	31,345
83,296	21,508	42,035	390,765	361,016	29,749	17,180	29,460
84,250	21,505	45,047	377,204	342,698	34,506	16,675	29,175
70,028	25,215	35,410	385,667	354,044	31,623	18,268	29,313

情報政策課交通経済統計調査室　（船員労働統計）

4.「その他の手当」とは、臨時的労働に対する手当および実費弁償等。

5. 数値は、平成6年までは、3月、6月、9月、12月分の平均推計値、平成7年からは6月分の数値である。

6. 昭和51年3月分の調査から「汽船（鋼船）に乗り組む船員」についての調査と「帆船（木船）に乗り組む船員」についての調査を「船舶に乗り組む船員」についての調査に統合した。このため、改正前の「汽船」・「帆船」に乗り組む船員についての報酬等に関し、加重平均を行い統計の継続性に配慮した。

船員有効求人倍率及び失業保険支給実績（月平均）
Active Ratio of Seaman's Job Openings to Applicants and Amount of Unemployment Insurance Paid (Monthly)

単位：人、千円(Unit：Persons, 1,000 Yen)

暦年 Calendar Year	有効求人数 Active Vacancies 人	有効求職数 Active Applicants 人	有効求人倍率 Active Vacancies/ Active Applicants 倍	失業保険金 受給者数 Number of Receivers 人	失業保険額 支給額 Amount of Payment 千円	うち商船等 for Merchant Ships 千円	うち漁船 for Fishing Boats 千円
55 (1980)	2,325	9,686	0.24	5,609	644,316	404,659	259,657
2 (1990)	2,786	3,964	0.70	2,300	352,848	207,428	145,420
12 (2000)	744	4,256	0.17	1,839	361,802	216,464	100,334
17 (2005)	1,023	2,278	0.45	799	127,386	77,877	49,508
21 (2009)	962	2,301	0.42	655	101,635	70,276	31,360
22 (2010)	864	2,084	0.41	426	67,457	54,582	12,876
23 (2011)	1,169	1,671	0.70	419	67,377	43,086	24,291
24 (2012)	1,472	1,414	1.04	262	41,857	31,515	10,342
25 (2013)	1,777	1,373	1.29	240	40,089	30,637	9,452
26 (2014)	2,165	1,138	1.90	173	27,479	20,561	6,918
27 (2015)	2,264	1,144	1.98	172	26,504	18,042	8,463
28 (2016)	2,241	1,097	2.04	151	23,607	18,975	4,633

資　料　　国土交通省海事局（船員職業安定年報）

(注) 60年1月より有効求人数および有効求職数が取扱件数から実数に変更された。

船　員　数
Number of Seamen

単位：人(Persons)

		合　計 Total	外航船員 Oceangoing Ship	内航船員 Domestic Ship	漁業船員 Fishing Boat	その他 Others
49	(1974)	277,644	56,833	71,269	128,831	20,711
54	(1979)	238,133	40,908	62,280	116,931	18,014
59	(1984)	213,252	33,044	60,837	100,939	18,432
元年	(1989)	160,283	11,167	55,899	76,295	16,922
6	(1994)	131,417	8,781	52,906	51,073	18,657
11	(1999)	102,452	5,573	38,716	37,192	20,971
16	(2004)	82,892	3,008	30,708	29,099	20,077
21	(2009)	71,261	2,187	29,228	24,320	15,526
22	(2010)	69,422	2,306	28,160	23,060	15,896
23	(2011)	67,086	2,325	27,255	21,749	15,757
24	(2012)	66,001	2,208	27,219	21,060	15,514
25	(2013)	65,084	2,263	26,854	20,359	15,608
26	(2014)	63,950	2,271	27,073	19,849	14,757
27	(2015)	64,284	2,237	27,490	19,075	15,482
28	(2016)	64,351	2,188	27,639	19,055	15,469
資　料				海事局資料		

(注) 1. 船員数は乗組員数と予備船員数を合計したものであり、我が国の船舶所有者に雇用されている船員である。
　　 2. その他は引船、はしけ、官公署船等に乗り組む船員数である。
　　 3. 船員数は外国人船員を除いた数字である。

海技従事者免許数
Number of Marine Technical Officers' Certificates

年度末現在(End of Fiscal Year)　　　　　　　　　　　　　　　　　単位:人(Unit:Persons)

資格区分	17(2005)	22(2010)	27(2015)	28(2016)
一級海技士（航海）	11,785	12,254	12,674	12,776
二級海技士（航海）	7,186	7,384	7,663	7,699
三級海技士（航海）	28,623	30,124	31,705	32,059
四級海技士（航海）	30,919	33,105	35,927	36,499
五級海技士（航海）	68,956	69,541	70,121	70,234
六級海技士（航海）	32,268	33,993	35,092	35,315
計	179,737	186,401	193,182	194,582
一級海技士（機関）	9,018	9,276	9,502	9,545
二級海技士（機関）	6,245	6,414	6,672	6,706
三級海技士（機関）	23,332	24,304	25,328	25,534
四級海技士（機関）	25,048	26,958	29,188	29,672
五級海技士（機関）	63,454	63,808	64,202	64,246
六級海技士（機関）	38,649	39,343	39,927	40,135
計	165,746	170,103	174,819	175,838
一級海技士（通信）	7,540	7,574	7,609	7,614
二級海技士（通信）	4,099	4,099	4,096	4,095
三級海技士（通信）	6,043	6,041	6,041	6,041
計	17,682	17,714	17,746	17,750
一級海技士（電子通信）	53	86	139	151
二級海技士（電子通信）	1,110	1,149	1,203	1,217
三級海技士（電子通信）	1,399	2,786	5,209	5,976
四級海技士（電子通信）	1,127	1,195	1,281	1,303
計	3,689	5,216	7,832	8,647
一級小型船舶操縦士＋特殊小型船舶操縦士	775,866	824,561	852,126	857,102
二級小型船舶操縦士＋特殊小型船舶操縦士	2,064,900	2,038,108	2,039,160	2,039,285
一級小型船舶操縦士のみ	22,331	64,811	108,750	117,965
二級小型船舶操縦士のみ	129,433	214,563	297,274	314,032
特殊小型船舶操縦士のみ	33,306	93,514	150,548	162,497
計	3,025,836	3,235,557	3,447,858	3,490,881
合　計	3,392,690	3,614,991	3,841,437	3,887,698
資　料	国土交通省海事局			

(注)　平成15年6月1日より小型船舶操縦士の資格体系が変更し、一級、二級、特殊の資格となった。
　　　なお、平成15年5月31日以前の一・二級は、一級＋特殊、三・四・五級は、二級＋特殊と見なされる。

外航海運における船員の推移
Changes in Number of Seaman in Oceangoing Shipping

(各年10月1日現在)　　　　　　　　　　　　　　　　　　　　　　　単位：人(Unit：Persons)

		職員（Officer）			部員（Rating）			合計（Total）		
		乗組員	予備員	予備員率	乗組員	予備員	予備員率	乗組員	予備員	予備員率
		人	人	%	人	人	%	人	人	%
45	(1970)	11,635	4,208	36.2	24,004	7,392	30.8	35,639	11,600	32.5
55	(1980)	7,256	5,203	71.7	11,705	9,868	84.3	18,961	15,071	79.5
2	(1990)	1,865	2,573	138.0	1,632	1,827	111.9	3,497	4,400	125.8
12	(2000)	555	1,488	268.1	416	303	72.8	971	1,791	184.4
17	(2005)	381	1,093	286.9	80	97	121.3	461	1,190	258.1
18	(2006)	427	895	209.6	96	54	56.3	523	949	181.5
19	(2007)	432	878	203.2	102	65	63.7	534	943	176.6
20	(2008)	456	822	180.3	154	61	39.6	610	883	144.8
21	(2009)	423	778	183.9	107	56	52.3	530	834	157.4
22	(2010)	401	712	177.6	82	46	56.1	483	758	156.9
23	(2011)	394	906	229.9	77	50	64.9	471	956	203.0
24	(2012)	361	872	242.0	74	45	60.8	435	917	211.0
26	(2014)	393	823	209.4	64	44	68.8	457	867	189.7
27	(2015)	351	858	244.4	68	30	44.1	419	888	211.9
28	(2016)	356	854	239.9	62	34	54.8	418	888	212.4
資　料		国土交通省海事局（船員需給総合調査結果報告書）								

(注) 1. 外航労務部会（外航盟外を含む。）に加盟している事業者に雇用されている船員数である。

　　 2. 予備員率 ＝ 予備員数÷乗組員数×100

業種別平均年齢・平均勤続年数及び月間労働時間数（その１）
Average Ages of Employees, Years of Service and Monthly Working Hours by Industry

(平成28(2016)年)

区分 Classification	平均年齢 Average ages	平均勤続 Average Years of Service	労働時間数 Hours worked			
			計 Total	所定内 Scheduled	所定外 Non-Scheduled	
	歳	年	時間	時間	時間	％
全　産　業　All Industries	42.2	11.9	177	164	13	7.3
製　造　業　Manufacturing	42.2	14.4	182	165	17	9.3
運　輸　業　Transport	46.2	11.8	196	169	27	13.8
鉄　道　業　Railways	40.4	17.4	168	153	15	8.9
道路旅客運送業　Road passenger transport	54.3	11.0	198	170	28	14.1
道路貨物運送業　Road freight transport	45.8	10.9	208	175	33	15.9
水運業　Water Transport	42.0	12.8	175	161	14	8.0
航空運輸業　Air Transport	42.3	16.5	158	152	6	3.8
倉庫業　Warehousing	43.1	10.5	188	167	21	11.2
資　　料	厚生労働省(賃金構造基本統計調査報告)					

(平成27(2015)年)

区分 Classification	平均年齢 Average ages	平均勤続 Average Years of Service	労働時間数 Hours worked			
			計 Total	所定内 Scheduled	所定外 Non-Scheduled	
	歳	年	時間	時間	時間	％
全　産　業　All Industries	42.3	12.1	177	164	13	7.3
製　造　業　Manufacturing	42.3	14.5	181	164	17	9.4
運　輸　業　Transport	45.7	11.9	198	170	28	14.1
鉄　道　業　Railways	40.2	18.5	166	149	17	10.2
道路旅客運送業　Road passenger transport	54.3	10.7	197	170	27	13.7
道路貨物運送業　Road freight transport	45.2	10.8	212	177	35	16.5
水運業　Water Transport	41.5	12.0	174	160	14	8.0
航空運輸業　Air Transport	39.7	12.4	161	156	5	3.1
倉庫業　Warehousing	42.2	10.8	191	168	23	12.0
資　　料	厚生労働省(賃金構造基本統計調査報告)					

(注) 1. 日本標準産業分類の改訂に伴い、運輸業に通信業は含まれていない。
　　 2. 所定外率 ＝ 所定外 ÷ 計 × 100

業種別平均年齢・平均勤続年数及び月間労働時間数（その２）
Average Ages of Employees, Years of Service and Monthly Working Hours by Industry

(平成26(2014)年)

区分 Classification		平均年齢 Average ages	平均勤続 Average Years of Service	労働時間数 Hours worked			
				計 Total	所定内 Scheduled	所定外 Non-Scheduled	
		歳	年	時間	時間	時間	%
全 産 業	All Industries	42.1	12.1	177	163	14	7.9
製 造 業	Manufacturing	42.1	14.3	182	164	18	9.9
運 輸 業	Transport	45.6	12.0	196	168	28	14.3
鉄 道 業	Railways	40.9	19.3	169	152	17	10.1
道路旅客運送業	Road passenger transport	53.7	10.6	196	170	26	13.3
道路貨物運送業	Road freight transport	45.0	10.9	209	175	34	16.3
水運業	Water Transport	42.5	13.2	173	157	16	9.2
航空運輸業	Air Transport	40.7	13.7	154	149	5	3.2
倉庫業	Warehousing	42.3	11.1	187	166	21	11.2
資　料		厚生労働省（賃金構造基本統計調査報告）					

(平成25(2013)年)

区分 Classification		平均年齢 Average ages	平均勤続 Average Years of Service	労働時間数 Hours worked			
				計 Total	所定内 Scheduled	所定外 Non-Scheduled	
		歳	年	時間	時間	時間	%
全 産 業	All Industries	42.0	11.9	177	163	14	7.9
製 造 業	Manufacturing	41.8	14.0	179	163	16	8.9
運 輸 業	Transport	45.8	11.9	198	169	29	14.6
鉄 道 業	Railways	40.9	19.1	166	152	14	8.4
道路旅客運送業	Road passenger transport	54.0	10.6	198	172	26	13.1
道路貨物運送業	Road freight transport	45.2	11.1	211	174	37	17.5
水運業	Water Transport	42.7	11.7	177	164	13	7.3
航空運輸業	Air Transport	40.1	12.9	161	154	7	4.3
倉庫業	Warehousing	42.2	10.8	185	167	18	9.7
資　料		厚生労働省（賃金構造基本統計調査報告）					

(注) 1. 日本標準産業分類の改訂に伴い、運輸業に通信業は含まれていない。
　　 2. 所定外率 ＝ 所定外 ÷ 計 × 100

航空従事者就労実態調査等
Existing Conditions of Civil Airmen on Actual Service

(平成27年(2015)年 1月 1日現在)　　　　　　　　　　　　　　　　単位：人(Unit：Persons)

区分 Category / 資格 Qualification		特定本邦航空運送事業 Scheduled Air Transport Business	特定本邦航空運送事業以外 Non Scheduled Air Transport Business Aerial Work Business	航空機製造及び整備事業関係 Aircraft Manucturing and Maintenace Business	官公庁関係 Government and Public Agencies	報道関係 Press and News Reporting	その他 Others	計 Total
総計 (Sum Total)		8,378	3,231	4,316	1,493	97	270	17,785
定期運送用操縦士 Airline Transport Pilot	A	3,840	411	1	54	0	26	4,332
	H	0	10	0	4	0	0	14
	S	0	0	0	0	0	0	0
旧上級事業用操縦士 Senior Commercial Pilot		0	1	0	4	0	0	5
事業用操縦士 Commercial Pilot	A	2,127	521	32	146	12	8	2,846
	H	3	602	18	480	25	2	1,130
	S	0	0	0	0	0	0	0
計 (Total)		5,970	1,545	51	688	37	36	8,327
一等航空士 Flight Navigator Class1		0	0	0	6	0	0	6
二等航空士 Flight Navigator Class2		0	0	0	0	0	0	0
計 (Total)		0	0	0	6	0	0	6
航空機関士 Flight Engineer		34	0	0	0	0	2	36
航空通信士 Flight Radio Operator		5	22	6	29	0	3	65
一等航空整備士 Aircraft Engineer Class1	A	1,597	385	3,165	93	6	55	5,301
	H	0	237	44	243	13	3	540
二等航空整備士 Aircraft Engineer Class2	A	100	142	135	10	2	38	427
	H	1	225	41	92	13	13	385
	S	0	0	0	0	0	0	0
旧二等航空整備士 Aircraft Engineer Class2	A	2	66	23	40	12	22	165
	H	0	352	29	234	12	20	647
	S	0	0	0	0	0	0	0
旧三等航空整備士 Aircraft Engineer Class3	A	12	41	73	6	0	22	154
	H	0	94	41	10	1	26	172
	S	0	0	0	0	0	0	0
一等航空運航整備士 Aircraft Line Maintenance Mechanic Class1	A	258	17	346	0	0	13	634
	H	0	1	0	7	0	0	8
二等航空運航整備士 Aircraft Line Maintenance Mechanic Class2	A	23	16	137	2	0	2	180
	H	0	3	18	1	1	0	23
	S	0	0	0	0	0	0	0
計 (Total)		2,032	1,601	4,058	767	60	219	8,737
航空工場整備士 Aircraft Factory Engineer		189	7	201	0	0	10	407
運航管理者 Aircraft Dispatcher		148	56	0	3	0	0	207
計器飛行証明 Instrument	A	4,789	442	24	125	10	6	5,396
	H	0	156	7	238	26	0	427
操縦教育証明 Flight Instructor	A	145	101	6	81	1	17	351
	H	0	53	7	45	2	0	107
	S	0	0	0	0	0	0	0

資料　国土交通省航空局監修(数字でみる航空)

(注) 1.「A」は飛行機、「H」は回転翼航空機、「S」は飛行船を表す。
2. 計器飛行証明および操縦教育証明は、操縦士が保有している各証明の数で内数。
3. 外国人を除く。

運輸事業の資本金階級別会社数
Number of Transport Industries by Classified Amount of Capital
（平成26年7月1日現在）

資本金階級分類 Capital	全産業 All Industries	全運輸業 Transport Industries	鉄道業 Railways	道路旅客運送業 Road passenger transport	道路貨物運送業 Road freight transport	水運業 Shipping	航空運輸業 Aviation	倉庫業 Warehouses	運輸に付帯するサービス業 Other Services
計 Total	1,750,071	55,187	332	8,228	36,221	2,182	123	2,753	5,348
	(100.00)	(3.15)	(0.02)	(0.47)	(2.07)	(0.12)	(0.01)	(0.16)	(0.31)
	(100.00)	(100.00)	(100.00)	(100.00)	(100.00)	(100.00)	(100.00)	(100.00)	(100.00)
300万円未満 Under 3mil.yen	109,009	1,489	4	294	860	59	2	67	203
	(6.23)	(2.70)	(1.20)	(3.57)	(2.37)	(2.70)	(1.63)	(2.43)	(3.80)
300～500万円未満 3mil.～Under 5mil.yen	605,406	10,813	9	1,790	7,002	381	4	413	1,214
	(34.59)	(19.59)	(2.71)	(21.75)	(19.33)	(17.46)	(3.25)	(15.00)	(22.70)
500～1,000万円未満 5mil.～Under 10mil.yen	224,896	8,713	10	1,151	6,617	288	3	145	499
	(12.85)	(15.79)	(3.01)	(13.99)	(18.27)	(13.20)	(3.00)	(5.27)	(9.33)
1,000～3,000万円未満 10mil.～Under 30mil.yen	578,309	24,567	60	3,527	16,811	956	17	1,099	2,097
	(33.04)	(44.52)	(18.07)	(42.87)	(46.41)	(43.81)	(13.82)	(39.92)	(39.21)
3,000～5,000万円未満 30mil.～Under 50mil.yen	71,154	3,597	25	642	2,066	169	15	269	411
	(4.07)	(6.52)	(7.53)	(7.80)	(5.70)	(7.75)	(12.20)	(9.77)	(7.69)
5,000万円～1億円未満 30mil.～Under 100mil.yen	48,014	2,483	44	448	1,188	122	22	282	377
	(2.74)	(4.50)	(13.25)	(5.44)	(3.28)	(5.59)	(17.89)	(10.24)	(7.05)
1～3億円未満 100mil.～Under 300mil.yen	16,125	874	60	126	269	76	19	140	184
	(0.92)	(1.58)	(18.07)	(1.53)	(0.74)	(3.48)	(15.45)	(5.09)	(3.44)
3～10億円未満 300mil.～Under 1bil.yen	7,893	375	37	28	82	46	9	82	91
	(0.45)	(0.68)	(11.14)	(0.34)	(0.23)	(2.11)	(7.32)	(2.98)	(1.70)
10～50億円未満 1bil.～5bil.yen	3,685	200	31	21	35	26	10	32	45
	(0.21)	(0.36)	(9.34)	(0.26)	(0.10)	(1.19)	(8.13)	(1.16)	(0.84)
50億円以上 5bil. and over	2,234	107	41	1	15	5	8	14	23
	(0.13)	(0.19)	(12.35)	(0.01)	(0.04)	(0.23)	(6.50)	(0.51)	(0.43)

資　料　総務省統計局（平成26年経済センサス－基礎調査結果）

(注)1.（　）内は百分率を示す。
　　2.　計欄の数値には資本金の不詳を含む。
　　3.　平成18年まで実施された「事業所・企業統計調査」は、平成21年より「経済センサス」に統合された。

228 経 営

ＪＲ各社損益
Change In Financial Profile of JR

	JR北海道 (Hokkaido)				
	20 (2008)	24(2012)	25(2013)	26(2014)	20 (2008)
営 業 収 益	88,265	84,397	82,787	82,563	1,950,923
鉄 道 業	82,370	77,682	75,920	75,664	1,866,020
自 動 車 業	…	…	…	…	…
その他の兼業	5,895	6,715	6,867	6,899	84,903
営 業 費	114,859	115,334	120,034	121,551	1,585,139
鉄 道 業	111,164	111,239	115,960	117,131	1,537,262
自 動 車 業	…	…	…	…	…
その他の兼業	3,696	4,095	4,074	4,420	47,877
営 業 損 益	△ 26,594	△ 30,937	△ 37,247	△ 38,988	365,784
営 業 外 収 益	25,760	33,706	41,902	44,416	20,527
営 業 外 費 用	1,574	1,783	890	1,035	125,266
経 常 損 益	△ 2,408	986	3,765	4,392	261,046
特 別 利 益	545	4,484	6,048	6,121	78,627
固 定 資 産 売 却 益	242	190	55	47	16,712
そ の 他	303	4,295	5,994	6,074	61,914
特 別 損 失	3,763	4,535	4,194	2,899	75,044
固 定 資 産 売 却 損	…	…	6	13	3,344
そ の 他	3,763	4,535	4,189	2,886	71,700
税 引 前 損 益	△ 5,627	935	5,619	7,615	264,628
法 人 税 等	△ 612	△ 391	△ 438	△ 563	107,165
当 期 損 益	△ 5,015	1,327	6,057	8,178	157,463
前 期 繰 越 損 益	…	…	…	…	…
任 意 積 立 金 取 崩 額	…	…	…	…	…
当 期 末 処 分 損 益	…	…	…	…	…
利益金処分(任意積立金等)	…	…	…	…	…
次 期 繰 越 損 益	…	…	…	…	…
資 料					国土交通省鉄道局監修

状 況 の 推 移 （その1）
Group Companies (7 Companies) (No.1)

単位：百万円(Unit : Million Yen)

JR東日本 (East)			JR東海 (Central)				
24(2012)	25(2013)	26(2014)	20 (2008)	24(2012)	25(2013)	26(2014)	
1,891,861	1,913,492	1,946,538	1,241,164	1,245,083	1,277,222	1,306,603	
1,825,379	1,844,136	1,875,892	1,232,257	1,235,988	1,268,528	1,297,853	
22	136	144	…	…	…	…	
66,460	69,220	70,502	8,907	9,095	8,694	8,750	
1,568,981	1,585,615	1,593,861	879,029	845,947	816,366	831,200	
1,539,667	1,553,443	1,557,644	872,964	840,175	808,918	826,585	
737	2,693	2,340	…	…	…	…	
28,577	29,479	33,877	6,065	5,772	7,448	4,614	
322,880	327,877	352,677	27,136	399,136	460,856	475,403	
19,508	31,013	35,503	8,015	7,625	8,490	10,347	
99,383	94,983	86,609	170,037	104,355	97,540	88,026	
243,004	263,907	301,571	200,113	302,406	371,806	397,724	
68,139	53,164	65,419	7,489	7,833	1,930	4,045	
2,652	1,917	987	1,056	687	783	1,961	
65,487	51,247	64,433	6,432	7,146	1,147	2,084	
71,524	52,776	101,794	7,705	8,396	2,993	3,947	
396	322	2,048	271	69	848	551	
71,128	52,454	99,745	7,434	8,327	2,145	3,396	
239,620	264,296	265,197	199,897	301,842	370,742	397,822	
103,351	89,145	80,239	78,466	123,495	130,226	125,608	
138,840	169,878	157,127	121,431	187,804	240,372	260,279	
…	…	…	…	…	…	…	
…	…	…	…	…	…	…	
…	…	…	…	…	…	…	
…	…	…	…	…	…	…	
…	…	…	…	…	…	…	

（鉄道統計年報）

JR各社損益
Change In Financial Profile of JR

	JR西日本 (West)				JR四国 (Shikoku)			
	20 (2008)	24 (2012)	25 (2013)	26 (2014)	20 (2008)	24 (2012)	25 (2013)	26 (2014)
営業収益	875,030	868,515	873,652	890,941	31,030	27,931	27,958	27,583
鉄道業	853,670	844,838	850,526	867,282	29,603	26,571	26,474	25,991
自動車業	...	...	...	...	...	...	...	...
その他の兼業	21,360	23,676	23,125	23,659	1,427	1,360	1,484	1,592
営業費	772,935	766,179	771,878	778,914	39,087	37,563	38,123	38,810
鉄道業	764,813	755,603	760,313	767,099	37,870	36,446	37,125	37,543
自動車業	...	...	...	...	...	...	...	...
その他の兼業	8,123	10,575	11,565	11,815	1,217	1,117	998	1,267
営業損益	102,095	102,336	101,774	112,026	△ 8,057	△ 9,632	△ 10,165	△ 1,128
営業外収益	6,751	6,402	6,575	6,532	9,550	13,103	15,692	19,966
営業外費用	35,434	31,173	28,358	26,428	998	1,172	294	336
経常損益	73,412	77,565	79,991	92,130	495	2,299	5,233	8,402
特別利益	70,369	39,954	23,845	60,639	2,182	1,720	3,898	2,386
固定資産売却益	4,557	2,925	1,850	2,315	168	319	130	103
その他	65,812	37,029	21,995	58,324	2,014	1,401	3,768	2,283
特別損失	69,237	39,787	22,638	65,185	13,041	5,394	3,962	905
固定資産売却損	...	...	...	5,131	...	4	...	...
その他	69,237	39,787	22,638	60,053	13,041	5,391	3,962	905
税引前損益	74,543	77,732	81,199	87,584	△ 10,364	△ 1,375	5,169	9,883
法人税等	30,162	34,153	35,794	28,996	△ 91	189	427	748
当期損益	44,381	41,915	48,681	47,382	△ 10,273	△ 1,564	6,278	9,315
前期繰越損益	...	...	...	...	...	...	...	...
任意積立金取崩額	...	...	...	...	...	...	...	...
当期末処分損益	...	...	...	...	...	...	...	...
利益金処分(任意積立金等)	...	...	...	...	...	...	...	...
次期繰越損益	...	...	...	...	...	...	...	...

資料　国土交通省鉄道局監修

状 況 の 推 移 （その2）
Group Companies (7 Companies) (No.2)

単位：百万円(Unit : Million Yen)

	JR九州 (Kyushu)				JR貨物 (Freight)			
	20 (2008)	24(2012)	25(2013)	26(2014)	20 (2008)	24(2012)	25(2013)	26(2014)
	157,011	193,002	196,145	200,151	161,517	149,902	152,430	151,895
	138,756	161,048	162,594	163,300	146,330	131,256	133,153	133,900
	...	...	...	...	...	...	...	...
	18,255	31,954	33,551	36,851	15,187	18,646	19,277	17,995
	152,732	191,452	198,051	198,299	162,628	146,153	145,992	146,676
	142,671	172,792	178,279	177,349	155,509	139,123	137,536	139,043
	...	...	...	...	...	...	...	...
	10,061	18,660	19,772	20,950	7,119	7,030	8,456	7,633
	4,279	1,551	△ 1,906	1,852	△ 1,111	3,749	6,438	5,219
	13,387	11,375	14,308	15,097	1,013	531	678	1,374
	5,953	5,339	788	574	3,518	3,830	3,644	3,380
	11,712	7,587	11,615	16,375	△ 3,615	451	3,472	3,213
	18,711	10,331	10,325	34,271	3,984	6,902	1,651	14,826
	687	164	135	189	1,349	1,509	20	157
	18,024	10,167	10,189	34,082	2,635	5,394	1,630	14,669
	27,988	14,485	9,585	33,294	2,596	6,202	1,373	3,638
	...	...	...	...	...	...	...	...
	27,988	14,485	9,585	33,294	2,596	6,202	1,373	3,638
	2,435	3,433	12,355	17,352	△ 2,228	1,152	3,750	14,401
	821	218	1,951	4,844	△ 634	843	1,300	1,681
	1,614	2,058	7,233	9,502	△ 1,593	448	1,886	8,045
	...	...	...	...	...	...	...	...
	...	...	...	...	...	...	...	...
	...	...	...	...	...	...	...	...
	...	...	...	...	...	...	...	...
	...	...	...	...	...	...	...	...

（鉄道統計年報）

外航船舶
Freight Revenue of

本邦船舶による収入 (Japanese Vessels)

年度／暦年 Fiscal Year／Calender Year	合計 (Grand Total)				輸出 (Exports)			
	計 Total	貨物収入 Freight Revenue of Cargo Carried		旅客収入 Freight Revenue of Passenger Carried	計 Total	貨物収入 Freight Revenue of Cargo Carried		出国旅客収入 Freight Revenue of Travelers departing
		一般貨物船 Dry Cargo Vessels	油送船 Oil Tanker			一般貨物船 Dry Cargo Vessels	油送船 Oil Tanker	
40 (1965)	311,989	243,646	67,404	939	87,482	86,445	618	419
45 (1970)	650,092	504,435	144,828	829	179,050	178,197	510	343
50 (1975)	957,639	684,718	270,984	1,937	295,131	290,548	3,709	874
55 (1980)	1,214,550	960,065	252,526	1,959	415,658	408,856	5,783	1,019
60 (1985)	1,184,207	912,415	268,868	2,924	389,308	381,560	6,146	1,602
2 (1990)	589,550	408,259	173,380	7,911	113,865	107,400	2,345	4,120
7 (1995)	330,888	195,828	126,600	8,460	46,793	40,904	1,627	4,262
12 (2000)	200,309	112,441	77,842	10,026	35,995	29,744	671	5,580
17 (2005)	123,925	57,914	57,615	8,395	26,449	20,086	2,141	4,222
18 (2006)	134,193	77,287	42,744	14,162	33,671	24,415	2,200	7,056
19 (2007)	154,545	92,321	45,968	16,256	54,427	43,502	1,844	9,081
20 (2008)	173,082	95,481	70,152	7,449	45,157	39,646	1,817	3,694
21 (2009)	114,357	62,529	47,739	4,089	22,161	18,159	2,024	1,978
22 (2010)	116,262	82,780	29,070	4,412	30,213	25,524	2,592	2,097
23 (2011)	164,446	88,444	72,036	3,966	23,027	18,647	2,394	1,986
24 (2012)	192,410	113,765	75,148	3,496	38,140	35,311	1,085	1,744
25 (2013)	228,334	149,302	76,149	2,883	38,451	35,123	1,909	1,419
26 (2014)	254,738	187,603	64,289	2,846	42,145	39,325	1,428	1,392
27 (2015)	279,390	208,455	67,801	3,134	46,168	43,540	1,053	1,559
28 (2016)	255,949	189,866	63,393	2,691	43,852	41,787	751	1,314

資料　国土交通省

(注) 13(2001)年からは暦年ベースとなっている。

運賃収入 (その1)
Oceangoing Vessels (No.1)

単位：百万円 (Unit : Million yen)

	輸入 (Imports)				三国間 (Cross Trade)			
計	貨物収入 Freight Revenue of Cargo Carried		入国旅客収入 Freight Revenue of Travelers entering	計	貨物収入 Freight Revenue of Cargo Carried		旅客収入 Freight Revenue of Passenger Carried
Total	一般貨物船 Dry Cargo Vessels	油送船 Oil Tanker		Total	一般貨物船 Dry Cargo Vessels	油送船 Oil Tanker	
199,435	137,729	61,286	420	25,072	19,472	5,500	100
398,802	283,751	114,663	388	72,240	42,487	29,655	98
549,531	333,107	215,364	1,060	112,977	41,063	51,911	3
670,695	454,209	215,546	940	128,197	97,000	31,197	...
642,864	413,822	227,760	1,282	152,035	117,033	34,962	40
390,564	225,140	161,633	3,791	85,121	75,719	9,402	...
235,438	109,341	121,899	4,198	48,657	45,583	3,074	...
132,502	55,413	72,643	4,446	31,812	27,284	4,528	...
79,666	24,102	51,392	4,172	1,786	13,725	4,081	...
71,625	26,840	37,679	7,106	28,897	26,032	2,865	...
68,638	22,376	39,087	7,175	31,480	26,443	5,037	...
98,038	29,652	64,631	3,755	29,887	26,183	3,704	...
70,248	23,557	44,580	2,111	21,948	20,813	1,135	0
54,353	27,998	24,040	2,315	31,696	29,258	2,438	0
103,062	36,459	64,693	1,910	38,357	33,338	4,949	70
114,327	42,476	70,098	1,752	39,943	35,978	3,965	...
126,401	53,097	71,841	1,464	63,482	61,082	2,400	...
140,620	78,536	60,630	1,454	71,973	69,742	2,231	...
157,302	92,628	63,009	1,575	76,027	72,288	3,739	...
141,178	80,697	59,104	1,377	70,919	67,381	3,538	...

海事局外航課

外航船舶運賃収入　（その２）
Freight Revenue of Oceangoing Vessels (No.2)
外国用船による収入 (by the use of foreign Vessels) 単位：百万円 (Unit：Million yen)

年度／暦年 Fiscal Year／Calender Year		合計 Grand Total		輸出 Exports		輸入 Imports		三国間 Cross Trade	
		計 Total	うち貨物船 Cargo Vessel	計 Total	うち貨物船 Cargo Vessel	計 Total	うち貨物船 Cargo Vessel	計 Total	うち貨物船 Cargo Vessel
40	(1965)	67,747	49,030	11,821	11,821	53,738	35,210	2,188	1,999
45	(1970)	261,427	216,737	5,548	55,487	178,905	141,314	27,035	19,936
50	(1975)	852,953	692,894	297,538	297,067	436,544	319,952	118,872	75,876
55	(1980)	1,460,807	1,246,540	595,350	594,655	638,233	464,144	227,223	187,740
60	(1985)	1,231,430	1,069,475	529,788	527,290	425,555	310,716	276,087	231,451
2	(1990)	1,482,813	1,284,148	469,508	461,526	666,305	508,772	347,000	313,851
7	(1995)	1,307,146	1,097,593	313,215	297,845	650,839	495,969	343,093	303,779
12	(2000)	1,436,608	1,185,175	342,928	330,302	634,175	467,564	459,505	387,309
17	(2005)	2,093,927	1,779,561	473,339	452,538	709,393	526,820	910,990	799,999
18	(2006)	2,498,424	2,265,732	598,244	578,344	743,475	582,322	1,156,705	1,105,066
19	(2007)	3,259,671	2,852,012	962,661	940,633	971,103	715,361	1,325,907	1,196,018
20	(2008)	3,126,021	2,675,702	661,570	631,100	1,107,412	842,010	1,357,039	1,202,592
21	(2009)	1,913,709	1,619,989	357,420	327,190	640,808	481,755	915,481	811,044
22	(2010)	2,306,721	2,099,061	431,653	402,620	668,986	553,948	1,206,082	1,142,493
23	(2011)	2,273,561	1,967,664	463,070	443,224	738,855	544,775	1,071,636	979,665
24	(2012)	2,404,994	2,116,527	483,805	472,331	706,286	505,677	1,214,903	1,138,519
25	(2013)	2,789,054	2,503,209	585,856	565,089	785,785	604,677	1,417,413	1,333,443
26	(2014)	3,184,094	2,848,160	658,870	634,629	841,409	630,554	1,683,815	1,582,977
27	(2015)	2,989,380	2,680,151	667,090	649,203	760,761	560,914	1,561,529	1,470,034
28	(2016)	2,476,349	2,200,891	564,962	540,821	639,744	486,751	1,271,643	1,167,716
資料		国土交通省海事局外航課							

（注）平成13年度(2001)からは暦年ベースとなっている。

部門別エネルギー消費量
Energy Consumption by Sector

単位：PJ（ペタジュール）

年度 (Fiscal Year)	2(1990)	12(2000)	22(2010)	25(2013)	26(2014)	27(2015)
一次エネルギー供給	20,202	23,600	23,200	21,980	21,119	20,934
国内産出	3,578	4,440	4,292	1,820	1,766	1,890
輸入	16,624	19,160	18,907	20,160	19,353	19,044
総供給	20,202	23,600	23,200	21,980	21,119	20,934
輸出	△ 350	△ 696	△ 1,216	△ 1,208	△ 1,128	△ 1,286
供給在庫変動（＋取崩／－積増）	△ 157	△ 165	174	240	110	162
国内供給（供給側）	19,695	22,740	22,157	21,011	20,101	19,810
国内供給（消費側）	19,718	22,679	21,979	21,001	20,218	19,875
エネルギー転換	△ 6,178	△ 7,024	△ 7,281	△ 6,992	△ 6,473	△ 6,326
最終エネルギー消費	13,540	15,655	14,698	14,009	13,744	13,548
企業・事業所他部門	8,809	9,744	9,239	8,762	8,679	8,598
製造業	6,350	6,541	6,381	5,950	5,892	5,850
農林水産鉱建設業	670	496	302	281	281	288
業務他（第三次産業）	1,789	2,706	2,556	2,531	2,506	2,460
家庭部門	1,683	2,142	2,174	2,012	1,937	1,873
運輸部門	3,048	3,769	3,285	3,235	3,128	3,077
旅客部門	1,549	2,227	2,005	1,976	1,861	1,838
乗用車	1,257	1,927	1,716	1,706	1,559	1,542
バス	74	74	67	64	65	64
鉄道	66	71	71	68	68	68
船舶	65	76	49	49	48	48
航空	88	135	115	127	127	124
貨物部門	1,499	1,541	1,280	1,259	1,268	1,239
貨物自動車／トラック	1,353	1,549	1,232	1,137	1,176	1,167
鉄道	6	5	5	4	4	4
船舶	127	134	103	103	104	102
航空	18	24	22	22	22	21
エネルギー利用（最終消費内訳）	12,028	13,881	12,961	12,382	12,147	11,853
非エネルギー利用（最終消費内訳）	1,512	1,774	1,737	1,627	1,598	1,695
企業・事業所他	1,472	1,740	1,703	1,593	1,563	1,661
家庭	0	0	0	0	0	0
運輸	41	34	34	34	34	34

資料　資源エネルギー庁（総合エネルギー統計 エネルギーバランス表簡易表／固有単位表）

（注）総合エネルギー統計の改訂（平成27年4月14日）により、部門区分が変更となり、1990年まで遡って数値が変更されている。

輸送機関別エネ
Energy Consumption by

			年度 (Fiscal Year)		45(1970)	50(1975)	55(1980)	60(1985)	2(1990)
鉄道	JR	電力		(百万kWh)	6,061	7,810	8,097	8,288	10,829
		軽油		(千kl)	660	695	637	402	333
		石炭		(千トン)	1,628	48	...	...	...
	民鉄	電力		(百万kWh)	4,048	4,413	4,930	5,523	6,490
		軽油		(千kl)	14	13	13	13	23
自動車	乗用車	自家用	軽油	(千kl)	...	...	...	...	3,300
			ガソリン	(千kl)	11,150	17,896	26,145	27,753	32,863
		営業用	軽油	(千kl)			110	93	76
			ガソリン	(千kl)	409	147	40	26	34
			LPG	(千kl)	2,377	2,606	2,908	2,872	2,873
	トラック	自家用	軽油	(千kl)	4,092	5,098	7,925	9,556	13,038
			ガソリン	(千kl)	8,914	8,557	9,123	6,418	11,310
			LPG	(千kl)	...	...	...	...	...
		営業用	軽油	(千kl)	3,724	4,771	7,301	9,113	12,829
			ガソリン	(千kl)	265	127	88	55	278
			CNG	(千m³)	...	...	...	...	...
	バス	自家用	軽油	(千kl)	122	157	270	270	331
			ガソリン	(千kl)	212	194	116	48	18
		営業用	軽油	(千kl)	1,167	1,222	1,287	1,287	1,316
			ガソリン	(千kl)	0.6				
内航海運	軽油			(千kl)	...	...	...	66	133
	A重油			(千kl)	1,772	2,422	2,064	1,204	1,602
	B重油			(千kl)	1,518	2,842	1,453	793	526
	C重油			(千kl)	704	1,484	2,251	1,924	2,446
外航海運	A重油			(千kl)	673	899	569	277	146
	B重油			(千kl)	113	45	33	...	...
	C重油			(千kl)	8,407	13,214	8,977	3,719	2,998
航空	国内ジェット燃料			(千kl)	851	1,634	2,379	2,280	2,780
	国際ジェット燃料			(千kl)	※ 372	※ 643	※ 937	1,174	1,872

資料　国土交通省総合政策局情報政策課交通経済統計調査室HP「交通関連統計資料集」より作成

(1) 自動車の数値は、軽自動車による消費量を含む。
　　自動車に関する数値は平成22年度から調査方法の変更を行ったため、過去の数値とは連続しない。
　　　ア) 旅客車・自家用・ガソリンは「自家用バス」に限り、自動車輸送統計月報の年次計の数値によ
　　　イ) 自動車の営業用旅客車以外のLPG車における数値については、営業用貨物車と見なす。
　　　ウ) 自動車のCNG車における数値については、自家用貨物車と見なす。
(2) 航空の数値は、航空ガソリンによる消費量を含まない。
(3) A重油比重0.86、C重油比重0.93とする。

ル　ギ　ー　消　費　量
Mode of Transportation

単位：百万kWh、千kl、千トン(Unit : Million kWh, 1000 kl, 1000 tons)

7(1995)	12(2000)	17(2005)	19(2007)	20(2008)	21(2009)	22(2010)	23(2011)	24(2012)	25(2013)
11,631	11,171	11,277	11,089	11,020	10,746	10,695	10,500	10,509	10,550
286	241	218	211	203	197	192	187	186	179
...	...	...	...	...	...	...	...	...	...
7,124	7,402	7,621	7,639	7,599	7,327	7,549	7,257	7,165	7,171
28	28	30	29	28	28	26	25	26	24
6,502	6,434	3,396	2,329	1,907	1,608	1,785	1,651	1,545	1,392
41,394	50,149	50,340	50,205	49,162	50,685	44,107	44,241	46,394	47,238
61	52	45	40	37	36	20	19	16	14
45	97	151	167	166	167	146	152	162	177
2,897	2,750	2,424	2,315	2,208	2,155	2,219	1,923	1,905	1,865
14,478	13,351	9,611	9,040	8,804	8,205	6,893	6,502	6,614	6,667
10,643	9,650	9,213	9,054	8,964	8,856	8,071	8,012	8,301	8,705
...	...	...	...	...	...	...	144	142	128
16,528	18,194	16,674	17,045	16,504	15,737	16,776	15,836	14,894	14,614
381	494	562	615	641	649	620	609	649	653
...	...	...	...	...	...	...	102	97	90
375	357	302	320	291	239	269	264	261	250
6	4	8	11	13	14	20	20	22	24
1,504	1,491	1,432	1,436	1,396	1,354	1,442	1,388	1,377	1,408
...	...	...	...	...	...	...	...	...	...
208	204	195	189	189	163	154	149	141	142
1,625	1,728	1,324	1,135	1,046	946	1,007	969	1,006	994
215	152	63	42	25	20	18	15	15	14
3,002	3,055	2,873	2,793	2,592	2,420	2,482	2,460	2,517	2,487
107	61	68	109	90	59	55	55	72	83
...	...	...	...	...	...	...	...	...	...
2,794	2,851	3,440	3,805	3,501	2,868	3,102	2,929	2,913	2,854
3,775	4,265	4,324	4,368	4,126	3,927	3,702	3,623	3,834	4,044
2,697	3,296	3,275	3,103	2,890	2,459	2,232	2,089	2,149	2,321

（4）自動車に関する燃費は平成22年度より「自動車燃料消費量統計年報」による。なお、統計の調査変更により過去の数値とは連続しない。

（5）平成23年3月の東日本大震災の影響のため、自動車燃料消費量統計に基づく自動車の数値には、平成22年度については北海道東北運輸局管内の3月分の数値、23年度については同じく4月分の数値は含まない（但し、バスのうち営業用は除く）。

エネルギー価格指数（国内企業卸売物価指数）
Index of Energy Wholesale Price

平成22年平均＝100（2010 average＝100）

歴年 Calendar Year	原油（輸入） Crude Pertroleum	ガソリン Gasoline	ジェット燃料油 Jet Fuel Oil	軽油 Gas Oil	A重油 Heavy Fuel Oil,A	C重油 Heavy Fuel Oil,C	電力（業務用） Electric Power (Commercial)
17 (2005)	81.5	92.9	80.7	84.2	82.0	77.2	…
18 (2006)	106.5	103.3	103.3	102.8	102.2	100.2	…
19 (2007)	116.2	107.2	108.2	110.4	106.5	110.4	…
20 (2008)	152.2	119.2	143.9	143.5	144.2	142.7	…
21 (2009)	81.3	90.5	83.8	80.9	81.7	82.9	…
22 (2010)	100.0	100.0	100.0	100.0	100.0	100.0	100.0
23 (2011)	125.2	110.2	120.1	119.2	120.4	122.4	104.1
24 (2012)	131.6	111.6	126.4	120.8	124.8	126.9	113.1
25 (2013)	154.7	119.2	137.1	135.1	137.9	143.5	122.9
26 (2014)	158.5	125.6	144.6	144.7	147.5	151.5	135.8
27 (2015)	94.6	104.5	95.9	100.3	100.3	99.3	134.7
28 (2016)	64.8	91.9	73.4	80.8	79.5	71.9	121.5
資料	日本銀行（輸入物価指数、国内企業物価指数）						

(注) 1. 年平均の数値である。
2. 国内企業卸売物価については、消費税込みの価格で作成。

世界の主要経済・運輸指標
Transport Economic Indicators of the World

暦 年 Calendar Year	年央人口 推計値 Population Estimates 百万人 million Persons	世界貿易額 Total Imports and Exports	
		輸出 Exports (FOB) 億米ドル hundred million $	輸入 Imports (CIF) 億米ドル hundred million $
1970	3,696	3,137	3,319
1980	4,453	19,951	20,484
1990	5,306	34,376	35,639
2000	6,123	60,423	62,196
2005	r 6,520	r 103,564	r 106,024
2010	r 6,930	r 151,062	r 151,576
2014	7,266	180,813	185,973
2015	7,349	164,257	164,499
2016	7,433	…	…
資 料	国際連合（世界統計年鑑）		

諸外国の鉄道輸送量（貨物）
Volume of Railway Transportation by Country (Freight)

(Unit:million)

国 名 Country	貨物トンキロ (Freight ton-km)					
	1980	1990	2000	2005	2010	2014
日 本 Japan	39,307	26,656	22,131	22,722	19,998	21,519
アメリカ U.S.A	1,341,717	1,509,592	2,145,632	...	2,468,738	2,524,585
ブラジル Brazil	86,169	120,439	154,870	...	267,700	267,700
中国 China	570,732	1,062,238	1,377,049	2,072,602	2,523,917	2,308,669
インド India	147,652	235,785	312,371	439,596	600,548	665,810
インドネシア Indonesia	961	3,190	5,009	...	...	7,166
フィリピン Philippines	37	7	49	...	...	...
タ イ Thailand	2,805	3,291	3,384	...	3,161	2,455
フランス France	68,815	51,530	55,450	...	22,840	32,012
ドイツ (注) Germany	64,686	103,093	77,500	95,421	105,794	74,818
イギリス U.K	17,640	16,000	18,100	22,100	...	19,230
イタリア Italy	18,384	21,217	25,839	22,760	12,037	10,322
資 料	総務省統計局(世界の統計)					

(注)1．ドイツについては、1985年までは西ドイツの数値である。
　　2．イギリスについては、2011年の数値である。

諸外国の鉄道輸送量（旅客）
Volume of Railway Transportation by Country (Passenger)

(Unit:million)

国 名 Country	旅客人キロ (Passenger-km)					
	1980	1990	2000	2005	2010	2014
日 本　Japan	313,340	383,735	384,906	359,806	395,067	427,486
アメリカ　U.S.A	17,695	9,748	8,852	…	9,518	10,331
ブラジル　Brazil	12,376	18,202	5,852	…	…	…
中国　China	138,037	261,263	453,260	606,196	791,158	807,065
インド　India	208,558	295,644	457,022	615,634	903,465	1,158,742
インドネシア　Indonesia	6,088	9,290	19,228	…	…	20,283
フィリピン　Philippines	416	271	123	20	…	…
タ イ　Thailand	8,861	11,612	9,935	…	8,037	7,504
フランス　France	54,496	63,740	69,870	…	86,853	83,914
ドイツ　Germany	38,862	61,985	75,111	74,946	78,582	79,340
イギリス　U.K	31,700	33,191	38,200	43,211	55,019	65,466
イタリア　Italy	39,587	45,513	47,133	50,088	44,535	39,798
資 料	総務省統計局（世界の統計）					

諸 外 国 の 民 間
International Scheduled

国 名 Country	旅客人キロ(百万人キロ) (Passenger-km : Millions Passenger-km)						
	1980	1990	2000	2005	2010	2013	2014
世界合計 World	1,088,738 (100.0)	1,893,099 (100.0)	3,017,350 (100.0)	3,721,690 (100.0)	4,753,984 (100.0)	5,806,222 (100.0)	6,144,510 (100.0)
日 本 Japan	51,217 (4.7)	100,501 (5.3)	174,149 (5.8)	153,289 (4.1)	137,927 (2.9)	150,774 (2.6)	158,093 (2.6)
アメリカ U.S.A	409,063 (37.6)	735,189 (38.8)	1,110,635 (36.8)	1,244,694 (33.4)	1,284,300 (27.0)	1,352,541 (23.3)	1,387,803 (22.6)
ロシア(旧ソ連) C.I.S	160,299 (14.7)	240,802 (12.7)	42,950 (1.4)	63,192 (1.7)	109,435 (2.3)	162,367 (2.8)	176,360 (2.9)
イギリス U.K	56,751 (5.2)	104,999 (5.5)	170,687 (5.7)	200,333 (5.4)	226,419 (4.8)	259,536 (4.5)	275,206 (4.5)
フランス France	34,130 (3.1)	52,912 (2.8)	113,438 (3.8)	135,017 (3.6)	137,283 (2.9)	178,672 (3.1)	178,138 (2.9)
カナダ Canada	36,259 (3.3)	47,115 (2.5)	69,985 (2.3)	94,680 (2.5)	115,793 (2.4)	152,627 (2.6)	162,732 (2.6)
オーストラリア Australia	25,555 (2.3)	40,797 (2.2)	81,689 (2.7)	99,614 (2.7)	99,859 (2.1)	138,719 (2.4)	140,071 (2.3)
ドイツ Germany,F.R.	21,056 (1.9)	42,387 (2.2)	114,124 (3.8)	182,508 (4.9)	201,567 (4.2)	217,834 (3.8)	224,587 (3.7)
シンガポール Singapore	14,719 (1.4)	31,600 (1.7)	71,786 (2.4)	82,904 (2.2)	98,966 (2.1)	118,972 (2.0)	120,557 (2.0)
ブラジル Brazil	15,572 (1.4)	28,500 (1.5)	45,812 (1.5)	50,689 (1.4)	90,474 (1.9)	113,188 (1.9)	117,760 (1.9)
スペイン Spain	15,517 (1.4)	24,157 (1.3)	52,427 (1.7)	70,975 (1.9)	86,931 (1.8)	81,994 (1.4)	90,721 (1.5)
オランダ Netherlands	14,643 (1.3)	29,036 (1.5)	74,426 (2.5)	82,269 (2.2)	76,056 (1.6)	100,393 (1.7)	101,455 (1.7)
イタリア Italy	14,076 (1.3)	23,599 (1.2)	44,389 (1.5)	51,127 (1.4)	43,539 (0.9)	40,279 (0.7)	38,153 (0.6)
韓 国 Korea	10,833 (1.0)	20,051 (1.1)	62,837 (2.1)	69,292 (1.9)	87,457 (1.8)	109,807 (1.9)	112,754 (1.8)
中 国 China	... ...	23,048 (1.2)	90,960 (3.0)	201,961 (5.4)	400,610 (8.4)	562,748 (9.7)	630,823 (10.3)
タ イ Thailand	... ...	19,757 (1.0)	42,236 (1.4)	50,809 (1.4)	64,556 (1.4)	82,237 (1.4)	79,039 (1.3)
湾岸四国 Asia 4 Country	... ...	... ...	36,067 (1.2)	78,481 (2.1)	262,540 (5.5)	... ...	... ...
香 港 Hong Kong	... ...	... ...	50,248 (1.7)	70,603 (1.9)	98,758 (2.1)	... ...	... ...
資 料						数字でみる航空	ICAO加盟国輸送実績

(注) 1. 貨物には郵便物を含まない。なお、2004年より貨物の集計が異なるため、連続しない。
　　 2. 世界及び各国の欄中( )内は、構成比である。

定 期 航 空 輸 送 量
Air Transport Services

貨物トンキロ（百万トンキロ）(Freight ton-km ： millions ton-km)

1980	1990	2000	2005	2010	2013	2014
29,124	58,869	117,960	487,860	619,846	727,176	768,579
(100.0)	(100.0)	(100.0)	(100.0)	(100.0)	(100.0)	(100.0)
1,871	5,084	8,672	21,992	20,391	20,443	22,068
(6.4)	(8.6)	(7.4)	(4.5)	(3.3)	(2.8)	(2.9)
8,371	14,788	30,166	152,009	157,221	161,304	165,662
(28.7)	(25.1)	(25.6)	(31.2)	(25.4)	(22.2)	(21.6)
2,511	2,545	1,041	7,285	13,474	18,995	20,421
(8.6)	(4.3)	(0.9)	(1.5)	(2.2)	(2.6)	(2.7)
1,427	3,825	5,161	24,008	23,343	29,429	30,887
(4.9)	(6.5)	(4.4)	(4.9)	(3.8)	(4.0)	(4.0)
1,986	3,996	5,224	18,294	17,780	22,460	22,211
(6.8)	(6.8)	(4.4)	(3.7)	(2.9)	(3.1)	(2.9)
688	1,385	1,800	10,590	13,417	15,839	16,897
(2.4)	(2.4)	(1.5)	(2.2)	(2.2)	(2.2)	(2.2)
517	1,222	1,731	12,081	12,095	15,072	15,085
(1.8)	(2.1)	(1.5)	(2.5)	(2.0)	(2.1)	(2.0)
1,506	3,994	7,128	25,457	27,831	29,306	29,820
(5.2)	(6.8)	(6.0)	(5.2)	(4.5)	(4.0)	(3.9)
544	1,653	6,005	14,913	14,562	18,313	18,511
(1.9)	(2.8)	(5.1)	(3.1)	(2.3)	(2.5)	(2.4)
588	1,082	1,534	6,173	8,629	11,967	12,299
(2.0)	(1.8)	(1.3)	(1.3)	(1.4)	(1.6)	(1.6)
390	760	879	7,459	9,561	8,613	9,642
(1.3)	(1.3)	(0.7)	(1.5)	(1.5)	(1.2)	(1.3)
947	2,129	4,367	13,235	11,408	15,961	16,044
(3.3)	(3.6)	(3.7)	(2.7)	(1.8)	(2.2)	(2.1)
523	1,171	1,748	6,426	4,520	4,795	4,658
(1.8)	(2.0)	(1.5)	(1.3)	(0.7)	(0.7)	(0.6)
836	2,459	7,651	13,687	21,031	21,439	21,432
(2.9)	(4.2)	(6.5)	(2.8)	(3.4)	(2.9)	(2.8)
...	818	3,900	25,765	53,302	66,612	74,434
...	(1.4)	(3.3)	(5.3)	(8.6)	(9.2)	(9.7)
...	661	1,713	6,646	9,534	10,314	9,952
...	(1.1)	(1.5)	(1.4)	(1.5)	(1.4)	(1.3)
...	...	2,061	12,552	13,557	...	...
...	...	(1.7)	(2.6)	(2.2)	...	...
...	...	5,112	14,606	...	...	...
...	...	(4.3)	(3.0)	...	...	...

ICAO資料 (Annual Report of the Council)

3. 湾岸四国(Asia 4 Country)は、バーレーン、オマーン、カタール、アラブ首長国連邦(Bahrain、Oman、Qatar、United Arab Emirates)を示す。

諸外国の船腹
Tonnage of Fleet by Country

国名 / Country	1970 隻数 Number	1970 総トン G/T	1980 隻数 Number	1980 総トン G/T	1990 隻数 Number	1990 総トン G/T	2000 隻数 Number	2000 総トン G/T
世界合計 World	52,444	227,490	73,832	419,911	78,336	423,627	87,546	558,054
日本 Japan	8,402	27,004	10,568	40,960	10,000	27,078	8,012	15,257
アメリカ U.S.A	2,983	18,463	5,579	18,464	6,348	21,328	5,792	11,111
イギリス U.K	3,822	25,825	3,181	27,135	1,998	6,716	1,740	11,093
ノルウェー Norway	2,808	19,347	2,501	22,007	2,557	23,429	2,349	22,604
リベリア Liberia	1,869	33,297	2,401	80,285	1,688	54,700	1,557	51,451
イタリア Italy	1,639	7,448	1,739	11,096	1,616	7,991	1,457	9,049
パナマ Panama	886	5,646	4,090	24,191	4,748	39,298	6,184	114,382
フランス France	1,420	6,458	1,241	11,925	900	3,832	808	4,816
ドイツ Germany	2,868	7,881	1,906	8,356	1,179	4,301	994	6,552
ギリシャ Greece	1,850	10,952	3,922	39,472	1,814	20,522	1,529	26,402
ロシア Russia	5,924	14,832	8,279	23,444	7,383	26,737	4,755	10,486

資料　ロイド統計 2009年より IHS Fairplay

保　有　量　（100総トン以上）
(Gross Tonnage above 100 tons)

単位：千総トン（Unit：1000 G/T）

2010		2014		2015		2016	
隻数 Number	総トン G/T	隻数 Number	総トン G/T	隻数 Number	総トン G/T	隻数 Number	総トン G/T
103,392	957,982	109,627	1,166,847	111,806	1,211,223	113,888	1,248,583
6,150	16,858	5,506	21,066	5,352	22,617	5,350	24,579
6,371	11,941	6,516	11,507	6,454	11,282	6,394	11,474
2,107	43,792	1,432	13,462	1,460	14,653	1,450	14,758
1,995	16,529	1,442	2,565	1,441	2,604	1,439	2,639
2,726	106,708	3,062	126,991	3,136	131,044	3,225	138,736
1,649	17,044	1,573	16,239	1,573	16,138	1,594	16,134
7,986	201,264	8,092	217,605	8,026	216,806	8,103	220,827
799	6,668	669	1,233	759	1,351	728	1,111
931	15,283	678	11,117	679	10,154	664	9,619
1,433	40,795	1,305	42,347	1,277	41,230	1,328	40,869
3,485	7,711	3,517	8,257	3,571	8,508	3,673	8,887

(World Fleet Statistics)

諸外国の造船
Tonnage of Newly Launched Ships by

国名 Country	1985 隻数 Number	1985 総トン G/T	1990 隻数 Number	1990 総トン G/T	1995 隻数 Number	1995 総トン G/T	2000 隻数 Number	2000 総トン G/T
世界合計 World	1,964	18,157	1,672	15,885	1,533	22,467	1,578	31,408
日本 Japan	817	9,503	633	6,824	592	9,263	472	12,001
中国 China	25	166	46	367	64	784	101	1,484
韓国 Korea	115	2,620	110	3,460	158	6,264	197	12,218
アメリカ U.S.A	66	180	16	15	21	7	126	73
ブラジル Brazil	18	581	7	256	7	172	…	…
イギリス U.K	35	172	29	131	22	126	13	104
ドイツ Germany,F.R.	135	562	97	856	91	1,121	55	975
フランス France	25	200	26	60	13	254	19	200
イタリア Italy	30	88	27	372	19	395	27	537
スペイン Spain	58	551	97	363	41	251	91	460
ノルウェー Norway	57	122	40	80	35	147	26	109
オランダ Netherlands	90	180	65	163	76	205	96	296
ロシア(旧ソ連) Russia	74	229	142	367	19	83	13	67

資料　海外交通統計，2006年よりロイド統計

竣　工　量　（100総トン以上）
Country (Gross Tonnage above 100 tons)

単位：千総トン（Unit：1000G/T）

2005		2010		2015		2016	
隻数	総トン	隻数	総トン	隻数	総トン	隻数	総トン
Number	G/T	Number	G/T	Number	G/T	Number	G/T
2,129	46,970	3,748	96,443	2,870	67,566	2,543	66,422
469	16,434	580	20,218	520	13,005	514	13,309
420	6,466	1,413	36,437	949	25,160	824	22,355
326	17,689	526	31,698	358	23,272	359	25,035
46	431	76	238	75	427	66	364
…	…	21	47	32	361	38	171
8	3	8	1	6	3	7	4
67	1,236	36	932	10	384	10	451
8	42	8	258	5	4	6	228
18	356	34	634	6	219	13	425
77	94	56	288	27	38	27	69
10	10	12	21	22	54	11	14
72	170	29	128	35	108	42	140
27	120	30	180	14	47	17	61

2009年よりIHS Fairplay (World Fleet Statistics)

諸外国の自動車保有台数
Number of Motor Vehicles by Country

単位：千台（Unit : thousands）

国名 Country	乗用車 Passenger Cars						商用車 Commercial Vehicles					
	1990	2000	2010	2012	2013	2014	1990	2000	2010	2012	2013	2014
日本 Japan	34,924	52,437	58,347	59,421	60,035	60,668	22,773	20,212	17,014	16,705	16,584	16,521
韓国 Korea	2,075	7,837	13,632	14,577	15,078	15,747	1,320	3,327	4,310	4,293	4,323	4,371
中国 P.R.China	1,237	...	61,241	52,165	55,930	120,724	3,540	...	43,590	57,275	63,580	22,107
インド India	2,481	4,820	13,300	18,796	21,551	27,174	1,491	2,610	9,500	10,558	10,948	10,928
オーストラリア Australia	7,672	10,000	12,269	12,714	13,000	13,297	2,104	2,528	3,083	3,266	3,382	3,500
アメリカ U.S.A.	143,550	133,621	118,947	120,902	120,214	120,984	45,106	87,853	119,179	130,595	132,501	137,043
ブラジル Brazil	10,430	12,906	25,541	29,566	31,339	32,715	2,640	2,562	6,524	7,705	8,356	9,027
イギリス U.K	23,124	27,960	31,258	31,482	31,918	32,613	3,288	3,463	4,220	4,279	4,365	4,501
ドイツ Germany	30,695	43,773	42,302	43,431	43,851	44,403	1,989	3,534	2,782	3,107	3,163	3,244
フランス France	23,100	28,060	31,300	31,600	31,650	31,800	3,114	5,753	6,406	6,538	6,550	6,280
イタリア Italy	27,416	32,584	36,751	37,078	36,963	37,081	2,495	3,581	4,899	4,922	4,867	4,865
スペイン Spain	11,996	17,499	22,147	22,248	22,025	22,114	2,447	3,978	5,366	5,233	5,130	5,148
ロシア Russia	16,000	17,050	34,350	38,482	39,320	40,850	9,500	8,595	6,304	6,901	7,900	9,650
資料	日本自動車会議所（自動車年鑑）											

（注）1．各年12月末現在の数値である。
2．ドイツは92年より統一ドイツの数値である。
3．旧ソ連は1993年よりCIS、2001年よりロシアの数値である。

諸外国の自動車生産台数
Number of Motor Vehicles Produced by Country

単位：千台（Unit : thousands）

国名 Country	乗用車 Passenger Cars							商用車 Commercial Vehicles						
	1990	2000	2005	2010	2013	2014	2015	1990	2000	2005	2010	2013	2014	2015
日本 Japan	9,948	8,359	9,017	8,307	8,189	8,227	7,831	3,539	1,781	1,783	1,319	1,441	1,498	1,448
韓国 Korea	987	2,602	3,357	3,866	4,123	4,124	4,135	335	513	342	406	399	401	420
中国 P.R.China	52	605	3,932	13,897	18,085	19,929	21,079	422	1,464	1,777	4,368	4,032	3,803	3,424
インド India	177	518	1,264	2,832	3,156	3,162	3,378	188	283	375	726	743	682	748
オーストラリア Australia	361	324	316	205	171	167	160	23	23	78	39	45	13	13
アメリカ U.S.A.	6,007	5,542	4,321	2,731	4,369	4,253	4,164	3,703	7,258	7,625	5,031	6,698	7,408	7,936
ブラジル Brazil	663	1,352	2,012	2,585	2,723	2,502	2,019	251	330	519	797	989	644	411
イギリス U.K	1,296	1,641	1,596	1,270	1,510	1,528	1,588	270	172	207	123	88	71	94
ドイツ Germany	4,461	5,132	5,350	5,552	5,440	5,604	5,708	316	395	408	354	278	304	325
フランス France	3,295	2,880	3,113	1,924	1,458	1,499	1,554	474	469	436	305	282	322	416
イタリア Italy	1,875	1,422	726	573	388	401	653	246	316	313	284	270	297	351
スペイン Spain	1,679	2,366	2,098	1,914	1,755	1,898	2,219	374	667	654	474	409	505	514
ロシア Russia	1,214	1,010	1,215	1,362	1,975	1,805	1,295	885	253	325	244	293	224	181

資料　日本自動車会議所（自動車年鑑）

（注）1. イギリスを除いて、組立台数を含む。
　　　2. ドイツは1990年まで旧東ドイツを含まない。

諸外国の道路延長
Road Length of Each Country

国名 Country	調査年 Year	道路延長 Road Length (千km Thousand km)	うち国道等主要道路 National Highway (千km Thousand km)	舗装率 Paved (%)	1平方キロメートルあたり道路延長 Road Length per 1 square km (km)	調査年 Year	道路投資年額 Yearly Investment for Road Construction (百万米ドル Million US$)
日本 (注1) Japan	2013	344	60	…	0.91	…	…
韓国 Korea	2013	106	18	82.51	1.06	2011	(注3) 12,095
中国 P.R.China	2013	4,356	179	67.89	0.46	2011	(注5) 219,902
インド India	2013	5,232	(注2) 79	55.46	1.59	2012	(注6) 7,698
オーストラリア Australia	2013	873	233	43.16	0.11	2013	22,157
アメリカ U.S.A	2013	6,551	98	65.78	0.67	2013	(注5) 200,214
ブラジル Brazil	2013	1,562	(注2) 78	13.00	0.18	2009	(注4) 4
イギリス U.K	2013	421	53	100	1.73	2010	(注5) 21,009
イタリア Italy	2005	488	28	…	…	…	…
オランダ Netherlands	2012	139	5	…	3.36	2000	(注5) 1,469
ドイツ Germany	2013	643	52	…	…	…	…
フランス France	2013	1,065	21	100	1.94	2013	32,712
資料	総務省（世界の統計）						

(注) 1. 幅員5.5m以上のみ。
2. 高速道路を除く。　3. 地方自治体の支出を除く。　4. 地方自治体及び民間部門の支出を除く。
5. 民間部門の支出を除く。　6. 国及び地方自治体の支出を除く。

諸 外 国 の 観 光 外 客 受 入 数
Number of Tourists Arriving in Each Country

単位：千人(Unit : Thousands Persons)

国 名	Country	1980	1985	1990	1995	2000	2003	2004	2005	2006	2007	2010	2013	2014	2015
日 本	Japan	844	2,102	1,879	3,345	4,757	5,212	6,138	6,728	7,334	8,347	8,611	10,364	13,413	19,737
韓 国	Korea	372	1,426	2,959	3,753	5,322	4,753	5,818	6,023	6,155	6,448	8,798	12,176	14,202	13,232
中 国	China	5,703	7,133	10,484	20,034	31,229	32,970	109,038	46,809	124,942	131,873	55,664	55,686	55,622	56,886
香 港	Hong Kong	1,748	3,370	5,933	10,200	8,814	9,676	13,655	14,773	15,821	17,154	20,085	25,661	27,770	26,686
台 湾	Taiwan	...	...	...	10,200	2,624	9,676	13,655	3,378	15,821	17,154	5,567	8,016	9,910	10,440
マカオ	Macao	...	...	...	...	5,197	6,309	16,672	9,014	21,999	26,993	11,926	14,268	14,566	14,308
タ イ	Thailand	1,847	2,438	5,299	6,952	9,579	10,082	11,737	11,567	13,822	14,464	15,936	26,547	24,810	29,923
マレーシア	Malasyia	800	2,933	7,446	7,469	10,222	10,577	15,703	16,431	17,547	20,973	24,577	25,715	27,437	25,721
シンガポール	Singapore	2,562	2,738	4,842	6,422	6,062	4,703	8,329	7,079	9,751	10,285	9,161	11,899	11,864	12,051
インドネシア	Indonesia	561	749	2,178	4,324	5,064	4,467	5,321	5,002	4,871	5,506	7,003	8,802	9,435	10,407
オーストラリア	Australia	905	1,139	2,215	3,726	4,931	r4,746	5,215	5,499	5,532	5,644	5,790	6,382	6,868	7,444
カナダ	Canada	12,876	13,171	15,209	16,932	19,627	17,534	19,145	18,771	18,265	17,935	16,219	16,059	16,537	17,971
アメリカ	U.S.A.	22,500	25,829	39,772	43,318	51,237	41,218	46,086	49,206	50,977	55,979	60,010	69,995	75,022	77,510
メキシコ	Mexico	4,145	4,207	17,176	20,241	20,641	18,665	20,618	21,915	21,353	21,370	23,290	24,151	29,346	32,093
イギリス	U.K.	12,420	14,449	18,021	23,537	23,212	22,787	27,755	28,039	r32,713	32,778	28,295	31,063	32,613	34,436
アイルランド	Ireland	2,258	2,536	3,666	4,821	6,646	6,764	6,953	7,333	8,001	8,333	7,134	8,260	8,813	9,528
スウェーデン	Sweden	...	853	...	2,310	...	2,952	4,676	...	4,729	5,224	...	10,980	10,522	...
フランス	France	30,100	36,748	53,157	60,033	77,190	75,048	74,433	74,988	77,916	80,851	76,647	83,634	83,701	84,452
ベルギー	Belgium	...	2,460	3,163	5,560	6,457	6,690	6,710	6,747	6,995	7,045	7,186	7,684	7,887	8,355
オランダ	Netherlands	2,784	3,329	5,795	6,574	10,003	9,181	9,646	10,012	10,739	11,008	10,883	12,783	13,925	15,007
ドイツ	Germany	11,122	12,686	17,045	14,847	18,983	18,399	20,137	21,500	23,569	24,421	26,875	31,545	32,999	34,970
スイス	Switzerland	8,873	11,900	13,200	11,500	7,821	6,530	...	7,229	7,863	8,448	8,628	8,967	9,158	9,305
イタリア	Italy	22,087	25,047	26,679	31,052	41,181	39,604	37,071	36,513	41,058	43,654	43,626	47,704	48,576	50,732
スペイン	Spain	23,403	27,477	34,300	34,917	46,403	50,854	52,430	55,914	58,004	r57,666	52,677	60,675	64,939	68,215
ポルトガル	Portugal	2,730	4,989	8,020	9,511	5,599	11,707	10,639	5,769	r 6,349	r 6,788	6,756	8,097	9,092	9,957
オーストリア	Austria	13,879	15,168	19,011	17,173	17,982	19,078	19,393	19,952	20,269	r20,773	22,004	24,813	25,291	26,719
ポーランド	Poland	5,664	2,749	3,400	19,215	17,400	13,720	14,290	15,200	r 4,314	r 4,387	12,470	15,800	16,000	16,722
クロアチア	Croatia	...	...	...	...	5,831	7,409	7,912	7,743	8,659	9,307	9,111	10,948	11,623	12,683
ギリシャ	Greece	4,796	6,574	8,873	10,130	13,096	13,969	13,313	14,765	16,039	16,165	15,007	17,920	22,033	23,599
トルコ	Turkey	865	2,230	4,799	7,083	9,586	13,341	16,826	20,273	18,916	22,248	31,364	37,795	39,811	39,478
ロシア	Russia	...	4,340	7,204	9,262	21,169	22,521	22,064	22,201	22,486	22,909	22,281	30,792	32,421	33,729
南アフリカ	South Africa	...	1,377	1,029	4,488	5,872	6,505	6,678	7,369	8,396	9,091	8,074	9,537	9,549	8,904

資 料　国際世界観光機関(UNWTO)

総人口 Population

単位：万人 (Unit : Ten Thousand Persons)

年 (Calendar Year)		人口	年 (Calendar Year)			人口	年 (Calendar Year)			人口
明治	5 (1872)	3,481	大正	9	(1920)	5,596	昭和	45	(1970)	10,372
	10 (1877)	3,587		14	(1925)	5,974		50	(1975)	11,194
	15 (1882)	3,726	昭和	5	(1930)	6,445		55	(1980)	11,706
	20 (1887)	3,870		10	(1935)	6,925		60	(1985)	12,105
	25 (1892)	4,051		15	(1940)	7,193	平成	2	(1990)	12,361
	30 (1897)	4,240		20	(1945)	7,215		7	(1995)	12,557
	35 (1902)	4,496		25	(1950)	8,320		12	(2000)	12,693
	40 (1907)	4,742		30	(1955)	8,928		17	(2005)	12,777
大正	1 (1912)	5,058		35	(1960)	9,342		22	(2010)	12,806
	5 (1916)	5,350		40	(1965)	9,828		27	(2015)	12,710
資料			「人口推計」(総務省統計局) (各年10月1日現在推計人口)							

(注) 1. 明治5年～大正5年は、内閣統計局の推計による各年1月1日現在の内地人口である。
　　2. 大正9年以降は、各年10月1日現在の国勢調査による人口又は推計人口である。

日本の将来推計人口　Future Population Projections

単位：千人 (Unit : Thousand Persons)

推計年 Year	平成29年推計						
	総人口 Total	年齢区分別人口 Age Groups (%)					
		0～14歳		15～64歳		65歳以上	
2020	125,325	15,075	(12.0)	74,058	(59.1)	36,192	(28.9)
2025	122,544	14,073	(11.5)	71,701	(58.5)	36,771	(30.0)
2030	119,125	13,212	(11.1)	68,754	(57.7)	37,160	(31.2)
2035	115,216	12,457	(10.8)	64,942	(56.4)	37,817	(32.8)
2040	110,919	11,936	(10.8)	59,777	(53.9)	39,206	(35.3)
2045	106,421	11,384	(10.7)	55,845	(52.5)	39,192	(36.8)
2050	101,923	10,767	(10.6)	52,750	(51.8)	38,406	(37.7)
2055	97,441	10,123	(10.4)	50,276	(51.6)	37,042	(38.0)
2060	92,840	9,508	(10.2)	47,928	(51.6)	35,403	(38.1)
2065	88,077	8,975	(10.2)	45,291	(51.4)	33,810	(38.4)
資料	国立社会保障・人口問題研究所 (日本の将来推計人口)						

(注) 1. 出生中位 (死亡中位) 推計値である。
(注) 2. 各年10月1日現在の総人口 (日本における外国人を含む。)

参 考 253

都道府県別面積及び人口
Population and Areas of Each Prefecture

(各年10月1日現在)　　　　　　　　　　　　　単位：千人(Unit : Thousands Persons)

都道府県 Prefecture	面積 km² Area 28(2016)	人口 Population 25(2013)	人口 Population 26(2014)	都道府県 Prefecture	面積 km² Area 28(2016)	人口 Population 25(2013)	人口 Population 26(2014)
全国	377,972	127,414	127,237	三重	5,774	1,833	1,826
北海道	83,424	5,438	5,410	滋賀	4,017	1,415	1,414
				京都	4,612	2,622	2,616
青森	9,646	1,337	1,323	大阪	1,905	8,861	8,845
岩手	15,275	1,299	1,290	兵庫	8,401	5,565	5,550
宮城	7,282	2,333	2,335	奈良	3,691	1,381	1,373
秋田	11,638	1,050	1,037	和歌山	4,725	980	972
山形	9,323	1,144	1,134				
福島	13,784	1,940	1,927	鳥取	3,507	580	577
				島根	6,708	704	699
茨城	6,097	2,937	2,927	岡山	7,114	1,932	1,926
栃木	6,408	1,986	1,980	広島	8,479	2,850	2,846
群馬	6,362	1,986	1,979	山口	6,112	1,425	1,415
埼玉	3,798	7,228	7,247				
千葉	5,158	6,201	6,209	徳島	4,147	769	763
東京	2,191	13,307	13,399	香川	1,877	985	980
神奈川	2,416	9,084	9,103	愛媛	5,676	1,406	1,396
				高知	7,104	743	736
新潟	12,584	2,336	2,320				
富山	4,248	1,077	1,072	福岡	4,986	5,096	5,099
石川	4,186	1,160	1,157	佐賀	2,441	841	837
福井	4,190	796	791	長崎	4,132	1,397	1,387
山梨	4,465	847	841	熊本	7,409	1,801	1,795
長野	13,562	2,122	2,110	大分	6,341	1,180	1,173
				宮崎	7,735	1,119	1,112
岐阜	10,621	2,053	2,043	鹿児島	9,187	1,675	1,662
静岡	7,777	3,730	3,715				
愛知	5,173	7,449	7,464	沖縄	2,281	1,419	1,426

資　料　　人口(総務省 人口推計)、面積(国土地理院　全国府県市区町村別面積調)

(注)面積は都道府県にまたがる境界未定地域 12,780km²を含む。

国 内 総 生 産 (支出側、名目)
Gross Domestic Product (At Current Prices)

実 数 (単位:10億円)

項　目	平成17年度 2005	平成22年度 2010	平成25年度 2013	平成26年度 2014	平成27年度 2015
1.　民間最終消費支出	293,081.8	287,449.8	300,001.9	298,414.0	299,862.1
(1)家計最終消費支出	287,161.8	281,274.8	292,732.0	291,516.1	292,366.9
a.国内家計最終消費支出	284,952.1	280,218.2	292,228.9	291,801.3	293,632.4
b.居住者家計の海外での直接購入	3,088.1	2,000.5	1,806.2	1,682.4	1,635.6
c.(控除)非居住者家計の国内での直接購入	878.4	943.9	1,303.1	1,967.6	2,901.1
(再掲)					
家計最終消費支出(除く持ち家の帰属家賃)	240,452.2	231,945.1	243,072.6	241,723.2	242,496.5
持ち家の帰属家賃	46,709.6	49,329.7	49,659.4	49,792.9	49,870.5
(2)対家計民間非営利団体最終消費支出	5,920.0	6,175.0	7,269.9	6,897.8	7,495.1
2.　政府最終消費支出	94,950.4	98,153.2	101,846.9	104,258.0	106,026.3
(再掲)					
家計現実最終消費	345,771.2	344,754.3	361,138.9	361,280.1	364,244.5
政府現実最終消費	42,261.1	40,848.7	40,710.0	41,391.9	41,643.9
3.　総資本形成	130,205.2	107,677.5	119,390.3	123,811.6	126,289.1
(1)総固定資本形成	129,709.3	106,704.9	120,948.6	122,982.4	123,861.4
a.民間	101,813.1	82,041.6	94,052.4	95,865.7	97,137.4
(a)住宅	19,469.9	13,864.4	16,626.8	15,517.5	15,929.6
(b)企業設備	82,343.3	68,177.2	77,425.6	80,348.1	81,207.8
b.公的	27,896.2	24,663.3	26,896.3	27,116.7	26,724.0
(a)住宅	658.3	500.0	651.9	778.2	808.7
(b)企業設備	6,250.0	6,095.8	6,132.9	6,225.6	6,507.0
(c)一般政府	20,987.9	18,067.5	20,111.5	20,112.9	19,408.4
(2)在庫変動	495.8	972.6	-1,558.3	829.2	2,427.7
a.民間企業	472.8	1,033.3	-1,597.0	752.1	2,410.2
(a)原材料	-25.8	-87.8	-411.8	412.3	1,007.3
(b)仕掛品	657.5	1,569.0	-413.9	104.2	-15.4
(c)製品	180.2	-28.7	-436.1	160.9	-261.9
(d)流通品	-339.1	-419.3	-335.1	74.8	1,680.2
b.公的	23.0	-60.6	38.6	77.1	17.6
(a)公的企業	-54.2	-54.3	-7.6	12.2	-3.2
(b)一般政府	77.2	-6.3	46.2	64.9	20.7
4.　財貨・サービスの純輸出	7,576.5	5,914.3	-13,838.0	-8,616.9	13.9
(1)財貨・サービスの輸出	76,607.3	75,913.6	82,791.8	92,329.7	91,658.7
a.財貨の輸出	65,594.9	64,917.4	69,732.6	75,636.9	73,144.5
b.サービスの輸出(含む非居住者家計の国内での直接購入)	11,012.4	10,996.2	13,059.2	16,692.8	18,514.2
(2)(控除)財貨・サービスの輸入	69,030.8	69,999.2	96,629.9	100,946.6	91,644.8
a.財貨の輸入	54,527.1	56,884.2	80,778.2	82,225.8	72,602.6
b.サービスの輸入(含む居住者家計の海外での直接購入)	14,503.7	13,115.0	15,851.7	18,720.8	19,042.2
5.　国内総生産(支出側)(1+2+3+4)	525,813.9	499,194.8	507,401.1	517,866.6	532,191.1
(参考)海外からの所得の純受取	12,419.0	13,253.6	17,449.8	19,328.6	19,917.9
海外からの所得	17,519.6	18,182.8	24,710.2	28,363.0	29,838.2
(控除)海外に対する所得	5,100.6	4,929.3	7,260.3	9,034.4	9,920.3
国民総所得	538,232.9	512,448.4	524,851.0	537,195.2	552,109.3
(参考)国内需要	518,237.4	493,280.5	521,239.2	526,483.5	532,177.5
民間需要	395,367.8	370,524.7	392,457.3	395,031.7	399,409.6
公的需要	122,869.6	122,755.8	128,781.9	131,451.8	132,767.9
資　料	内閣府(国民経済計算)				

(注) 1.　民間需要=民間最終消費支出+民間住宅+民間企業設備+民間在庫変動
　　　　公的需要=政府最終消費支出+公的固定資本形成+公的在庫変動
　　 2.　国内需要=民間需要+公的需要
　　 3.　国民総所得=国内総生産+海外からの所得の純受取

参 考 255

国 内 総 生 産（支出側、実質：連鎖方式）
Gross Domestic Product (At Constant Prices)

（平成23暦年連鎖価格）実数 　　　　　　　　　　　　　　　　　　　　　　　　（単位：10億円）

項　目	平成17年度 2005	平成22年度 2010	平成25年度 2013	平成26年度 2014	平成27年度 2015
1. 民間最終消費支出	281,592.2	286,393.7	301,692.3	293,644.8	295,170.4
(1)家計最終消費支出	276,032.9	280,270.2	294,316.7	286,746.2	287,690.6
a. 国内家計最終消費支出	274,024.8	279,225.2	294,269.3	287,567.3	289,527.9
b. 居住者家計の海外での直接購入	2,808.3	1,983.4	1,360.3	1,162.2	1,088.5
c. (控除)非居住者家計の国内での直接購入	873.3	942.3	1,290.1	1,882.0	2,767.4
(再掲)					
家計最終消費支出(除く持ち家の帰属家賃)	229,923.2	231,268.2	243,428.7	235,194.9	235,543.0
持ち家の帰属家賃	46,061.2	49,005.7	50,883.0	51,582.5	52,225.0
(2)対家計民間非営利団体最終消費支出	5,569.1	6,126.9	7,374.2	6,894.8	7,486.9
2. 政府最終消費支出	92,401.3	98,052.8	102,830.6	103,235.5	105,340.8
(再掲)					
家計現実最終消費	333,126.4	343,679.0	363,152.4	355,813.7	359,403.8
政府現実最終消費	40,927.5	40,769.7	41,367.4	41,062.2	41,395.8
3. 総資本形成	127,339.0	107,235.5	118,543.9	120,722.5	122,866.3
(1)総固定資本形成	126,406.3	106,166.0	120,047.3	119,769.8	120,146.7
a. 民間	98,194.3	81,500.7	93,443.1	93,716.6	94,611.1
(a)住宅	20,016.1	13,892.4	16,279.5	14,664.9	15,059.5
(b)企業設備	78,343.9	67,609.9	77,176.3	79,090.7	79,581.5
b. 公的	28,261.7	24,674.6	26,605.4	26,056.7	25,546.4
(a)住宅	681.9	502.7	640.4	740.3	766.7
(b)企業設備	6,148.4	6,074.6	6,095.3	6,104.2	6,346.2
(c)一般政府	21,462.9	18,096.2	19,869.2	19,211.4	18,438.5
(2)在庫変動	717.9	1,176.1	-1,466.5	884.4	2,530.3
a. 民間企業	653.8	1,230.7	-1,533.1	821.1	2,581.1
(a)原材料	59.9	-97.6	-403.7	467.8	1,218.3
(b)仕掛品	672.4	1,577.4	-385.5	109.5	-38.8
(c)製品	192.2	-18.9	-410.0	121.2	-290.6
(d)流通品	-350.3	-294.5	-340.3	94.5	1,704.6
b. 公的	19.3	-94.6	35.9	71.9	21.8
(a)公的企業	-60.0	-58.8	-7.8	12.7	-0.8
(b)一般政府	95.2	-26.3	42.7	60.2	22.9
4. 財貨・サービスの純輸出	-7,055.4	1,314.2	-10,287.8	-7,243.6	-6,391.9
(1)財貨・サービスの輸出	65,228.8	74,749.1	75,587.9	82,187.7	82,856.0
a. 財貨の輸出	55,678.0	64,010.0	63,753.5	67,631.4	66,378.3
b. サービスの輸出(含む非居住者家計の国内での直接購入)	9,584.1	10,733.4	11,821.2	14,521.9	16,406.4
(2)(控除)財貨・サービスの輸入	72,284.2	73,434.9	85,875.7	89,431.4	89,248.0
a. 財貨の輸入	58,777.1	60,463.9	71,154.6	72,566.9	72,119.6
b. サービスの輸入(含む居住者家計の海外での直接購入)	13,241.9	12,921.9	14,721.2	16,936.5	17,246.6
5. 国内総生産(支出側)(1+2+3+4)	492,687.7	492,832.7	512,667.6	510,393.1	517,195.3
6. 開差(5-(1+2+3(1)a(a)+3(1)a(b)+3(1)b+3(2)a+3(2)b+4))	-1,545.3	-241.0	-131.7	51.1	285.8
(参考)　交易利得	14,214.0	4,704.8	-2,136.8	-381.6	6,511.3
国内総所得	506,901.7	497,537.5	510,530.7	510,011.4	523,706.6
(参考)海外からの所得の純受取	12,055.5	13,253.0	17,543.5	19,048.4	19,632.2
海外からの所得	16,980.1	18,146.9	24,814.8	27,903.1	29,353.5
(控除)海外に対する所得	4,924.6	4,893.9	7,271.3	8,854.7	9,721.4
国民総所得	518,957.2	510,790.5	528,074.3	529,059.9	543,338.8
(参考)国内需要	501,456.7	491,681.1	523,081.9	517,655.3	523,417.3
民間需要	380,745.1	369,028.2	393,594.6	388,275.4	392,549.9
公的需要	120,604.8	122,637.8	129,487.6	129,381.7	130,870.3
資　料	内閣府(国民経済計算)				

（注）1．財貨・サービスの純輸出は連鎖方式での計算ができないため、財貨・サービスの輸出－財貨・サービスの輸入により
　　　　　求めている。このため寄与度とは符号が一致しない場合がある。
　　　2．国内総所得＝国内総生産＋交易利得
　　　3．国民総所得＝国内総所得＋海外からの所得の純受取

参考

一世帯当たり年間の品目別支出金額、
Yearly Amount of Expenditures, Quantities and Average

暦年 Calendar Year	消費支出 Living Expenditure	交通 Public Transportation	鉄道運賃 Railway Fares	鉄道通学定期代 Student's season tickets, Railway	鉄道通勤定期代 Commuter's season tickets, Railway	バス代 Bus Fares	バス通学定期代 Student's season tickets, Bus	バス通勤定期代 Commuter's season tickets, Bus
35 (1960)	375,639	7,647	2,707	1,394		...	1,204	
45 (1970)	954,369	18,934	8,051	1,111	2,390	2,153	494	767
55 (1980)	2,766,812	53,173	20,999	3,476	7,989	4,527	1,476	2,141
2 (1990)	3,734,084	83,944	32,719	5,785	11,226	5,111	1,688	3,178
12 (2000)	3,805,600	83,513	28,888	4,605	13,474	4,076	1,152	2,919
22 (2010)	3,482,930	64,086	22,650	3,884	10,975	3,964	960	1,624
25 (2013)	3,485,454	68,525	23,390	4,248	12,478	4,078	749	937
26 (2014)	3,494,322	66,238	22,780	3,811	11,174	3,690	904	1,146
27 (2015)	3,448,482	68,017	23,602	4,156	12,323	3,850	898	1,186
28 (2016)	3,386,257	64,898	23,052	4,088	11,260	3,609	962	1,087

資料　　　　　　　　　　　　　　　　　　　　　　　　総務省統計局

暦年 Calendar Year	自動車以外の輸送機器購入 Other Vehicles	自転車購入 Bicycles	自動車等維持 Automotive Maintenance	ガソリン Gasoline 金額 Expense	数量(L) Quantity	自動車等部品 Automotive Parts	自動車等関連用品 Articles Related to Private Transportation	自動車整備費 Automotive Maintenance & Repairs
35 (1960)	1,289		...	...	...	...	...	...
45 (1970)	735	1,036	9,956	4,098	...	315	...	1,954
55 (1980)	2,175	3,111	77,129	35,496	238	1,799	2,360	13,533
2 (1990)	2,691	4,197	123,288	49,038	399	4,690	3,927	16,345
12 (2000)	1,390	3,580	158,564	52,426	516	8,782	8,084	17,714
22 (2010)	732	3,083	186,777	69,127	540	12,438	10,051	18,836
25 (2013)	1,097	3,385	197,439	76,137	508	11,398	11,398	18,807
26 (2014)	1,381	3,538	198,055	75,553	484	11,878	11,878	20,055
27 (2015)	728	3,382	184,817	62,203	480	9,825	9,825	19,462
28 (2016)	1,044	3,685	171,914	52,569	464	9,093	9,093	20,339

資料　　　　　　　　　　　　　　　　　　　　　　　　総務省統計局

注) 1. 平成12年(2000)以降は、農林漁家世帯を含む結果である。
2. 家計調査で平成19年(2007)まで使用していた「二人以上の世帯の全世帯(勤労者世帯＋勤労者以外の世帯)」の表記は廃止され、平成20年(2008)より「二人以上の世帯」となった。「総世帯(二人以上の世帯＋単身世帯)」とは異なる。

購入数量及び平均価格（二人以上の世帯）
Prices per Household (Two-or-more-person Households)

単位：円 (Unit：Yen)

タクシー代 Taxi Fares	航空運賃 Airplane Fares	有料道路料 Highway Fares	他の交通 Others	自動車等関係費 Private Transportation	自動車等購入 Automobiles	自動車購入 Automobiles	
						金額 Expense	数量 Quantity
963		153		...	...	...	...
3,222	432	314		21,099	10,107	9,371	0.030
7,961	3,422	1,183		114,452	34,212	32,037	0.046
9,199	6,563	8,475		192,850	65,364	62,673	0.053
6,821	7,474	12,441	1,663	240,842	78,697	77,307	0.056
5,168	6,422	7,542	897	261,165	71,304	70,573	0.054
5,425	7,309	8,861	1,049	285,431	84,607	83,510	0.058
5,356	6,523	9,786	1,068	289,502	87,909	86,528	0.054
5,141	6,147	9,604	1,111	263,629	75,429	74,701	0.048
4,809	5,472	9,481	1,079	248,353	72,755	71,711	0.043

（家計調査年報）

駐車場借料 Rent, for Park	年極・月極 Yearly & Monthly Rent, for Park	他の自動車等関連サービス Other Services Related to Private Transportation	自動車等保険料 Automotive Insurance Premium	自賠責 Automotive Insurance Premium (compulsion)	宿泊料 Hotel Charger	パック旅行費 Package Tours	国内パック旅行費 Domestic
...	...	...	...	...	...	...	...
...	...	1,929	1,661	...	14,771		...
...	...	10,992	12,948	...	8,016	37,054	...
14,615	...	5,484	27,589	11,307	18,585	65,750	...
23,008	19,637	8,972	38,772	6,746	22,036	70,794	45,752
25,281	22,502	9,707	40,121	6,687	20,528	54,360	35,939
21,745	18,809	8,657	44,456	8,265	22,519	54,797	34,233
20,829	17,784	8,320	44,685	8,524	23,169	53,280	32,235
20,588	17,611	8,366	48,089	8,487	24,110	50,119	34,952
19,218	16,193	8,194	46,683	8,339	23,235	46,908	33,535

（家計調査年報）

3. 自動車保険料は、自賠責保険、任意保険、自動車保険料以外の輸送機器保険料の合計であるが、
　 昭和60年(1985)以前は、自動車保険料以外の輸送機器保険料は含まれていない。

わが国の輸出入貨物トン量
Volume of Export and Import in Tons

単位：千トン（Unit：Thousand Tons）

暦年 Calender Year	合計 (Total)		船舶 (Shipping)		航空 (Air Transport)	
	輸出 (Exports)	輸入 (Imports)	輸出 (Exports)	輸入 (Imports)	輸出 (Exports)	輸入 (Imports)
45 (1970)	42,008	435,924	...	...	...	...
55 (1980)	83,853	612,992	...	...	...	...
2 (1990)	85,062	712,494	...	...	...	...
7 (1995)	116,636	771,862	...	...	...	...
12 (2000)	131,482	808,168	130,103	806,540	1,379	1,628
17 (2005)	150,704	692,735	149,095	691,007	1,609	1,728
18 (2006)	1,655	1,701	...	...	1,655	1,701
19 (2007)	1,647	1,644	...	...	1,647	1,644
20 (2008)	1,497	1,550	...	...	1,497	1,550
21 (2009)	1,183	1,242	...	...	1,183	1,242
22 (2010)	1,510	1,713	...	...	1,510	1,713
23 (2011)	1,389	1,658	...	...	1,389	1,658
24 (2012)	1,380	1,706	...	...	1,380	1,706
25 (2013)	1,368	1,711	...	...	1,368	1,711
26 (2014)	1,589	1,850	...	...	1,589	1,850
資料	財務省（貿易統計-国籍別船舶入港表（全国））					

(注) 1. 船舶の2005年輸出入量は、2005年1月～10月分である。（「1965年の国際海上交通の簡易化に関する条約」を実施するため、2005年11月1日より入出港届等の様式が変更され、本邦において船積、船卸する貨物の数量が削除された。これに伴い、2005年11月分より船舶の輸出入貨物屯量の公表が廃止された。）
2. 1998年以降のデータは、日本関税協会発行の外国貿易概況に代えて、財務省発表の国籍別船舶及び航空機入港表のデータを掲載している。

交通経済統計要覧 平成27・28年版

平成30年4月発行　　　　　　　　　　　価格3,456円（本体3,200円＋税）

監　修	国土交通省総合政策局情報政策本部	
発行人	黒 野 匡 彦	
発行所	一般財団法人運輸総合研究所	
	〒105-0001　東京都港区虎ノ門三丁目18番19号	
	電　話　03-5470-8410　　　FAX　03-5470-8411	
	WEB　http://www.jterc.or.jp/	
印　刷	株式会社ワコープラネット	

ISBN　978-4-903876-80-1 C0065　￥3200E